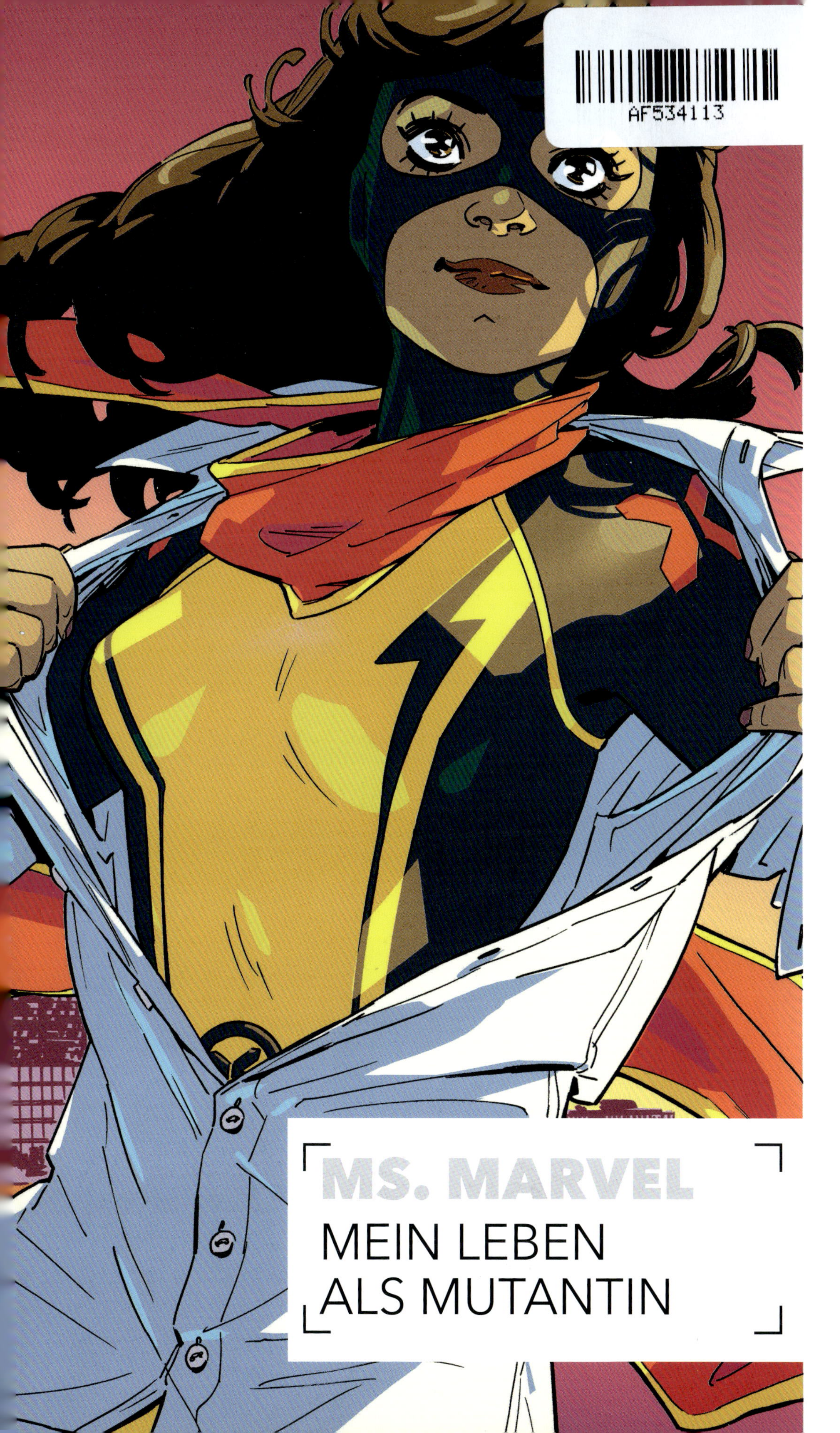
MS. MARVEL
MEIN LEBEN
ALS MUTANTIN

[MS. MARVEL]

SABIR PIRZADA
IMAN VELLANI
STORY

CARLOS GÓMEZ
ADAM GORHAM
ZEICHNUNGEN & TUSCHE

ERICK ARCINIEGA
FARBEN

FABIO CIACCI
LETTERING

CAROLIN HIDALGO
ÜBERSETZUNG

LAUREN AMARO
JORDAN D. WHITE
REDAKTION USA

C. B. CEBULSKI
CHEFREDAKTEUR USA

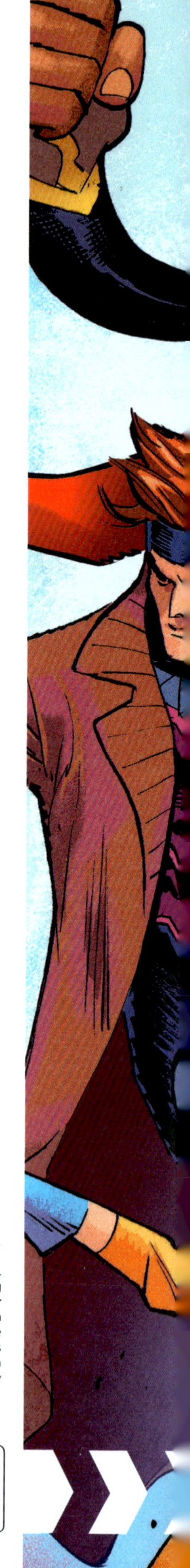

MS. MARVEL: MEIN LEBEN ALS MUTANTIN erscheint bei **PANINI COMICS**, Schloßstraße 76, D-70176 Stuttgart. Druck: Lito Terrazzi S.r.l. – Prato. Pressevertrieb: Stella Distribution GmbH, D-22297 Hamburg. Direkt-Abos auf **www.paninicomics.de**. Geschäftsführer **Hermann Paul**, Publishing Director Europe **Marco M. Lupoi**, Finanzen/Logistik **Felix Bauer**, Marketing Director **Holger Wiest**, Marketing **Fabio Cunetto**, Vertrieb **Alexander Bubenheimer**, PR/Presse **Steffen Volkmer**, Publishing Manager **Lisa Pancaldi**, Redaktion **Monty Arnold**, **Harald Gantzberg**, **Marco Rizzo**, **Anja Seiffert**, **Kristina Starschinski**, **Daniela Uhlmann**, Übersetzung **Carolin Hidalgo**, Proofreading **Enza Ceraudo**, Lettering **Fabio Ciacci**, grafische Gestaltung **Rudy Remitti**, **Nicola Spano**, Art Director **Alessandro Gucciardo**, Redaktion Panini Comics **Annalisa Califano**, **Beatrice Doti**, Prepress **Francesca Aiello**, **Andrea Bisi**, Repro/Packager **Alessandro Nalli** (coordinator), **Anna Boselli**, **Mario Da Rin Zanco**, **Valentina Esposito**, **Luca Ficarelli**, **Linda Leporati**. Deutsche Edition bei Panini Verlags-GmbH unter Lizenz von Marvel Characters B.V. Cover von **Artgerm**, *Ms. Marvel: The New Mutant* (2023) 1 Variant-Cover-Edition.

Digitale Ausgaben:
ISBN 978-3-7569-1130-1 (.pdf) / ISBN 978-3-7569-1131-8 (.epub) /
ISBN 978-3-7569-1132-5 (.mobi)

Bibliografische Information der Deutschen Nationalbibliothek
Die Deutsche Nationalbibliothek verzeichnet diese Publikation in der Deutschen Nationalbibliografie; detaillierte bibliografische Daten sind im Internet über dnb.d-nb.de abrufbar.

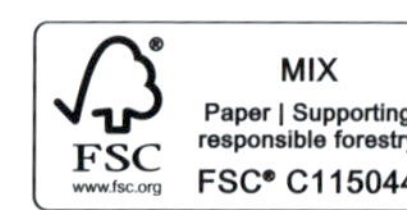

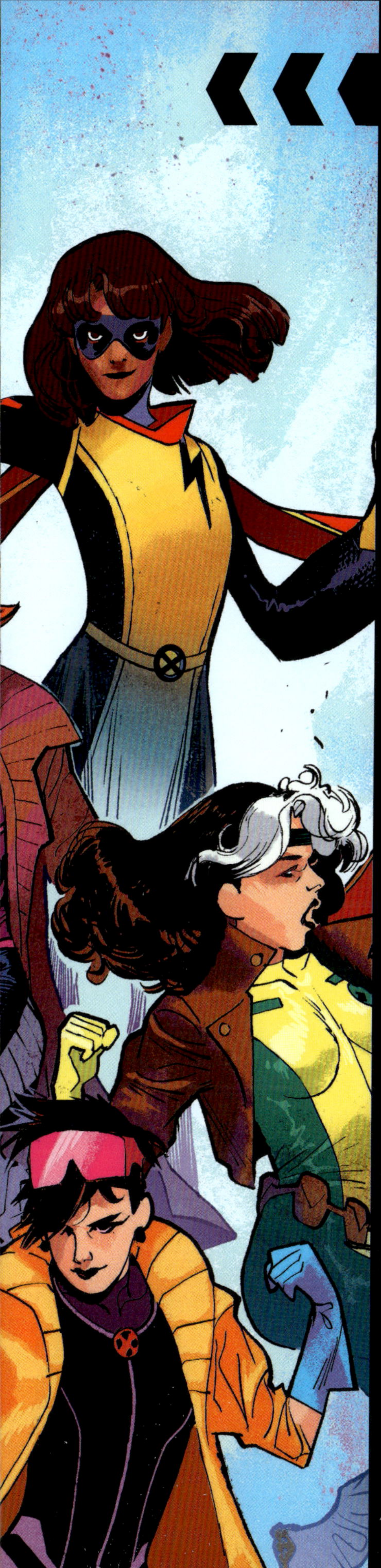

Ms. Marvel ist eine Figur auf der Höhe der Zeit und uns gleichsam vertraut. Das kommt nicht von ungefähr. Ihre Jugend verbindet sie mit **Spider-Man** – und im vorliegenden Abenteuer kehrt sie sogar an seine alte Uni zurück. Ihre Elastizität und Körperbeherrschung verweisen auf **Mr. Fantastic** von den **Fantastic Four**. Einige von uns denken auch an ein Mitglied der klassischen **X-Men**: an Jean Grey alias **Marvel Girl**. Da passt es ins Bild, dass Ms. Marvel nach den **Inhumans** auch die X-Men unterstützte. Sie musste nämlich erfahren, dass sie beides ist – eine Mutantin und ein Inhuman.

Zuallererst steht Ms. Marvel in der Tradition von **Captain Marvel**. Dieser klangvolle Name wird im Marvel-Universum wie eine Stafette von einer Figur zur anderen weitergereicht. Sein erster Träger war **Mar-Vell**, ein Spion der **Kree**, eine Anspielung auf die Agentenkrimis des Kalten Krieges. 1982 starb er an Krebs – was in der Welt der Comics eine sehr innovative Wendung war – und so ging der Titel an **Monica Rambeau** über, eine schwarze Ex-Hafenpolizistin aus New Orleans, die mehrmals den Namen wechselte. Die nächste Captain Marvel war dann eine alte Bekannte: **Carol Danvers**, eine Figur aus der Mar-Vell-Ur-Geschichte von 1967. Als Ms. Marvel wurde sie Mitglied der **Avengers** und von **Chris Claremont** regelmäßig zu Gastauftritten bei den X-Men mitgenommen. Nachdem sie 2012 den Namen Captain Marvel angenommen hatte, wurde **Kamala Khan** zur aktuellen Ms. Marvel. Sie ist ein Teenager aus einem amerikanisch-pakistanischen Elternhaus und hat in ihrem kurzen Leben schon so einiges durchgemacht. Ms. Marvel ist außerdem Stammgast der Animationsserie *Spidey und seine Super-Freunde*, wo wir **Peter Parker**, **Miles Morales** und **Gwen Stacy** als gute Kids gegen die verdorbenen Blagen **Rhino**, **Doc Ock** und den **Grünen Kobold** kämpfen sehen.

Monty Arnold

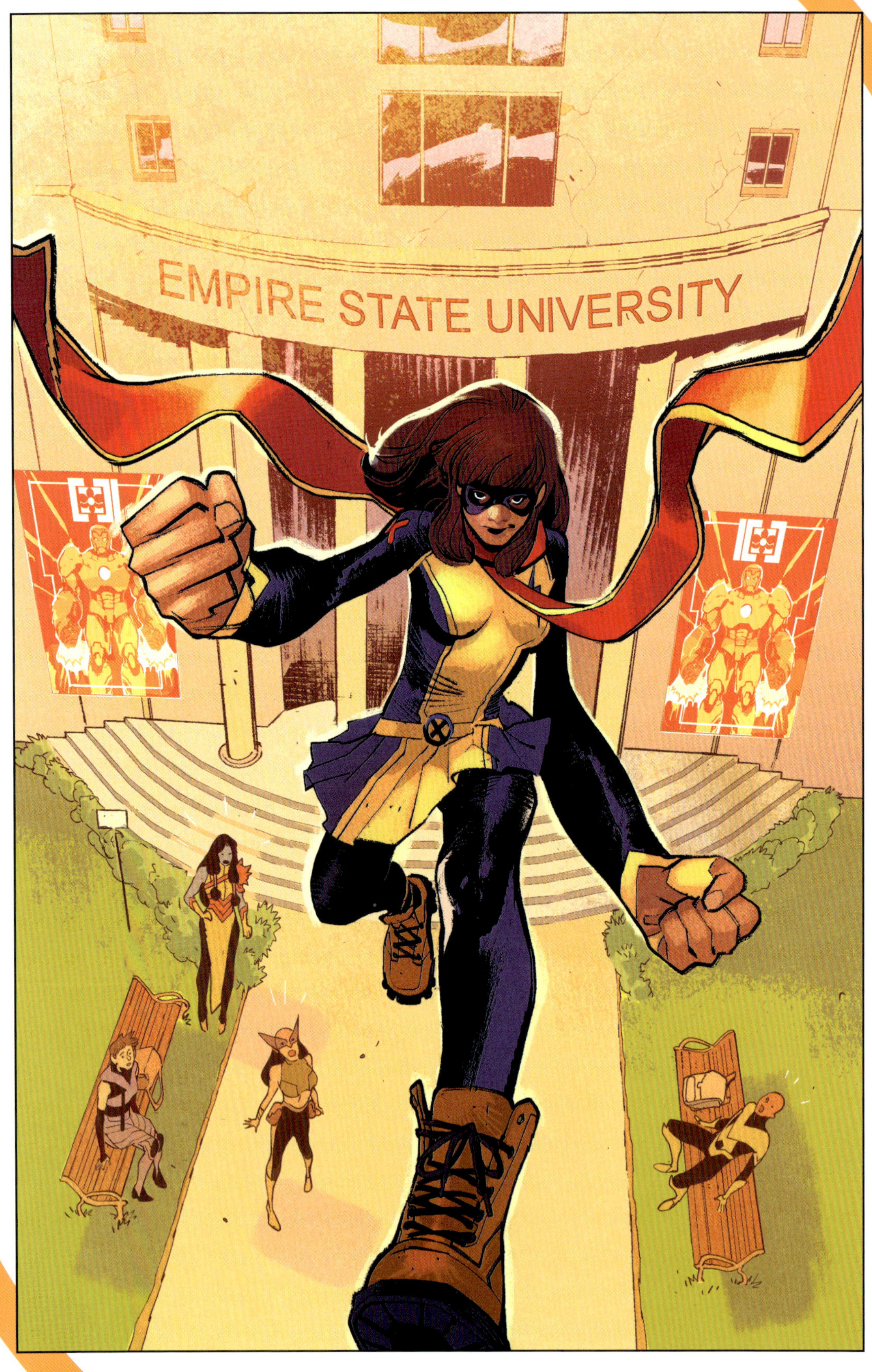

Ms. Marvel: The New Mutant (2023) 1
Cover von **SARA PICHELLI**

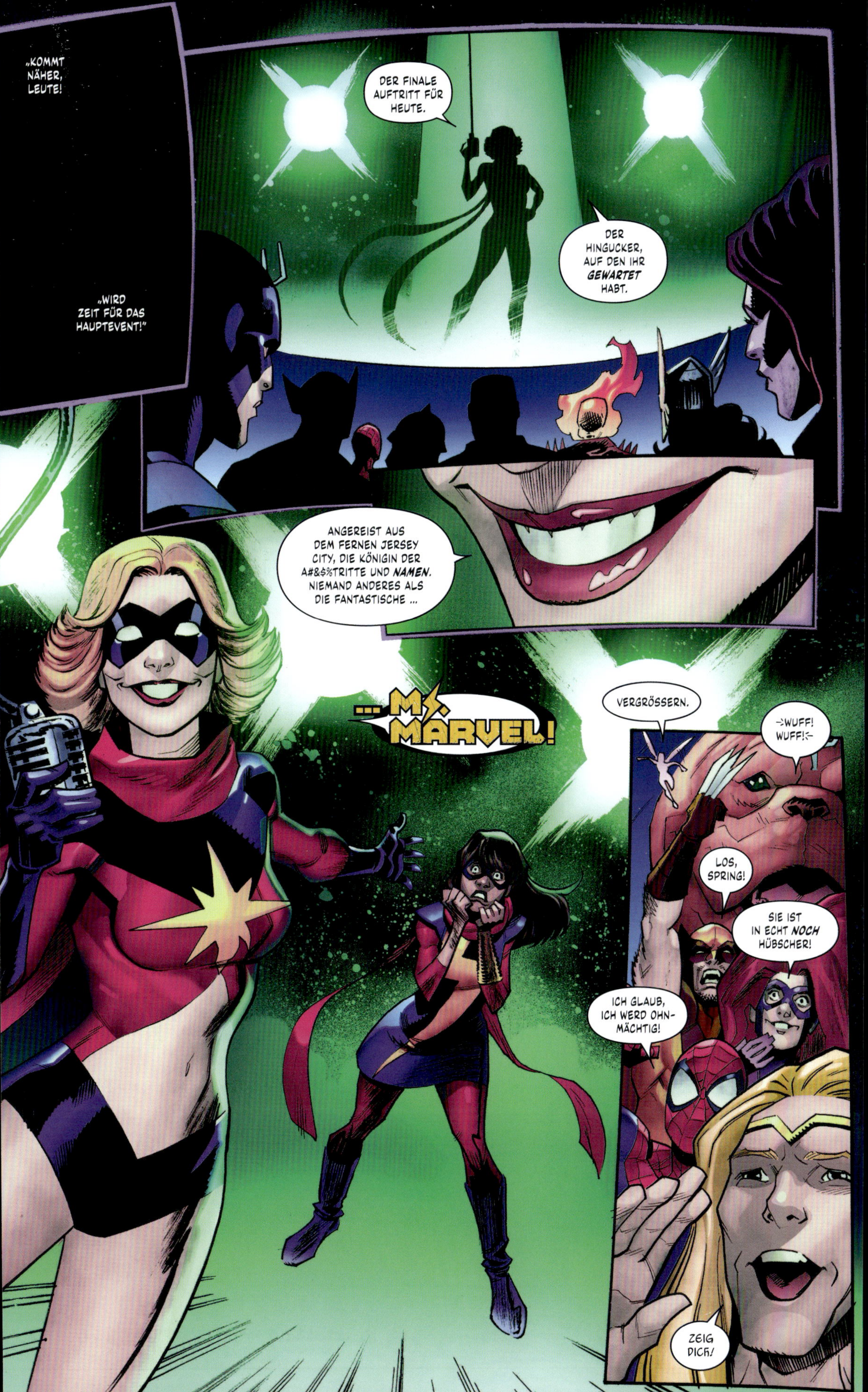
„KOMMT NÄHER, LEUTE!
„WIRD ZEIT FÜR DAS HAUPTEVENT!"
DER FINALE AUFTRITT FÜR HEUTE.
DER HINGUCKER, AUF DEN IHR *GEWARTET* HABT.
ANGEREIST AUS DEM FERNEN JERSEY CITY, DIE KÖNIGIN DER A#&$%TRITTE UND *NAMEN*. NIEMAND ANDERES ALS DIE FANTASTISCHE ...
... MS. MARVEL!
VERGRÖSSERN.
»WUFF! WUFF!«
LOS, SPRING!
SIE IST IN ECHT *NOCH* HÜBSCHER!
ICH GLAUB, ICH WERD OHNMÄCHTIG!
ZEIG DICH!

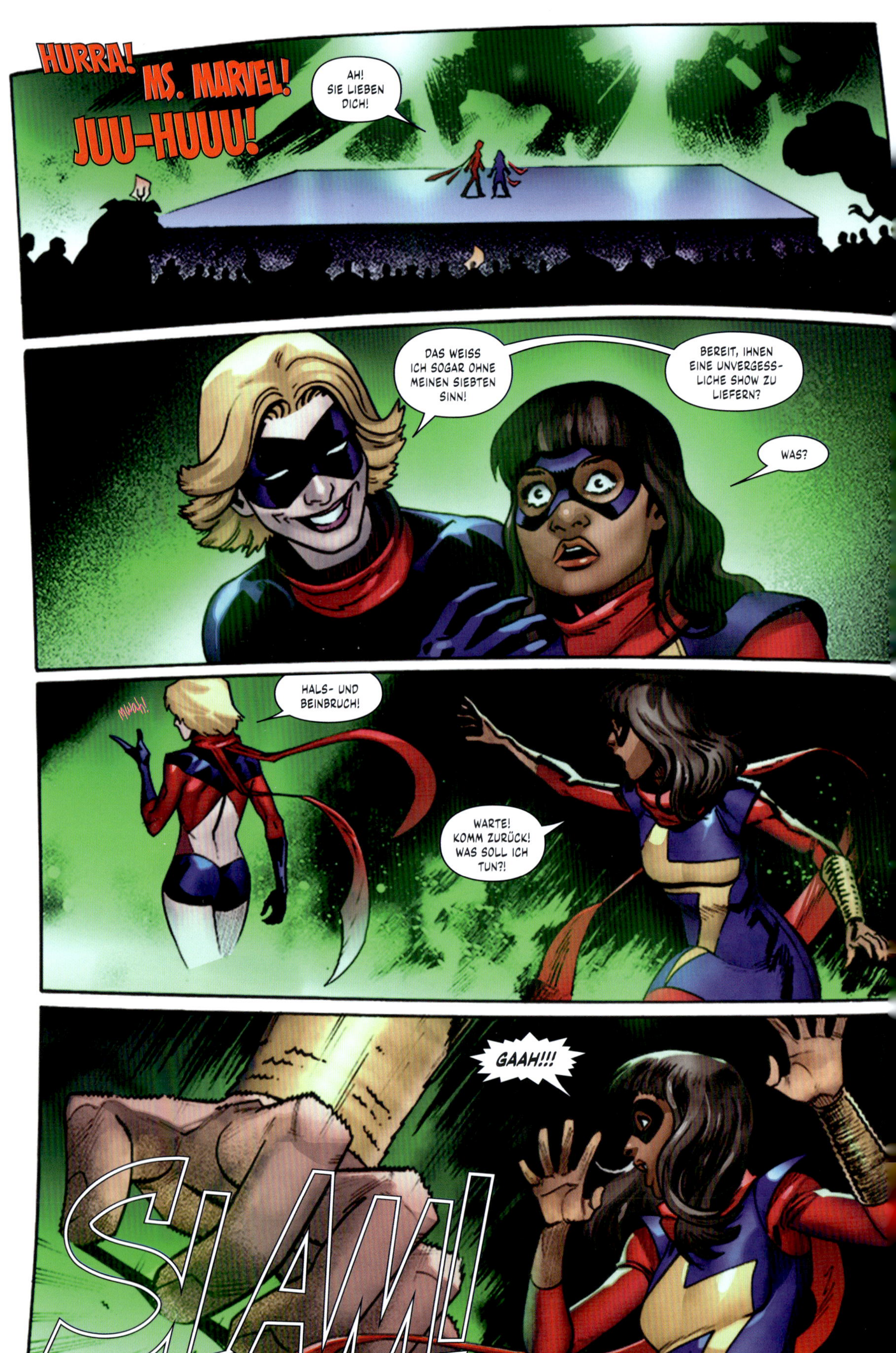
HURRA!
MS. MARVEL!
JUU-HUUU!
AH! SIE LIEBEN DICH!
DAS WEISS ICH SOGAR OHNE MEINEN SIEBTEN SINN!
BEREIT, IHNEN EINE UNVERGESS-LICHE SHOW ZU LIEFERN?
WAS?
MWAH!
HALS- UND BEINBRUCH!
WARTE! KOMM ZURÜCK! WAS SOLL ICH TUN?!
GAAH!!!
SLAM!

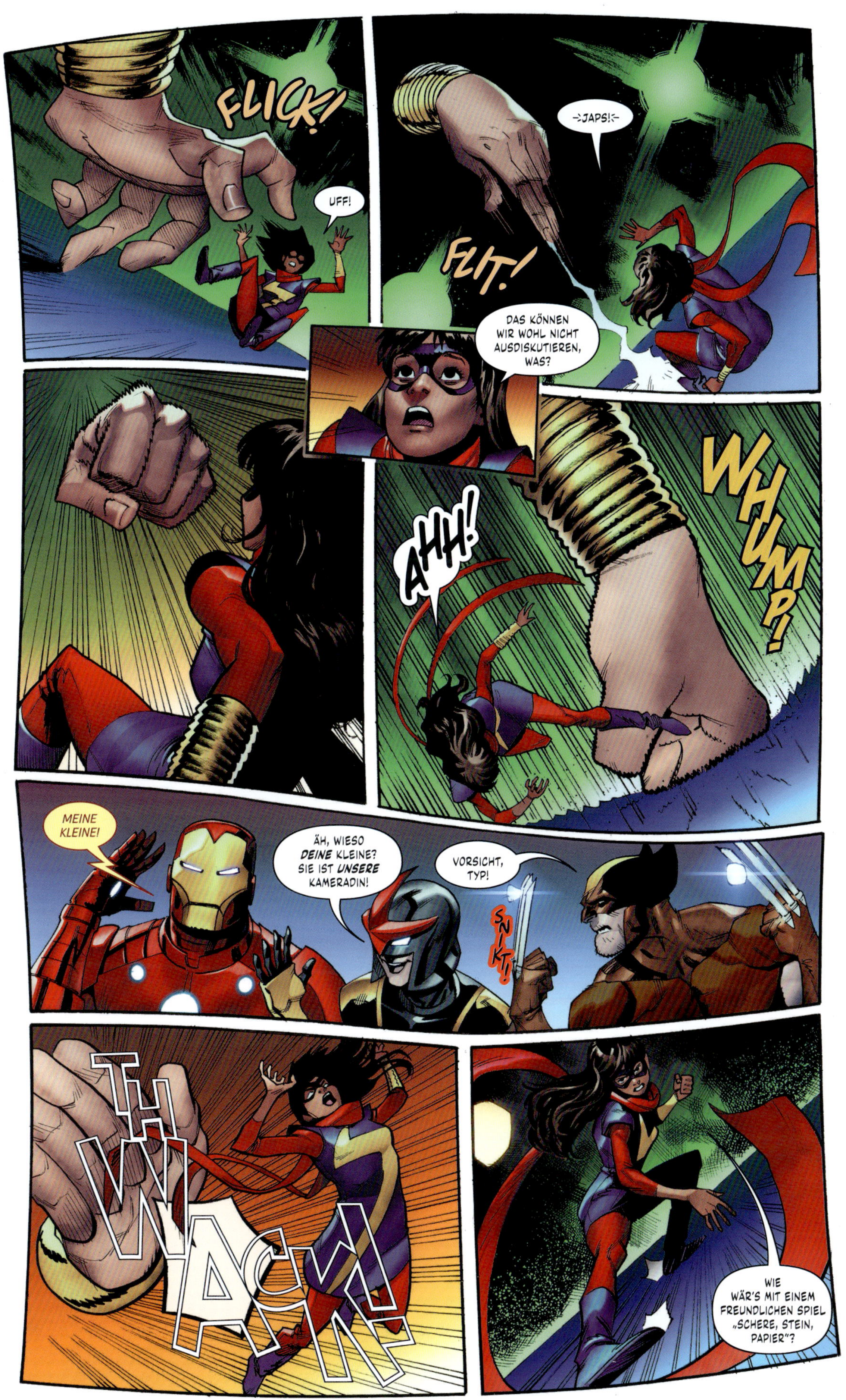
FLICK!
UFF!
-JAPS!-
FLIT!
DAS KÖNNEN WIR WOHL NICHT AUSDISKUTIEREN, WAS?
AHH!
WHUMP!
MEINE KLEINE!
ÄH, WIESO *DEINE* KLEINE? SIE IST *UNSERE* KAMERADIN!
VORSICHT, TYP!
SNIKT!
THWACK!
WIE WÄR'S MIT EINEM FREUNDLICHEN SPIEL „SCHERE, STEIN, PAPIER"?

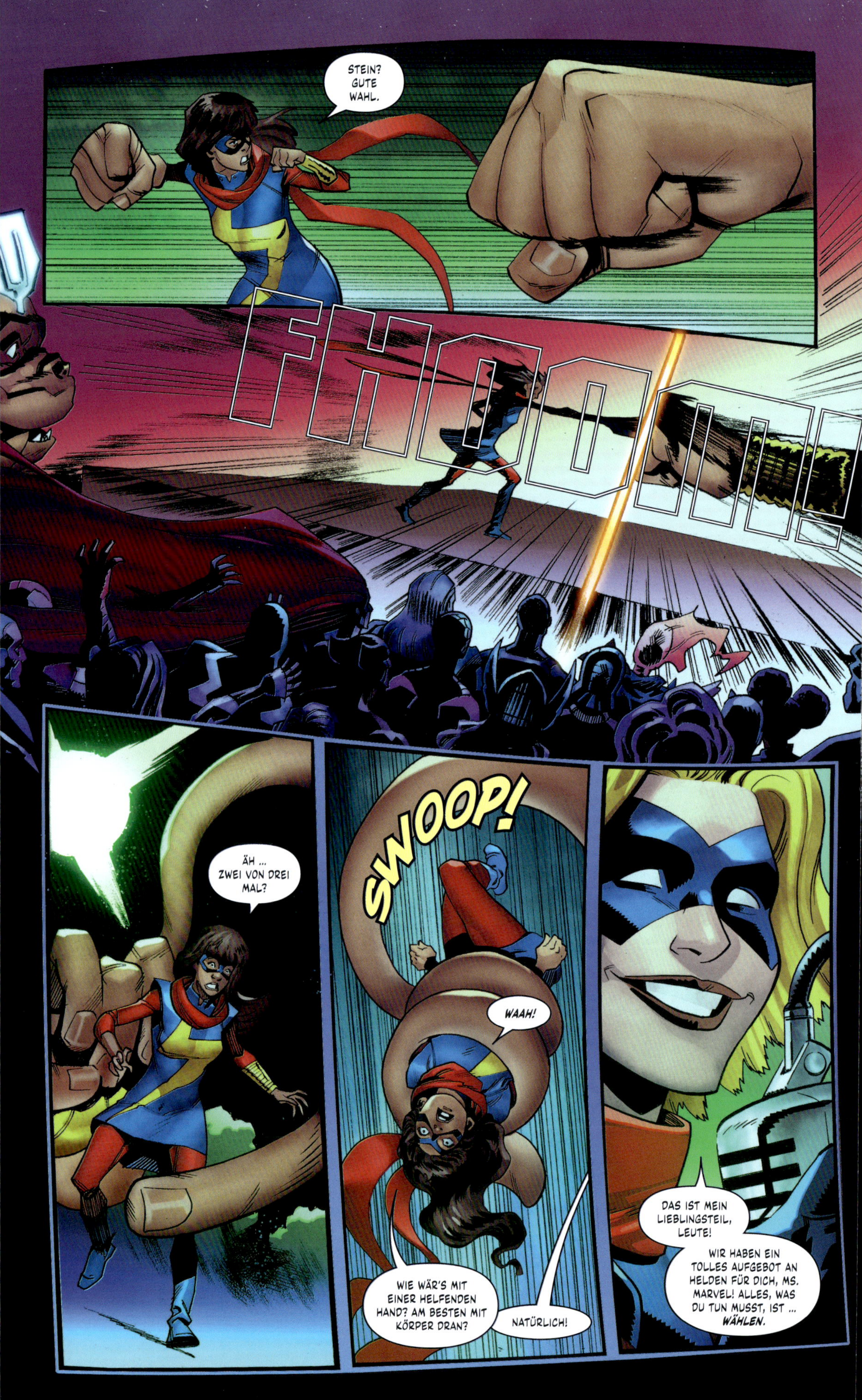
STEIN? GUTE WAHL.
FWOOOM!
ÄH ... ZWEI VON DREI MAL?
SWOOP!
WAAH!
WIE WÄR'S MIT EINER HELFENDEN HAND? AM BESTEN MIT KÖRPER DRAN?
NATÜRLICH!
DAS IST MEIN LIEBLINGSTEIL, LEUTE!
WIR HABEN EIN TOLLES AUFGEBOT AN HELDEN FÜR DICH, MS. MARVEL! ALLES, WAS DU TUN MUSST, IST ... WÄHLEN.

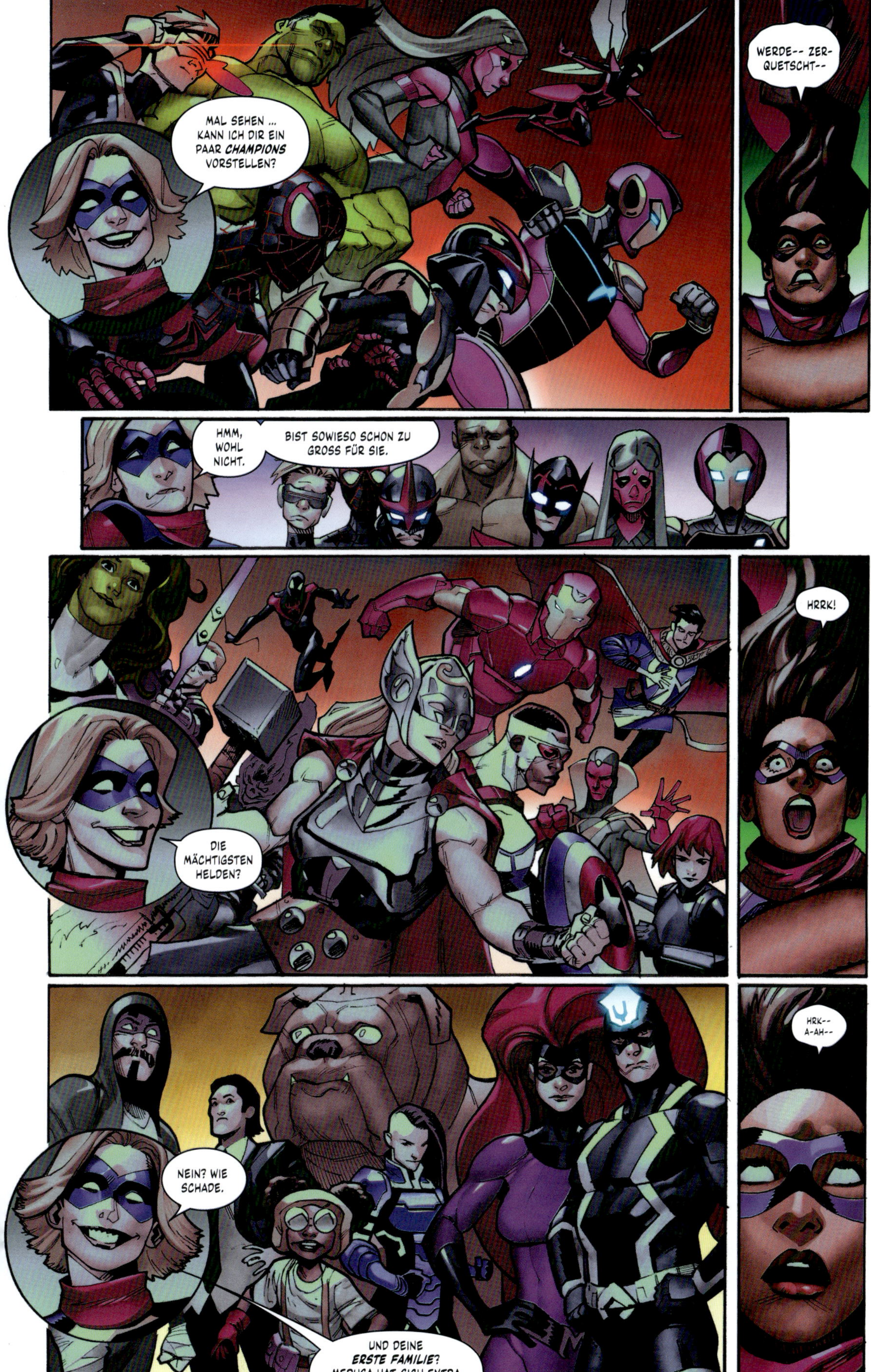
MAL SEHEN ... KANN ICH DIR EIN PAAR **CHAMPIONS** VORSTELLEN?
WERDE-- ZER-QUETSCHT--
HMM, WOHL NICHT.
BIST SOWIESO SCHON ZU GROSS FÜR SIE.
DIE MÄCHTIGSTEN HELDEN?
HRRK!
NEIN? WIE SCHADE.
UND DEINE **ERSTE FAMILIE**? MEDUSA HAT SICH EXTRA DIE HAARE GEFÖHNT.
HRK-- A-AH--

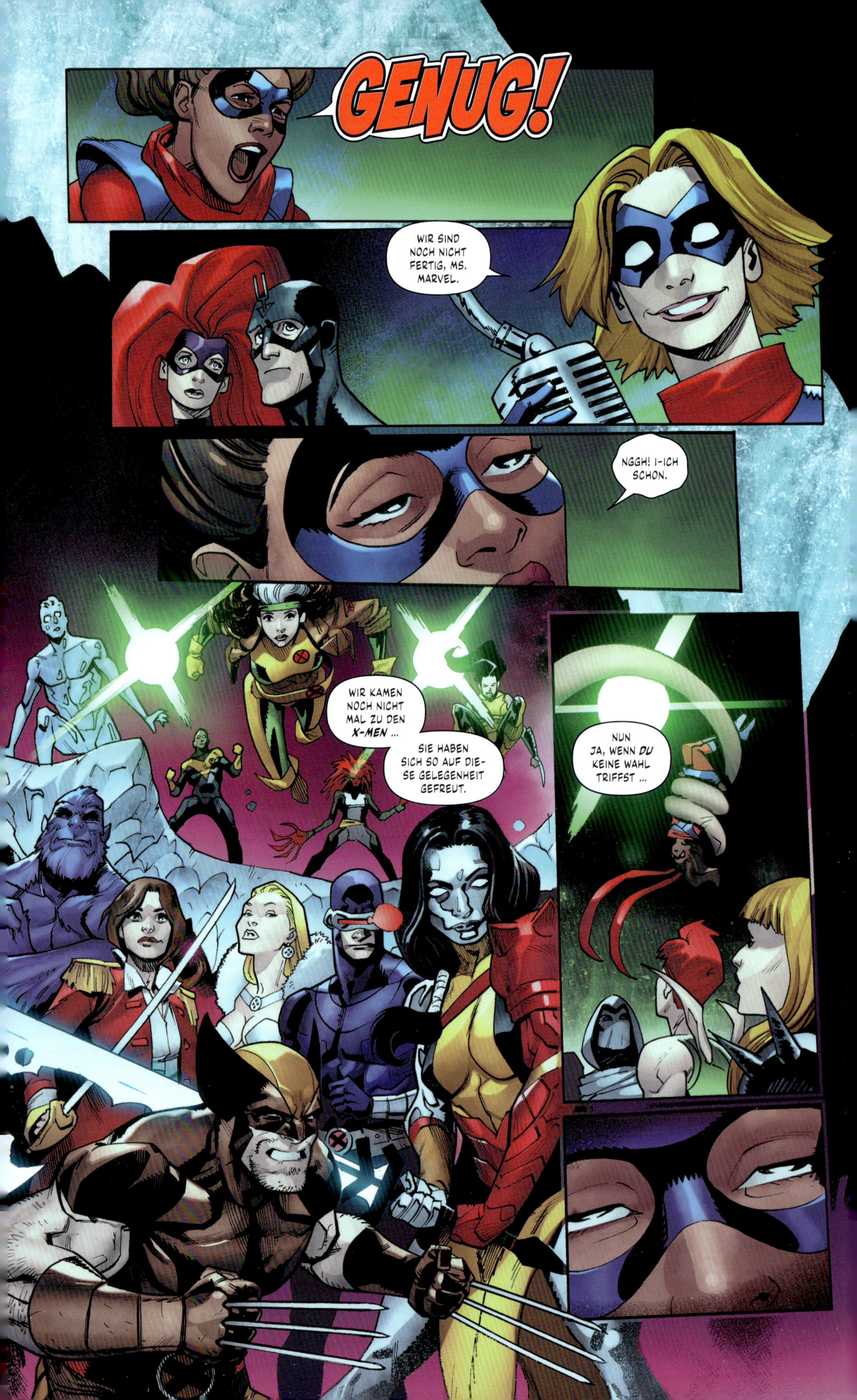
GENUG!
WIR SIND NOCH NICHT FERTIG, MS. MARVEL.
NGGH! I-ICH SCHON.
WIR KAMEN NOCH NICHT MAL ZU DEN X-MEN ...
SIE HABEN SICH SO AUF DIESE GELEGENHEIT GEFREUT.
NUN JA, WENN DU KEINE WAHL TRIFFST ...

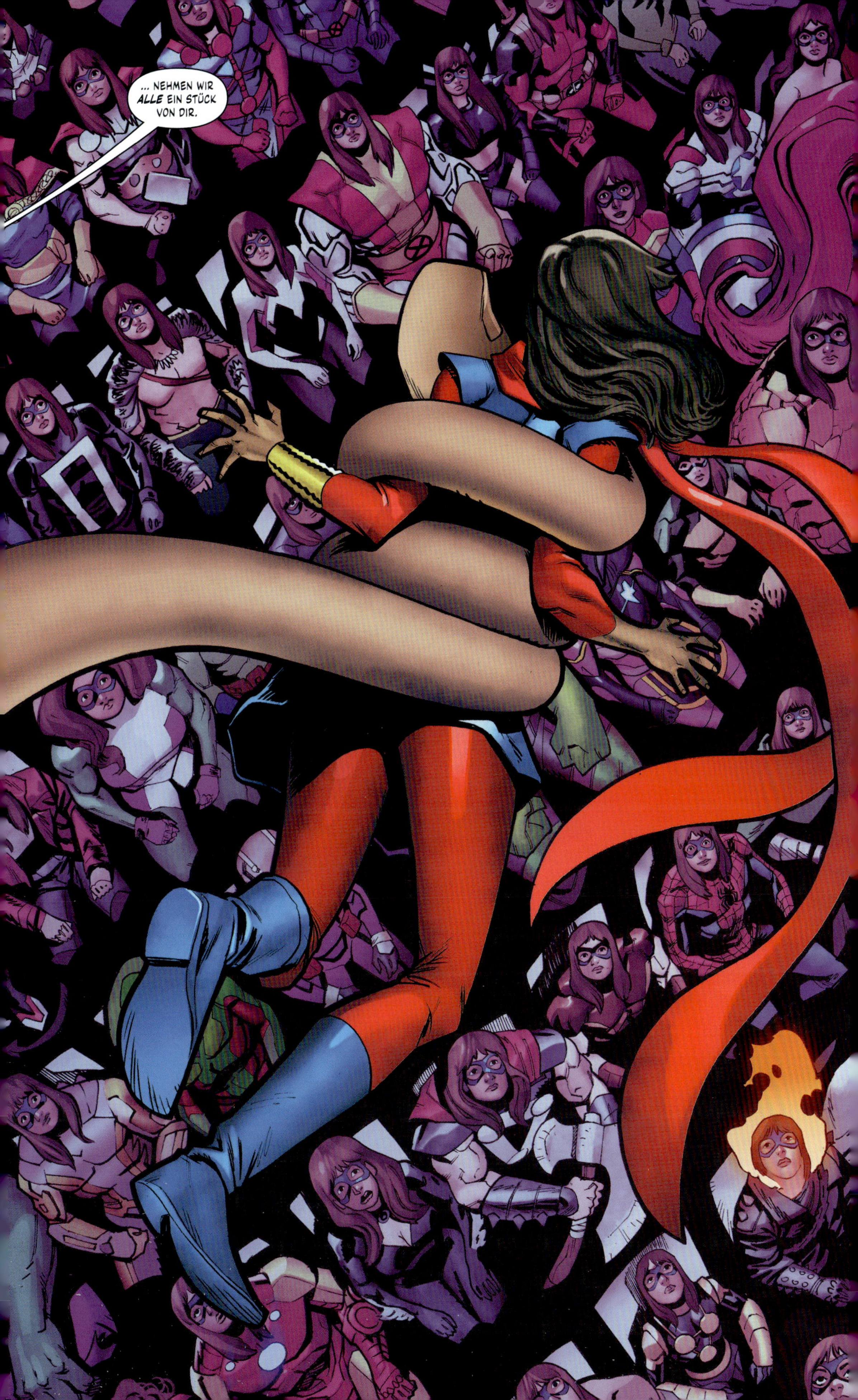
... NEHMEN WIR ALLE EIN STÜCK VON DIR.

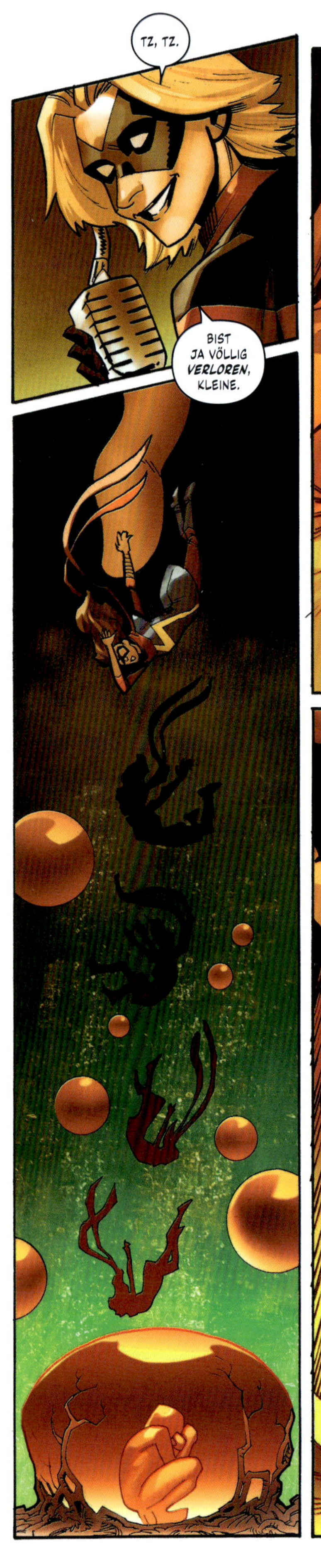
TZ, TZ.
BIST JA VÖLLIG VERLOREN, KLEINE.

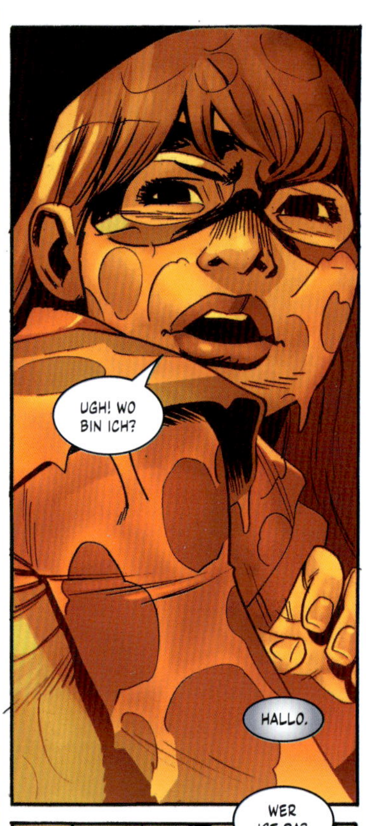
UGH! WO BIN ICH?
HALLO.

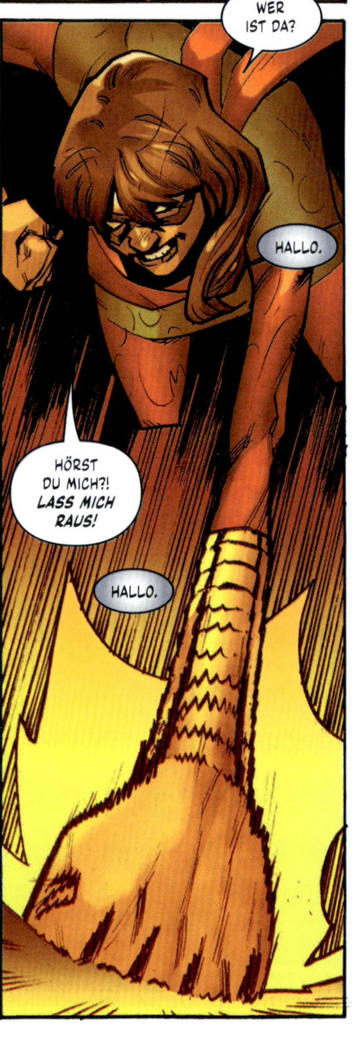
WER IST DA?
HALLO.
HÖRST DU MICH?! LASS MICH RAUS!
HALLO.

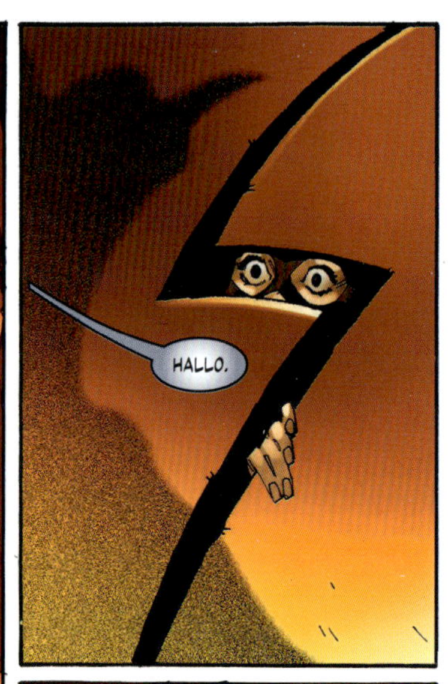
HALLO.

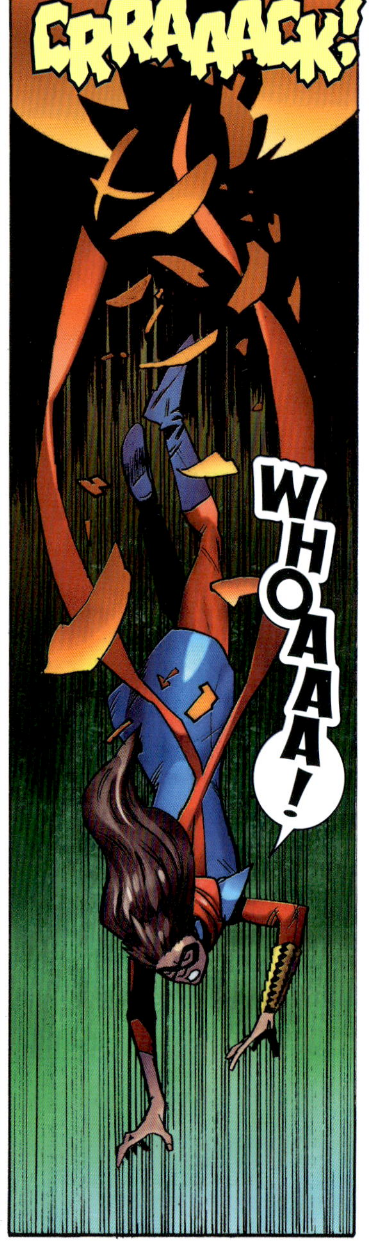
CRRAAACK!
WHOAAAA!

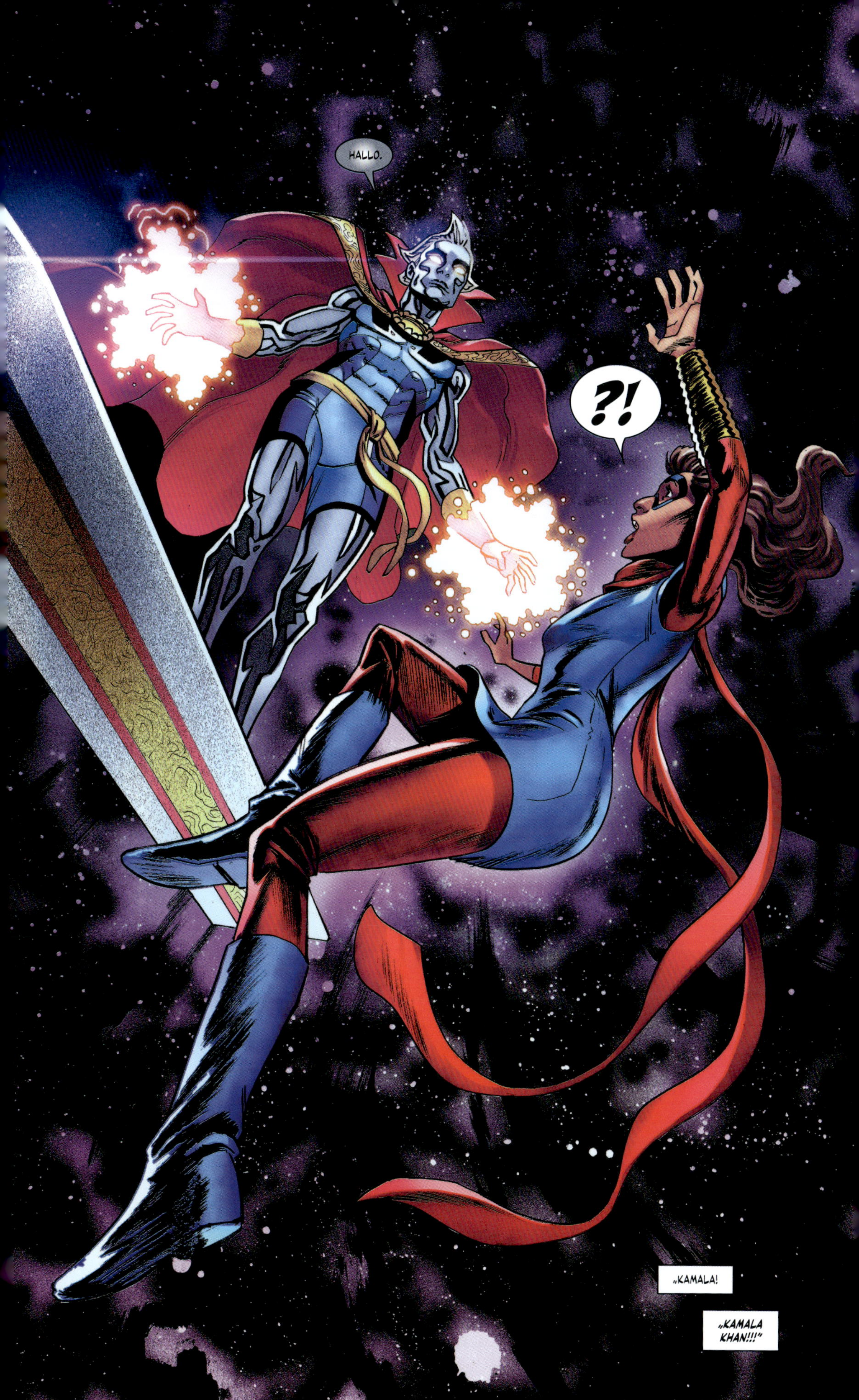
HALLO.
?!
„KAMALA!
„KAMALA KHAN!!!“

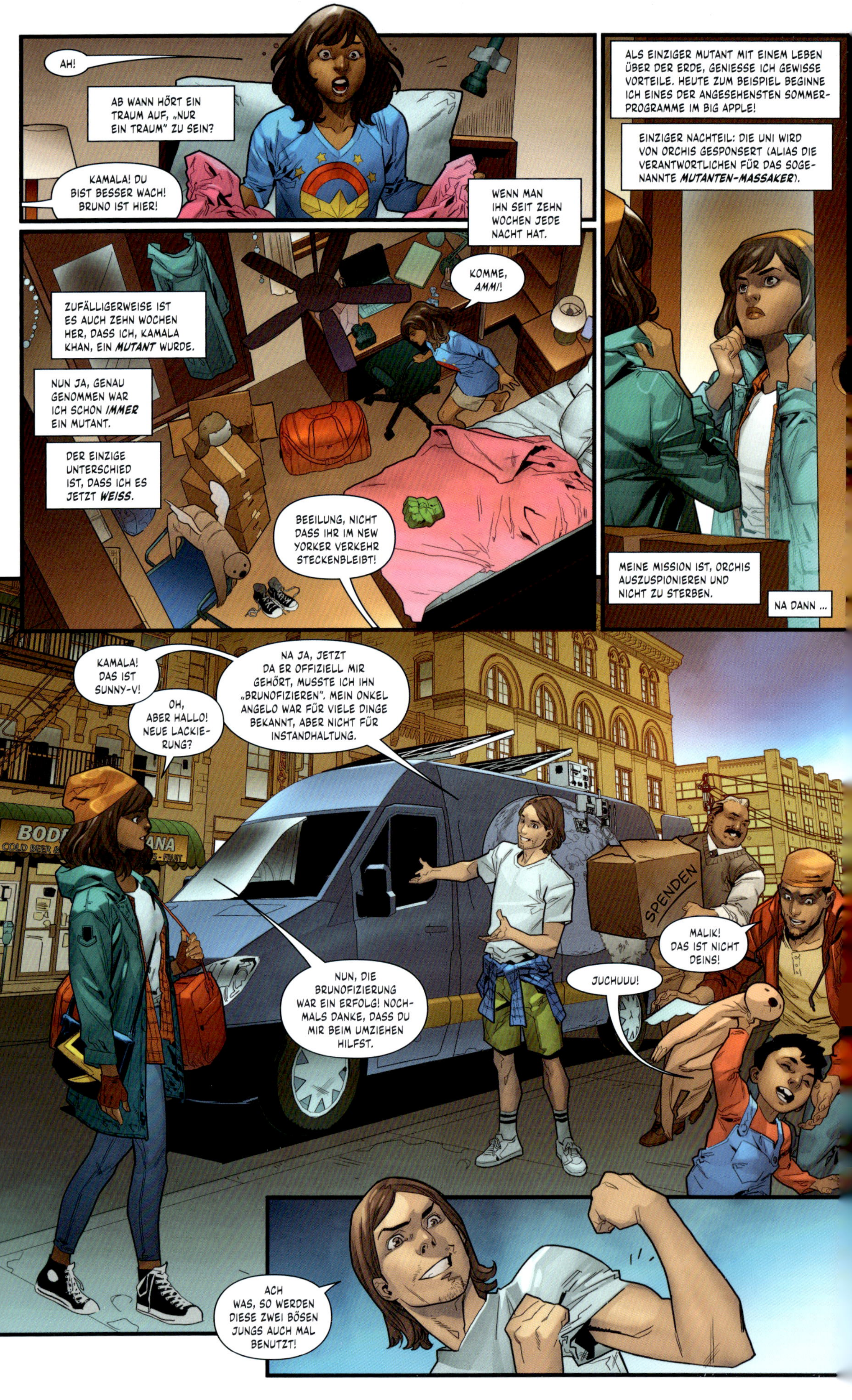
AH!
AB WANN HÖRT EIN TRAUM AUF, „NUR EIN TRAUM“ ZU SEIN?
KAMALA! DU BIST BESSER WACH! BRUNO IST HIER!
WENN MAN IHN SEIT ZEHN WOCHEN JEDE NACHT HAT.
ALS EINZIGER MUTANT MIT EINEM LEBEN ÜBER DER ERDE, GENIESSE ICH GEWISSE VORTEILE. HEUTE ZUM BEISPIEL BEGINNE ICH EINES DER ANGESEHENSTEN SOMMER-PROGRAMME IM BIG APPLE!
EINZIGER NACHTEIL: DIE UNI WIRD VON ORCHIS GESPONSERT (ALIAS DIE VERANTWORTLICHEN FÜR DAS SOGE-NANNTE MUTANTEN-MASSAKER).
KOMME, AMMI!
ZUFÄLLIGERWEISE IST ES AUCH ZEHN WOCHEN HER, DASS ICH, KAMALA KHAN, EIN MUTANT WURDE.
NUN JA, GENAU GENOMMEN WAR ICH SCHON IMMER EIN MUTANT.
DER EINZIGE UNTERSCHIED IST, DASS ICH ES JETZT WEISS.
BEEILUNG, NICHT DASS IHR IM NEW YORKER VERKEHR STECKENBLEIBT!
MEINE MISSION IST, ORCHIS AUSZUSPIONIEREN UND NICHT ZU STERBEN.
NA DANN ...
KAMALA! DAS IST SUNNY-V!
OH, ABER HALLO! NEUE LACKIE-RUNG?
NA JA, JETZT DA ER OFFIZIELL MIR GEHÖRT, MUSSTE ICH IHN „BRUNOFIZIEREN“. MEIN ONKEL ANGELO WAR FÜR VIELE DINGE BEKANNT, ABER NICHT FÜR INSTANDHALTUNG.
SPENDEN
MALIK! DAS IST NICHT DEINS!
JUCHUUU!
NUN, DIE BRUNOFIZIERUNG WAR EIN ERFOLG! NOCH-MALS DANKE, DASS DU MIR BEIM UMZIEHEN HILFST.
ACH WAS, SO WERDEN DIESE ZWEI BÖSEN JUNGS AUCH MAL BENUTZT!

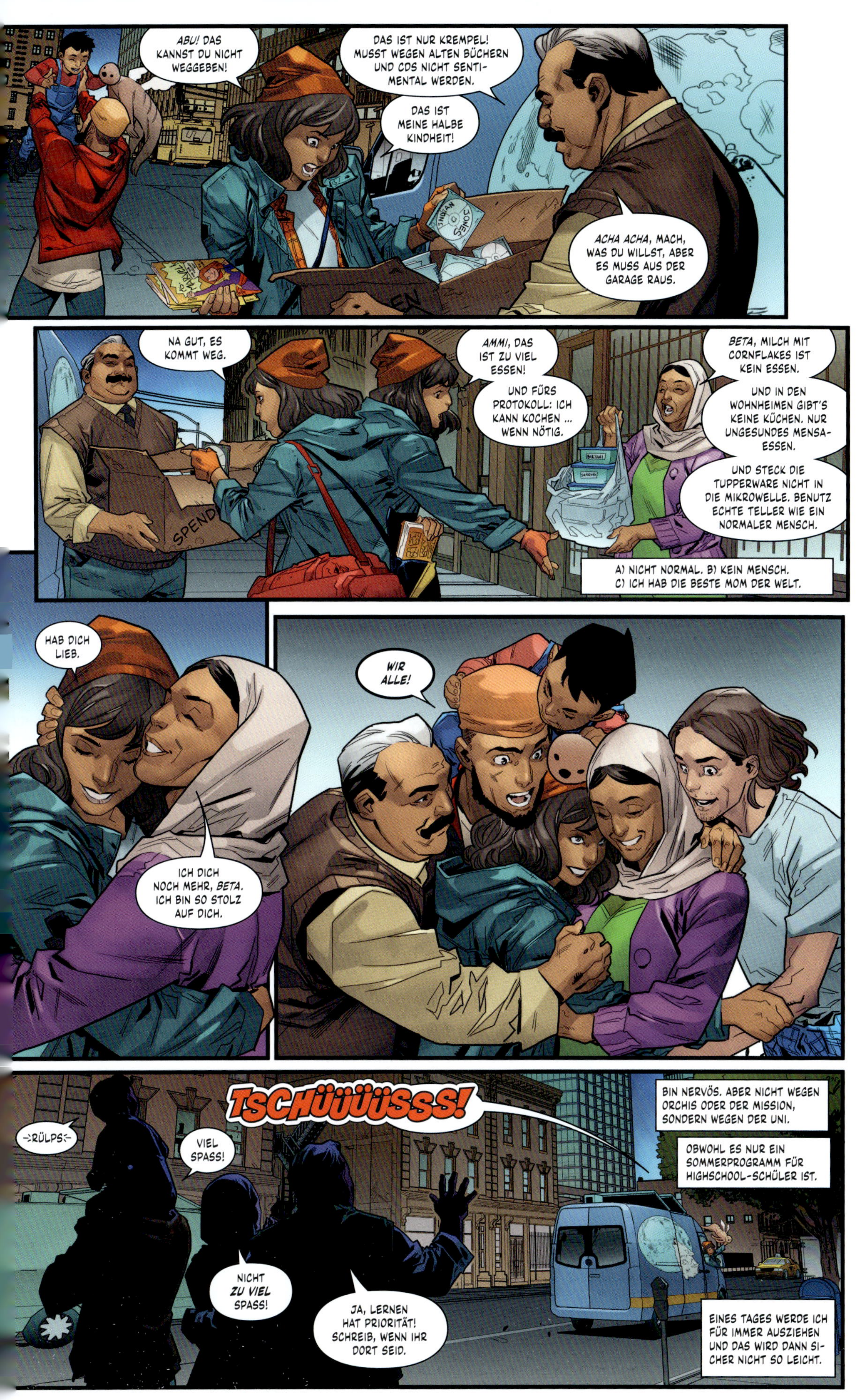
ABU! DAS KANNST DU NICHT WEGGEBEN!
DAS IST NUR KREMPEL! MUSST WEGEN ALTEN BÜCHERN UND CDS NICHT SENTI-MENTAL WERDEN.
DAS IST MEINE HALBE KINDHEIT!
ACHA ACHA, MACH, WAS DU WILLST, ABER ES MUSS AUS DER GARAGE RAUS.
NA GUT, ES KOMMT WEG.
SPENDEN
AMMI, DAS IST ZU VIEL ESSEN!
UND FÜRS PROTOKOLL: ICH KANN KOCHEN ... WENN NÖTIG.
BETA, MILCH MIT CORNFLAKES IST KEIN ESSEN.
UND IN DEN WOHNHEIMEN GIBT'S KEINE KÜCHEN. NUR UNGESUNDES MENSA-ESSEN.
UND STECK DIE TUPPERWARE NICHT IN DIE MIKROWELLE. BENUTZ ECHTE TELLER WIE EIN NORMALER MENSCH.
A) NICHT NORMAL. B) KEIN MENSCH. C) ICH HAB DIE BESTE MOM DER WELT.
HAB DICH LIEB.
ICH DICH NOCH MEHR, BETA. ICH BIN SO STOLZ AUF DICH.
WIR ALLE!
TSCHÜÜÜÜSSS!
BIN NERVÖS. ABER NICHT WEGEN ORCHIS ODER DER MISSION, SONDERN WEGEN DER UNI.
OBWOHL ES NUR EIN SOMMERPROGRAMM FÜR HIGHSCHOOL-SCHÜLER IST.
-RÜLPS-
VIEL SPASS!
NICHT ZU VIEL SPASS!
JA, LERNEN HAT PRIORITÄT! SCHREIB, WENN IHR DORT SEID.
EINES TAGES WERDE ICH FÜR IMMER AUSZIEHEN UND DAS WIRD DANN SICHER NICHT SO LEICHT.

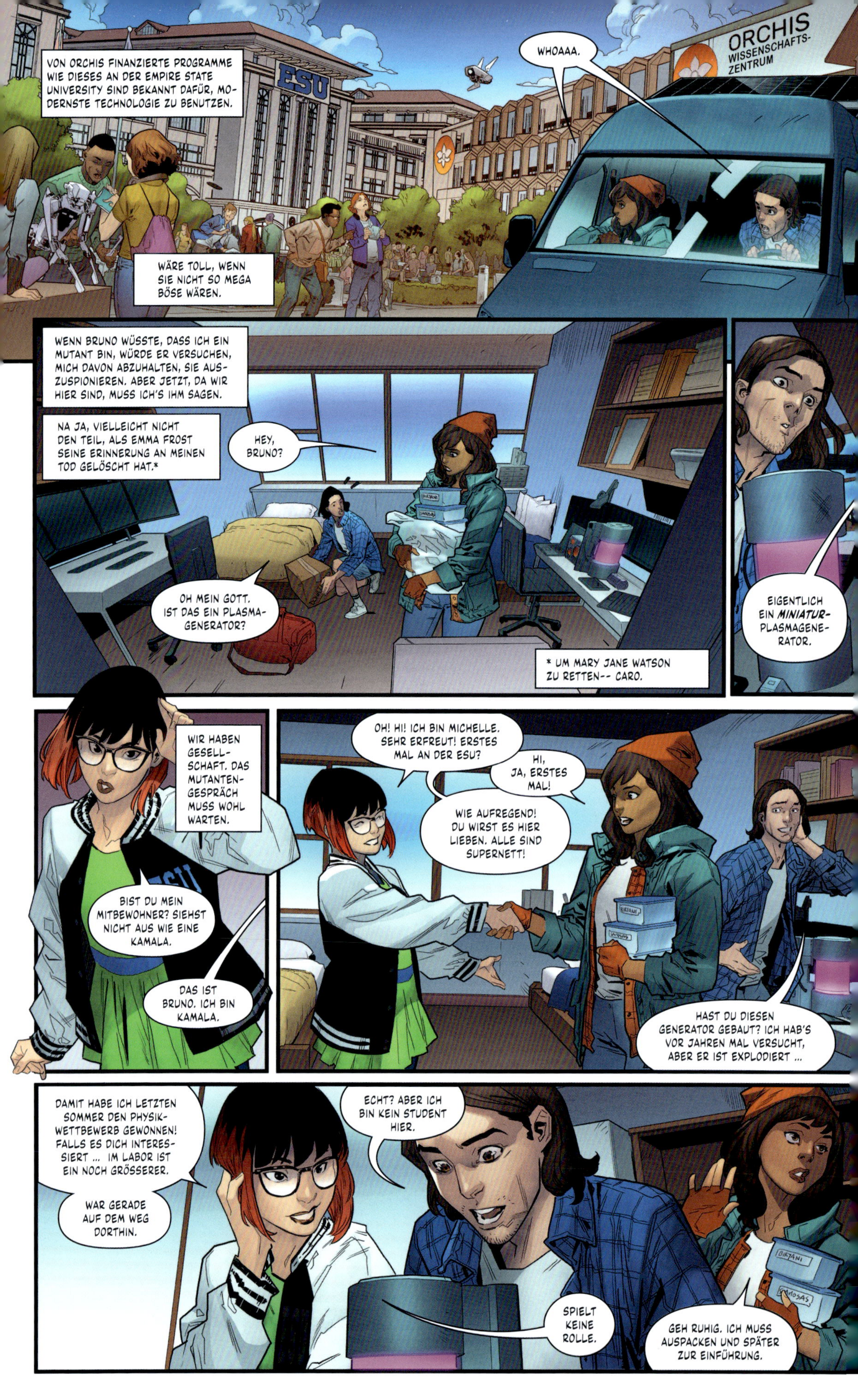
VON ORCHIS FINANZIERTE PROGRAMME WIE DIESES AN DER EMPIRE STATE UNIVERSITY SIND BEKANNT DAFÜR, MODERNSTE TECHNOLOGIE ZU BENUTZEN.
ESU
WÄRE TOLL, WENN SIE NICHT SO MEGA BÖSE WÄREN.
ORCHIS WISSENSCHAFTS-ZENTRUM
WHOAAA.
WENN BRUNO WÜSSTE, DASS ICH EIN MUTANT BIN, WÜRDE ER VERSUCHEN, MICH DAVON ABZUHALTEN, SIE AUSZUSPIONIEREN. ABER JETZT, DA WIR HIER SIND, MUSS ICH'S IHM SAGEN.
NA JA, VIELLEICHT NICHT DEN TEIL, ALS EMMA FROST SEINE ERINNERUNG AN MEINEN TOD GELÖSCHT HAT.*
HEY, BRUNO?
OH MEIN GOTT. IST DAS EIN PLASMA-GENERATOR?
* UM MARY JANE WATSON ZU RETTEN-- CARO.
EIGENTLICH EIN *MINIATUR*-PLASMAGENERATOR.
WIR HABEN GESELLSCHAFT. DAS MUTANTEN-GESPRÄCH MUSS WOHL WARTEN.
BIST DU MEIN MITBEWOHNER? SIEHST NICHT AUS WIE EINE KAMALA.
DAS IST BRUNO. ICH BIN KAMALA.
OH! HI! ICH BIN MICHELLE. SEHR ERFREUT! ERSTES MAL AN DER ESU?
HI, JA, ERSTES MAL!
WIE AUFREGEND! DU WIRST ES HIER LIEBEN. ALLE SIND SUPERNETT!
HAST DU DIESEN GENERATOR GEBAUT? ICH HAB'S VOR JAHREN MAL VERSUCHT, ABER ER IST EXPLODIERT ...
DAMIT HABE ICH LETZTEN SOMMER DEN PHYSIKWETTBEWERB GEWONNEN! FALLS ES DICH INTERESSIERT ... IM LABOR IST EIN NOCH GRÖSSERER.
WAR GERADE AUF DEM WEG DORTHIN.
ECHT? ABER ICH BIN KEIN STUDENT HIER.
SPIELT KEINE ROLLE.
GEH RUHIG. ICH MUSS AUSPACKEN UND SPÄTER ZUR EINFÜHRUNG.

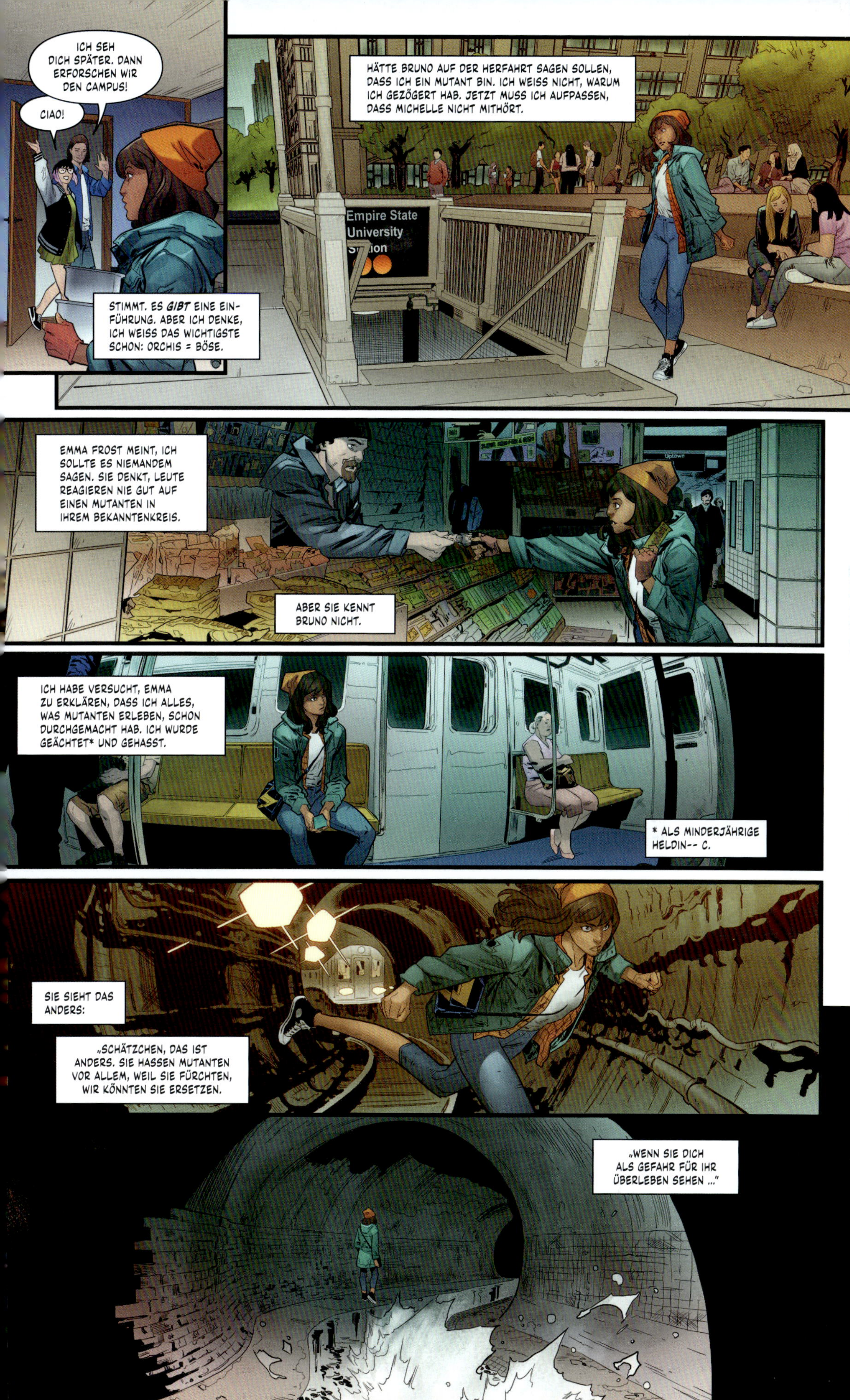
ICH SEH DICH SPÄTER. DANN ERFORSCHEN WIR DEN CAMPUS!
CIAO!
STIMMT. ES *GIBT* EINE EINFÜHRUNG. ABER ICH DENKE, ICH WEISS DAS WICHTIGSTE SCHON: ORCHIS = BÖSE.
HÄTTE BRUNO AUF DER HERFAHRT SAGEN SOLLEN, DASS ICH EIN MUTANT BIN. ICH WEISS NICHT, WARUM ICH GEZÖGERT HAB. JETZT MUSS ICH AUFPASSEN, DASS MICHELLE NICHT MITHÖRT.
Empire State University Station
EMMA FROST MEINT, ICH SOLLTE ES NIEMANDEM SAGEN. SIE DENKT, LEUTE REAGIEREN NIE GUT AUF EINEN MUTANTEN IN IHREM BEKANNTENKREIS.
ABER SIE KENNT BRUNO NICHT.
ICH HABE VERSUCHT, EMMA ZU ERKLÄREN, DASS ICH ALLES, WAS MUTANTEN ERLEBEN, SCHON DURCHGEMACHT HAB. ICH WURDE GEÄCHTET* UND GEHASST.
* ALS MINDERJÄHRIGE HELDIN-- C.
SIE SIEHT DAS ANDERS:
„SCHÄTZCHEN, DAS IST ANDERS. SIE HASSEN MUTANTEN VOR ALLEM, WEIL SIE FÜRCHTEN, WIR KÖNNTEN SIE ERSETZEN.
„WENN SIE DICH ALS GEFAHR FÜR IHR ÜBERLEBEN SEHEN ...“

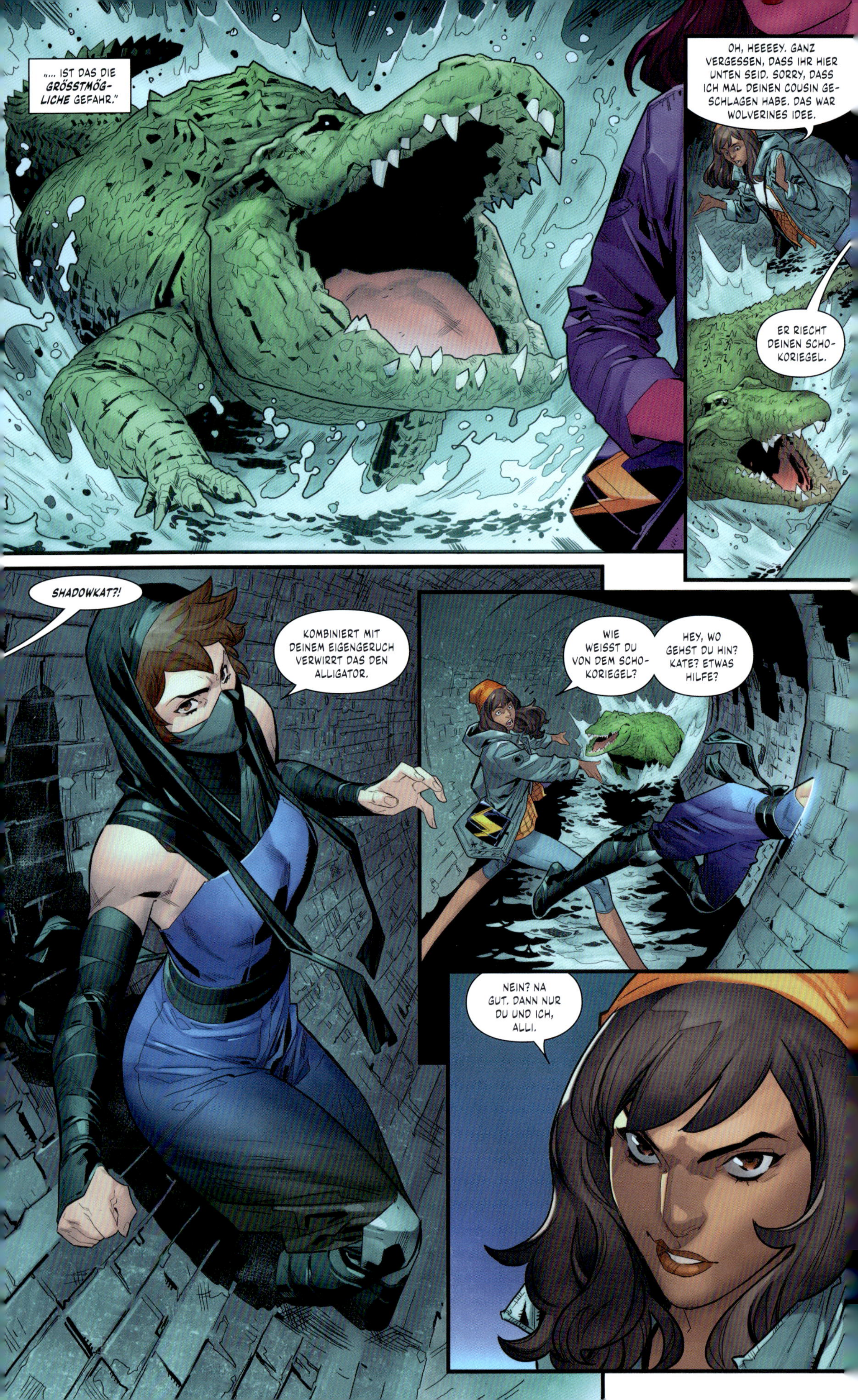
"... IST DAS DIE GRÖSSTMÖGLICHE GEFAHR."
OH, HEEEEY. GANZ VERGESSEN, DASS IHR HIER UNTEN SEID. SORRY, DASS ICH MAL DEINEN COUSIN GESCHLAGEN HABE. DAS WAR WOLVERINES IDEE.
ER RIECHT DEINEN SCHOKORIEGEL.
SHADOWKAT?!
KOMBINIERT MIT DEINEM EIGENGERUCH VERWIRRT DAS DEN ALLIGATOR.
WIE WEISST DU VON DEM SCHOKORIEGEL?
HEY, WO GEHST DU HIN? KATE? ETWAS HILFE?
NEIN? NA GUT. DANN NUR DU UND ICH, ALLI.

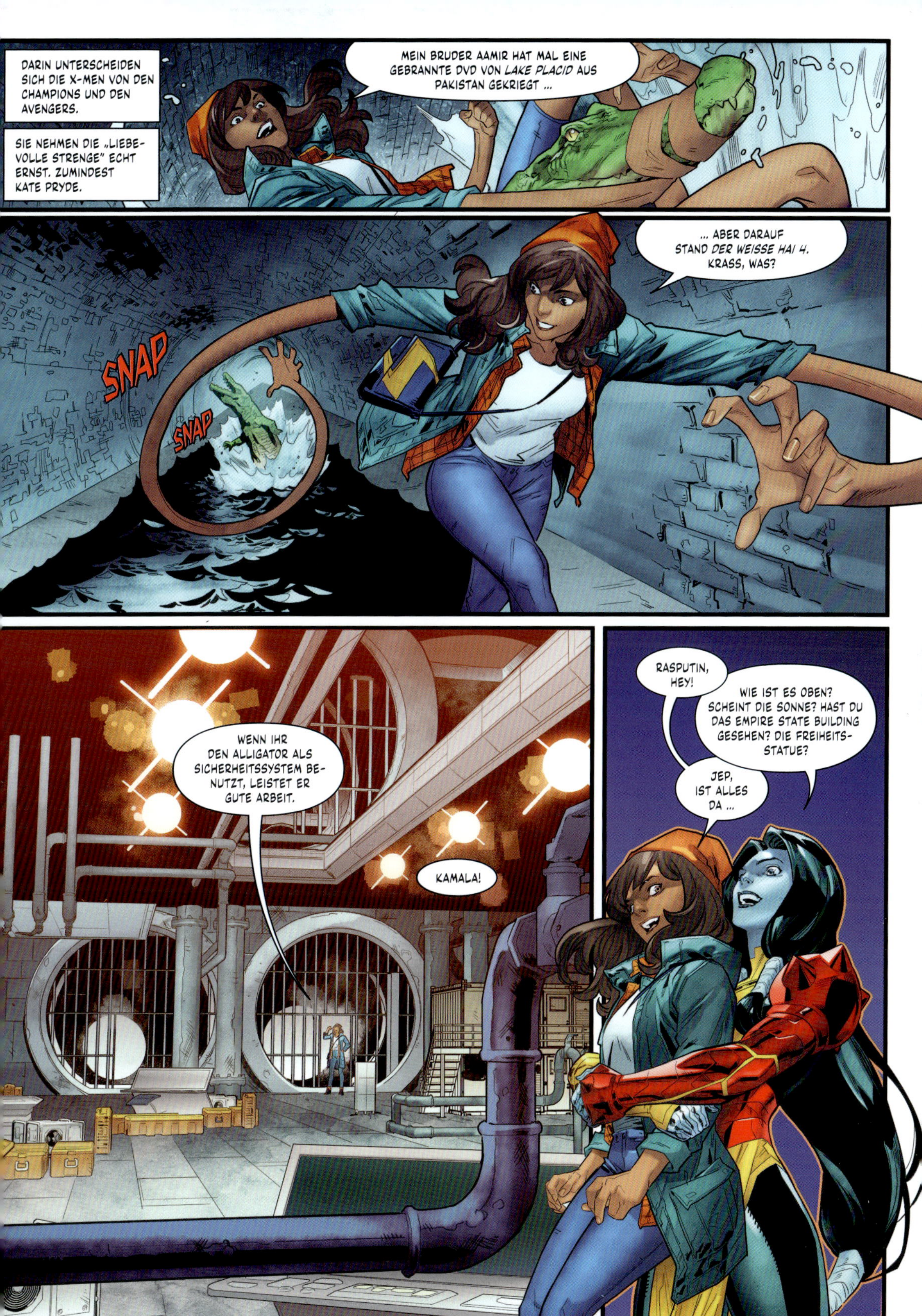

DARIN UNTERSCHEIDEN SICH DIE X-MEN VON DEN CHAMPIONS UND DEN AVENGERS.
SIE NEHMEN DIE „LIEBEVOLLE STRENGE" ECHT ERNST. ZUMINDEST KATE PRYDE.
MEIN BRUDER AAMIR HAT MAL EINE GEBRANNTE DVD VON *LAKE PLACID* AUS PAKISTAN GEKRIEGT ...
... ABER DARAUF STAND *DER WEISSE HAI 4*. KRASS, WAS?
SNAP
SNAP
WENN IHR DEN ALLIGATOR ALS SICHERHEITSSYSTEM BENUTZT, LEISTET ER GUTE ARBEIT.
KAMALA!
RASPUTIN, HEY!
WIE IST ES OBEN? SCHEINT DIE SONNE? HAST DU DAS EMPIRE STATE BUILDING GESEHEN? DIE FREIHEITSSTATUE?
JEP, IST ALLES DA ...

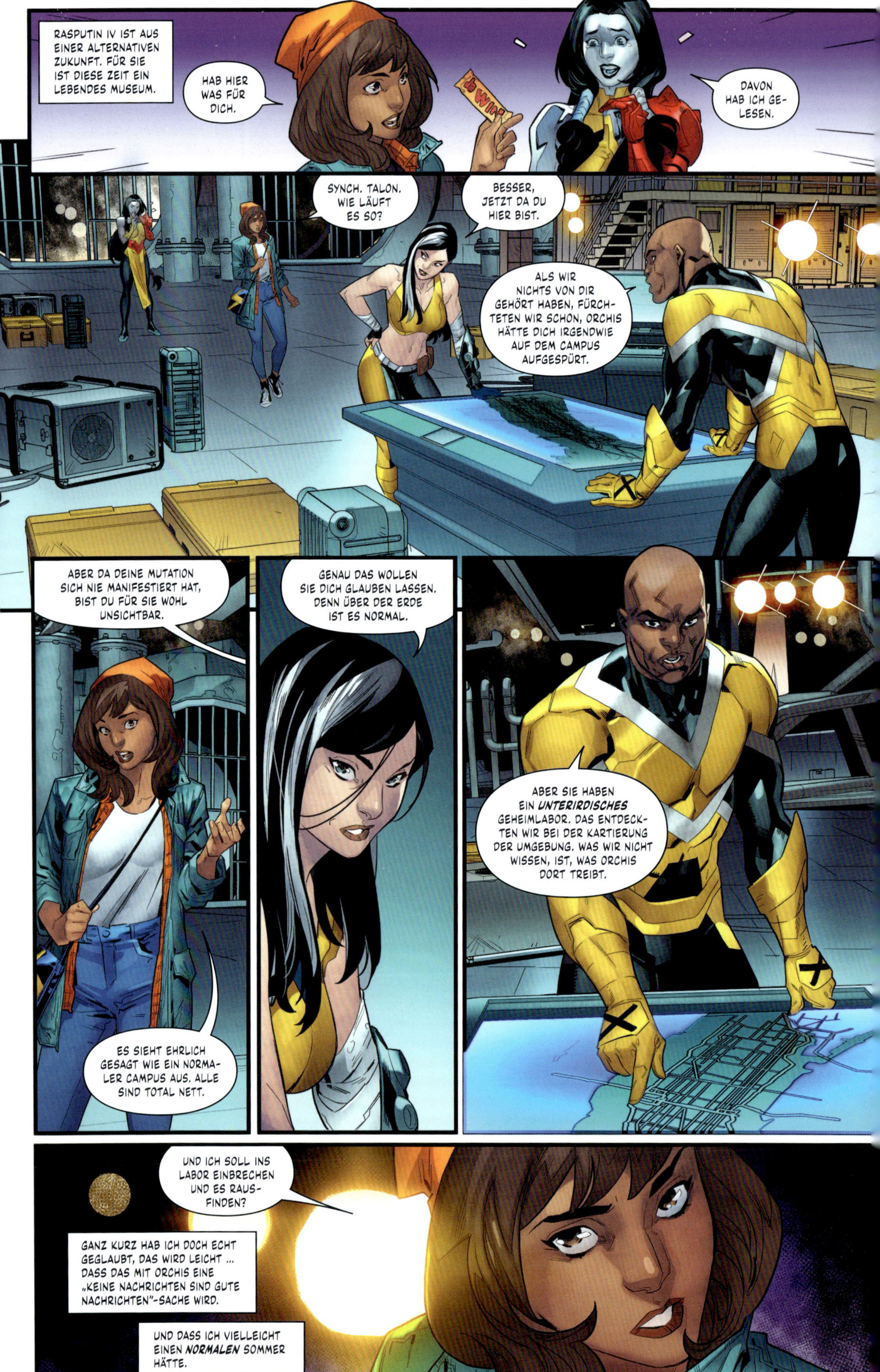

RASPUTIN IV IST AUS EINER ALTERNATIVEN ZUKUNFT. FÜR SIE IST DIESE ZEIT EIN LEBENDES MUSEUM.
HAB HIER WAS FÜR DICH.
DAVON HAB ICH GE-LESEN.
SYNCH. TALON. WIE LÄUFT ES SO?
BESSER, JETZT DA DU HIER BIST.
ALS WIR NICHTS VON DIR GEHÖRT HABEN, FÜRCH-TETEN WIR SCHON, ORCHIS HÄTTE DICH IRGENDWIE AUF DEM CAMPUS AUFGESPÜRT.
ABER DA DEINE MUTATION SICH NIE MANIFESTIERT HAT, BIST DU FÜR SIE WOHL UNSICHTBAR.
ES SIEHT EHRLICH GESAGT WIE EIN NORMA-LER CAMPUS AUS. ALLE SIND TOTAL NETT.
GENAU DAS WOLLEN SIE DICH GLAUBEN LASSEN. DENN ÜBER DER ERDE IST ES NORMAL.
ABER SIE HABEN EIN *UNTERIRDISCHES* GEHEIMLABOR. DAS ENTDECK-TEN WIR BEI DER KARTIERUNG DER UMGEBUNG. WAS WIR NICHT WISSEN, IST, WAS ORCHIS DORT TREIBT.
UND ICH SOLL INS LABOR EINBRECHEN UND ES RAUS-FINDEN?
GANZ KURZ HAB ICH DOCH ECHT GEGLAUBT, DAS WIRD LEICHT ... DASS DAS MIT ORCHIS EINE „KEINE NACHRICHTEN SIND GUTE NACHRICHTEN"-SACHE WIRD.
UND DASS ICH VIELLEICHT EINEN *NORMALEN* SOMMER HÄTTE.

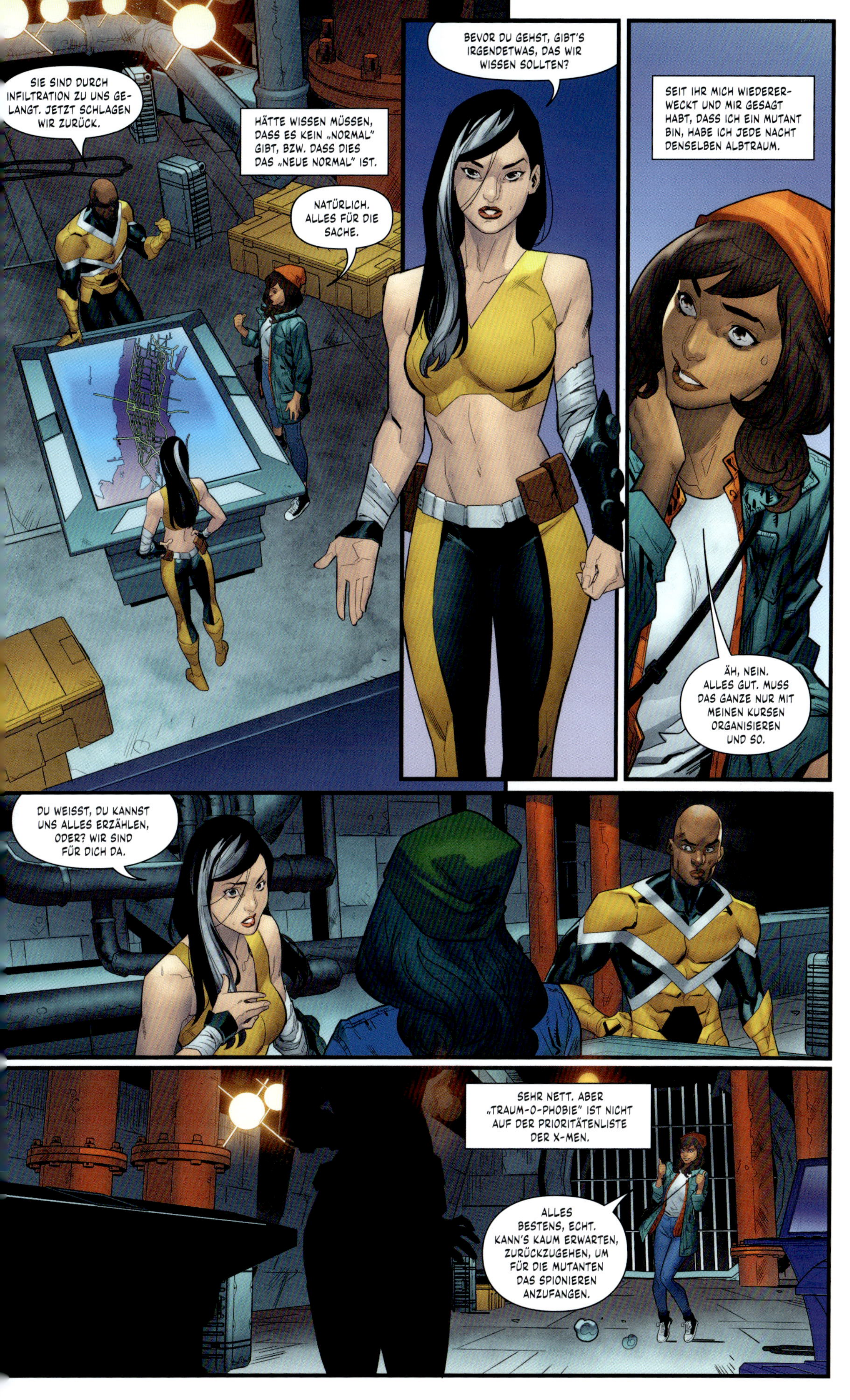
SIE SIND DURCH INFILTRATION ZU UNS GE-LANGT. JETZT SCHLAGEN WIR ZURÜCK.
HÄTTE WISSEN MÜSSEN, DASS ES KEIN „NORMAL" GIBT, BZW. DASS DIES DAS „NEUE NORMAL" IST.
NATÜRLICH. ALLES FÜR DIE SACHE.
BEVOR DU GEHST, GIBT'S IRGENDETWAS, DAS WIR WISSEN SOLLTEN?
SEIT IHR MICH WIEDERER-WECKT UND MIR GESAGT HABT, DASS ICH EIN MUTANT BIN, HABE ICH JEDE NACHT DENSELBEN ALBTRAUM.
ÄH, NEIN. ALLES GUT. MUSS DAS GANZE NUR MIT MEINEN KURSEN ORGANISIEREN UND SO.
DU WEISST, DU KANNST UNS ALLES ERZÄHLEN, ODER? WIR SIND FÜR DICH DA.
SEHR NETT. ABER „TRAUM-O-PHOBIE" IST NICHT AUF DER PRIORITÄTENLISTE DER X-MEN.
ALLES BESTENS, ECHT. KANN'S KAUM ERWARTEN, ZURÜCKZUGEHEN, UM FÜR DIE MUTANTEN DAS SPIONIEREN ANZUFANGEN.

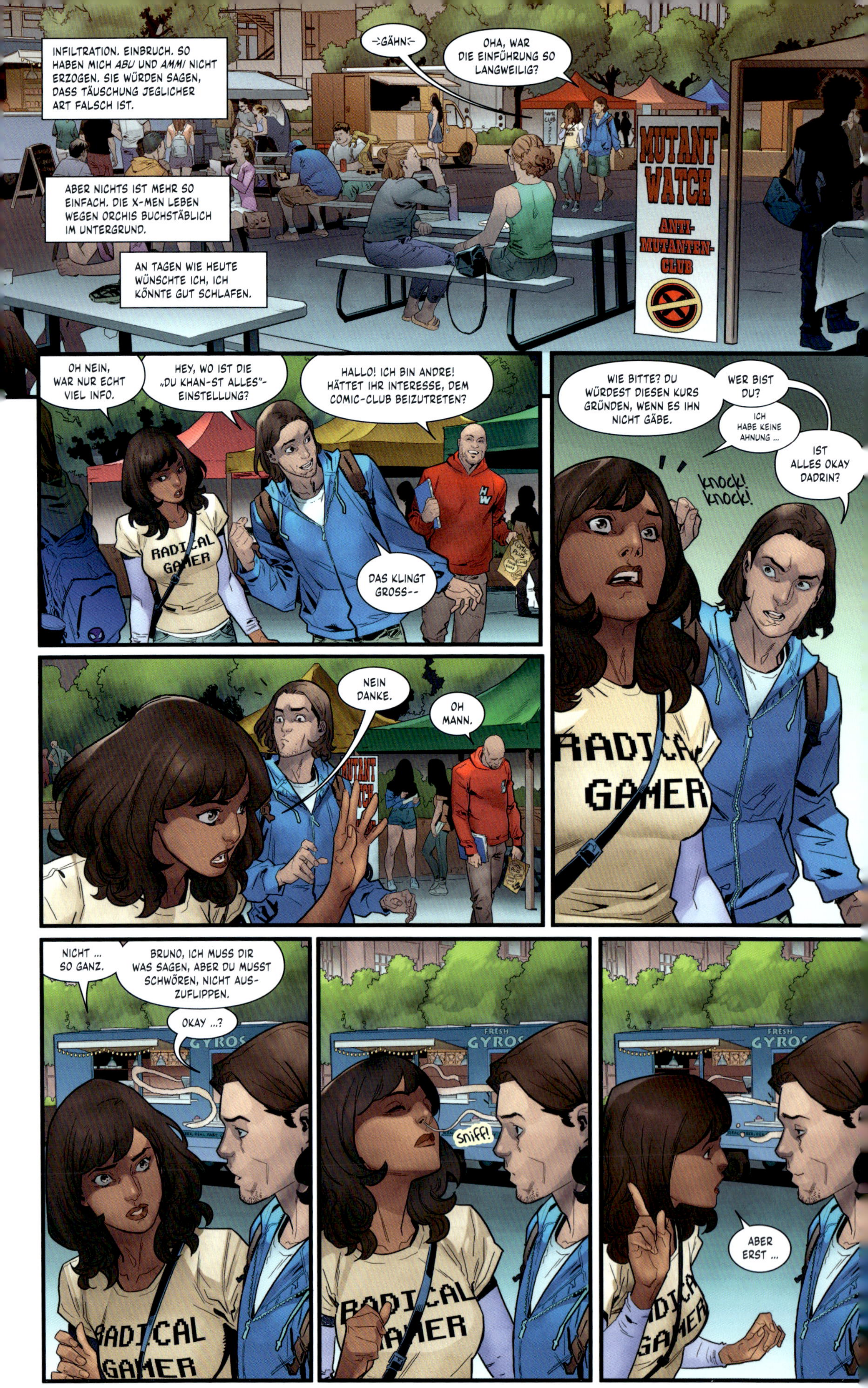

INFILTRATION. EINBRUCH. SO HABEN MICH *ABU* UND *AMMI* NICHT ERZOGEN. SIE WÜRDEN SAGEN, DASS TÄUSCHUNG JEGLICHER ART FALSCH IST.

ABER NICHTS IST MEHR SO EINFACH. DIE X-MEN LEBEN WEGEN ORCHIS BUCHSTÄBLICH IM UNTERGRUND.

AN TAGEN WIE HEUTE WÜNSCHTE ICH, ICH KÖNNTE GUT SCHLAFEN.

GÄHN

OHA, WAR DIE EINFÜHRUNG SO LANGWEILIG?

MUTANT WATCH

ANTI-MUTANTEN-CLUB

OH NEIN, WAR NUR ECHT VIEL INFO.

HEY, WO IST DIE „DU KHAN-ST ALLES"-EINSTELLUNG?

HALLO! ICH BIN ANDRE! HÄTTET IHR INTERESSE, DEM COMIC-CLUB BEIZUTRETEN?

DAS KLINGT GROSS--

NEIN DANKE.

OH MANN.

WIE BITTE? DU WÜRDEST DIESEN KURS GRÜNDEN, WENN ES IHN NICHT GÄBE.

WER BIST DU?

ICH HABE KEINE AHNUNG ...

IST ALLES OKAY DADRIN?

KNOCK! KNOCK!

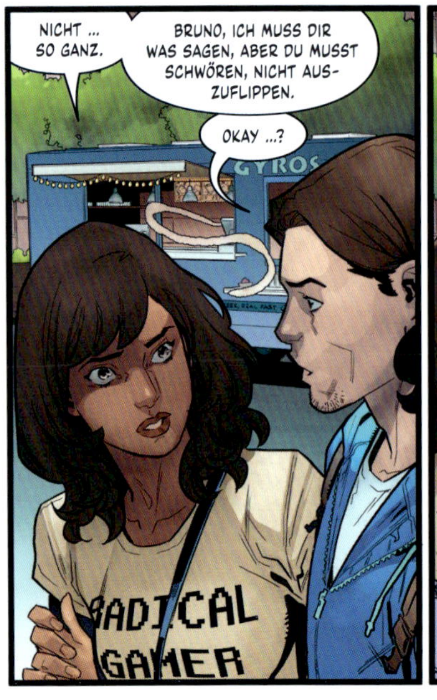

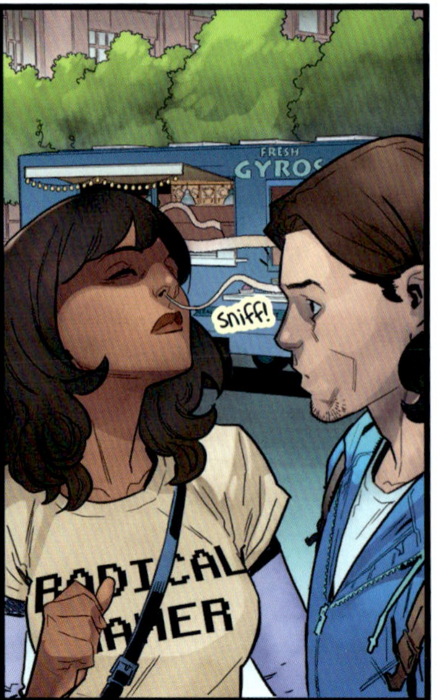

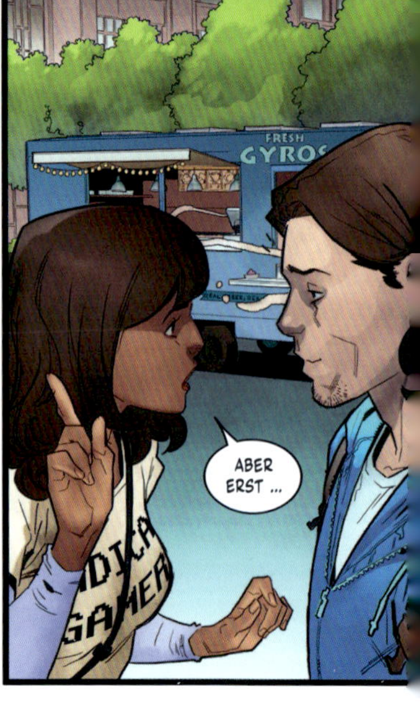

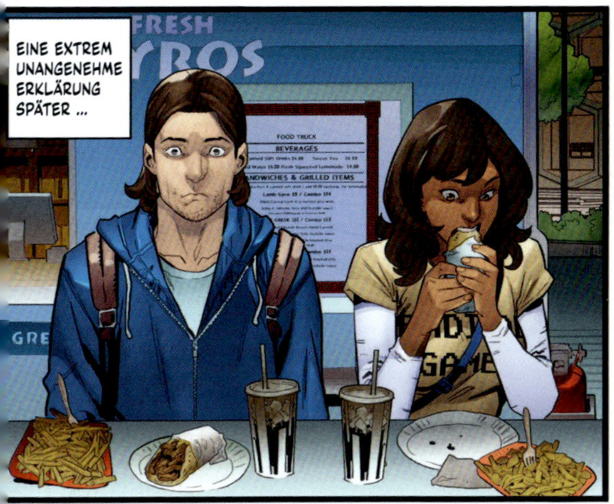
EINE EXTREM UNANGENEHME ERKLÄRUNG SPÄTER ...
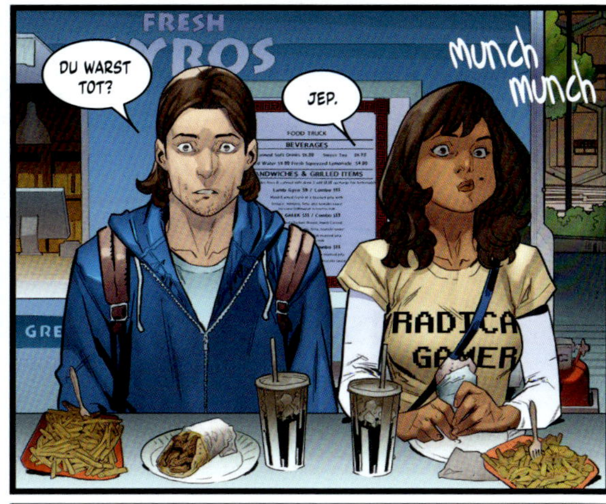
DU WARST TOT?
JEP.
munch munch
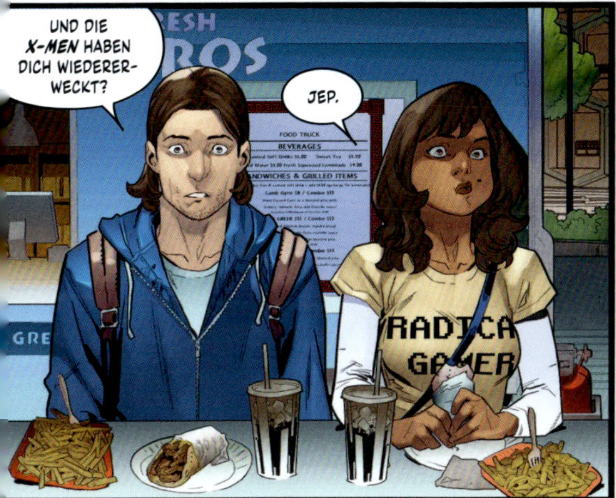
UND DIE X-MEN HABEN DICH WIEDERER-WECKT?
JEP.
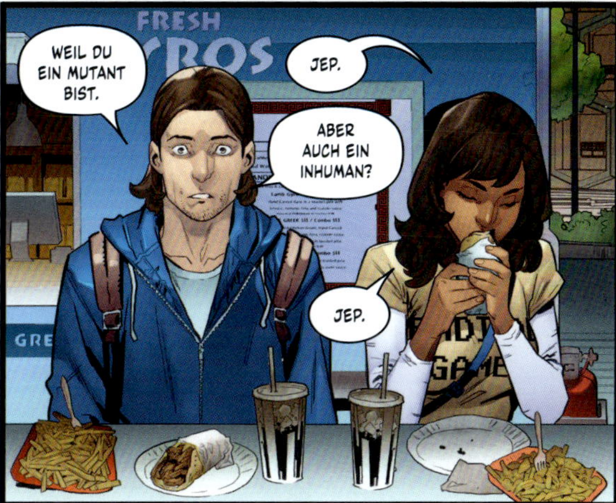
WEIL DU EIN MUTANT BIST.
JEP.
ABER AUCH EIN INHUMAN?
JEP.
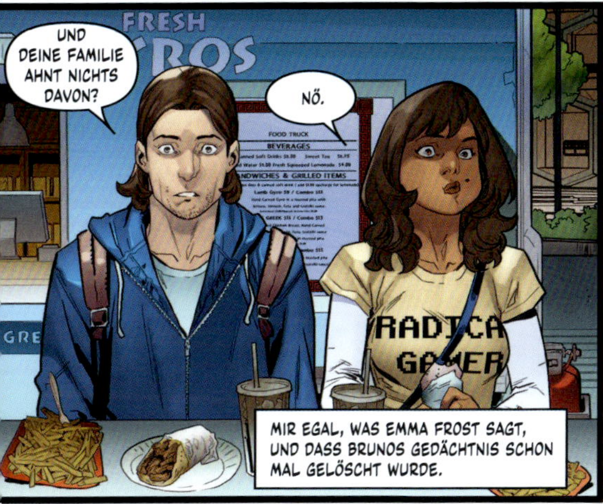
UND DEINE FAMILIE AHNT NICHTS DAVON?
NÖ.
MIR EGAL, WAS EMMA FROST SAGT, UND DASS BRUNOS GEDÄCHTNIS SCHON MAL GELÖSCHT WURDE.
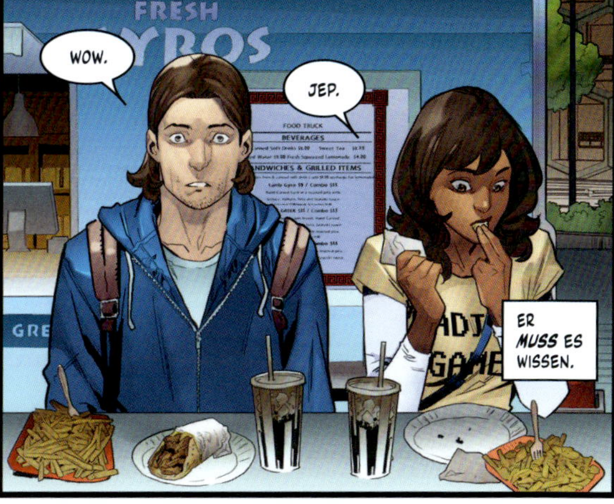
WOW.
JEP.
ER MUSS ES WISSEN.
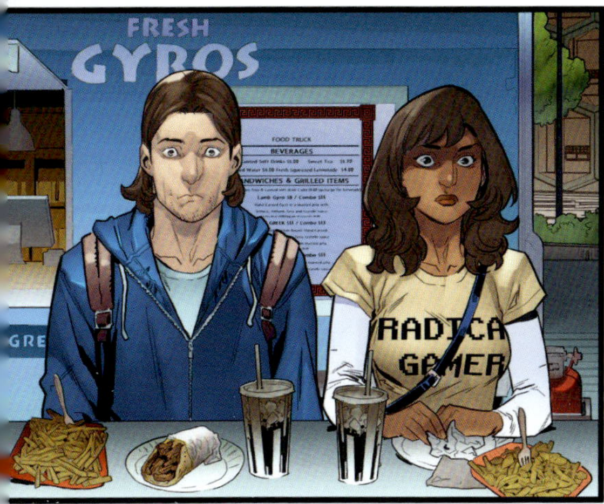
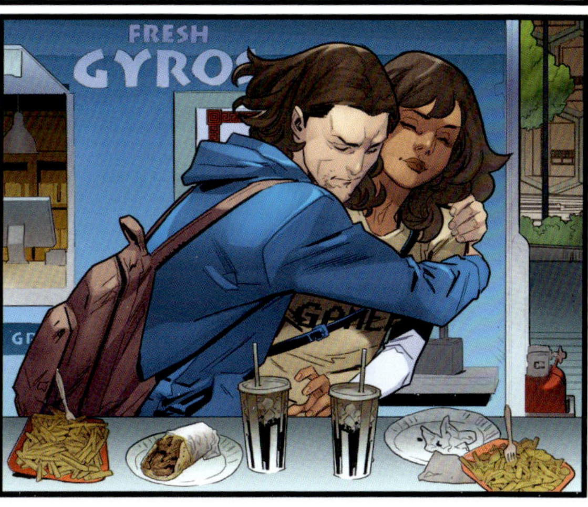

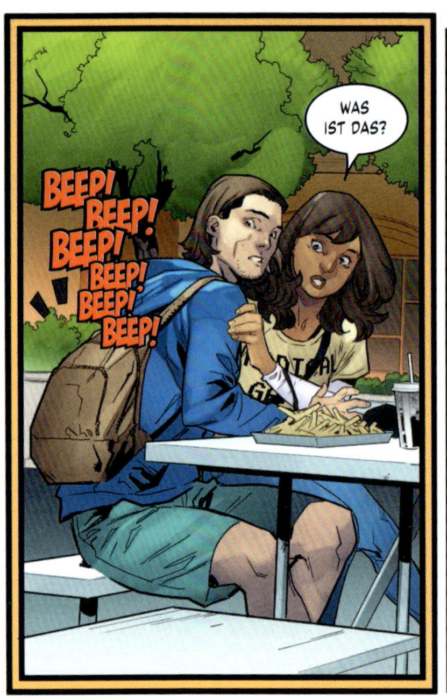

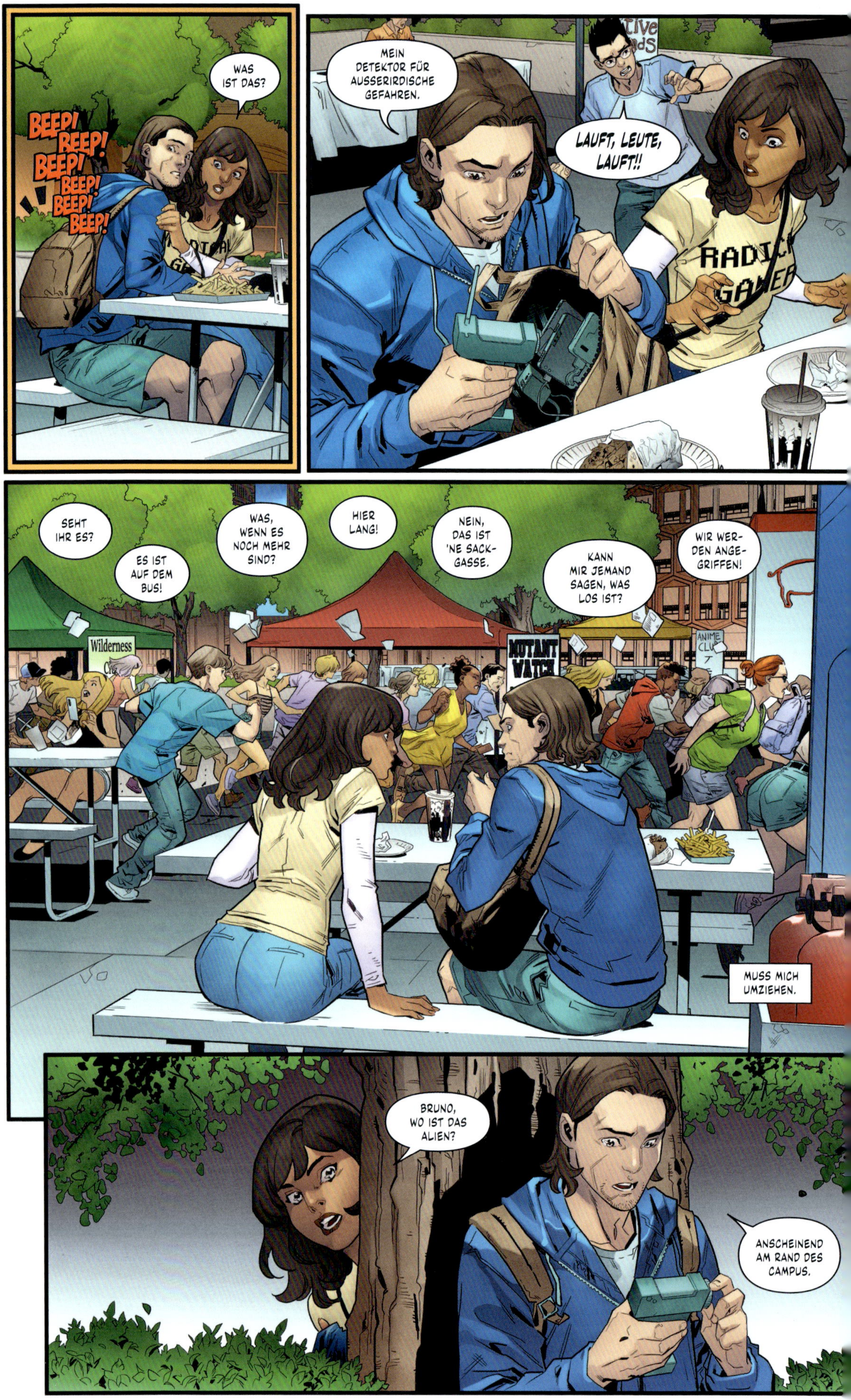

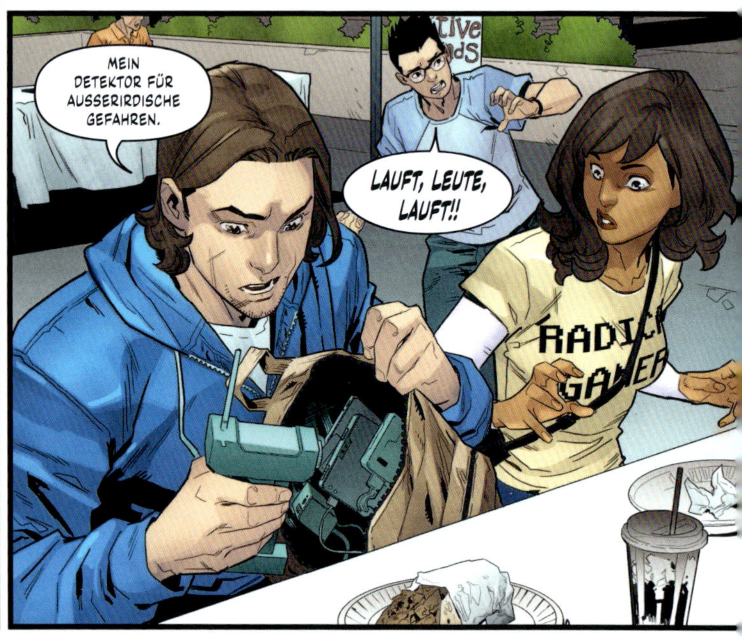

SEHT IHR ES?

ES IST AUF DEM BUS!

WAS, WENN ES NOCH MEHR SIND?

HIER LANG!

NEIN, DAS IST 'NE SACKGASSE.

KANN MIR JEMAND SAGEN, WAS LOS IST?

WIR WERDEN ANGEGRIFFEN!

Wilderness

MUTANT WATCH

MUSS MICH UMZIEHEN.

BRUNO, WO IST DAS ALIEN?

ANSCHEINEND AM RAND DES CAMPUS.

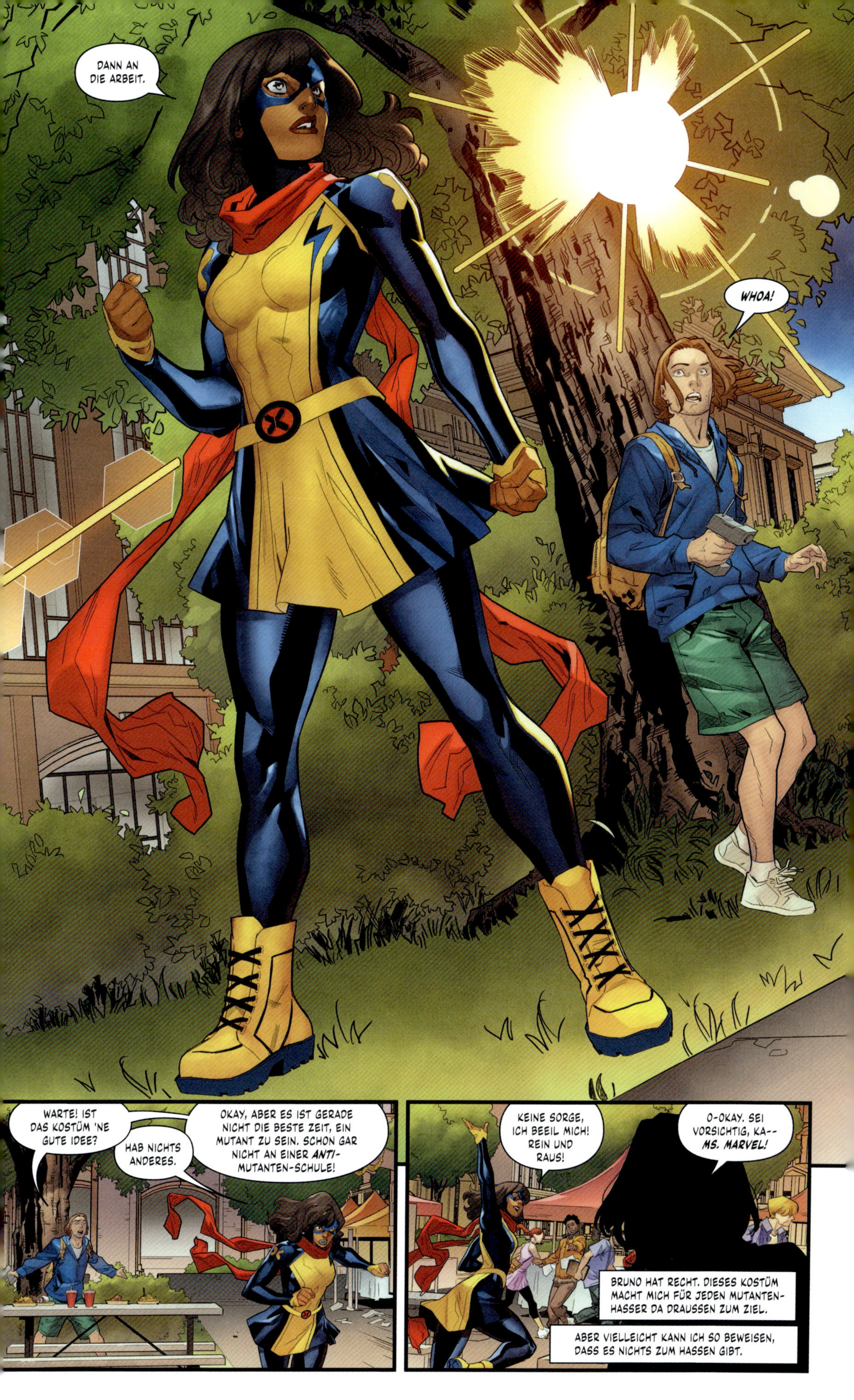
DANN AN DIE ARBEIT.
WHOA!
WARTE! IST DAS KOSTÜM 'NE GUTE IDEE?
HAB NICHTS ANDERES.
OKAY, ABER ES IST GERADE NICHT DIE BESTE ZEIT, EIN MUTANT ZU SEIN. SCHON GAR NICHT AN EINER ANTI-MUTANTEN-SCHULE!
KEINE SORGE, ICH BEEIL MICH! REIN UND RAUS!
O-OKAY. SEI VORSICHTIG, KA-- MS. MARVEL!
BRUNO HAT RECHT. DIESES KOSTÜM MACHT MICH FÜR JEDEN MUTANTENHASSER DA DRAUSSEN ZUM ZIEL.
ABER VIELLEICHT KANN ICH SO BEWEISEN, DASS ES NICHTS ZUM HASSEN GIBT.

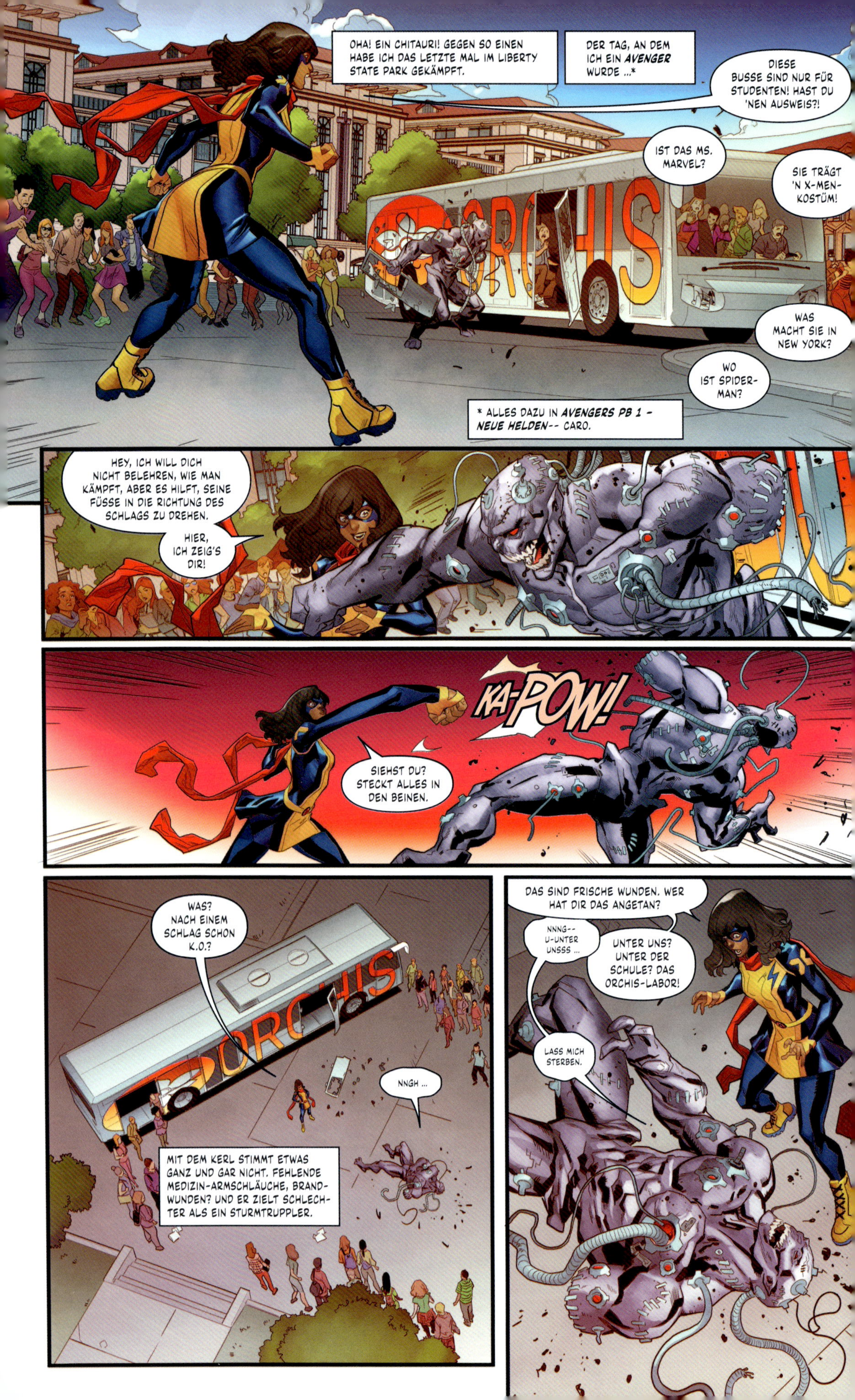

OHA! EIN CHITAURI! GEGEN SO EINEN HABE ICH DAS LETZTE MAL IM LIBERTY STATE PARK GEKÄMPFT.

DER TAG, AN DEM ICH EIN *AVENGER* WURDE ...*

DIESE BUSSE SIND NUR FÜR STUDENTEN! HAST DU 'NEN AUSWEIS?!

IST DAS MS. MARVEL?

SIE TRÄGT 'N X-MEN-KOSTÜM!

WAS MACHT SIE IN NEW YORK?

WO IST SPIDER-MAN?

* ALLES DAZU IN ***AVENGERS PB 1 – NEUE HELDEN***-- CARO.

HEY, ICH WILL DICH NICHT BELEHREN, WIE MAN KÄMPFT, ABER ES HILFT, SEINE FÜSSE IN DIE RICHTUNG DES SCHLAGS ZU DREHEN.

HIER, ICH ZEIG'S DIR!

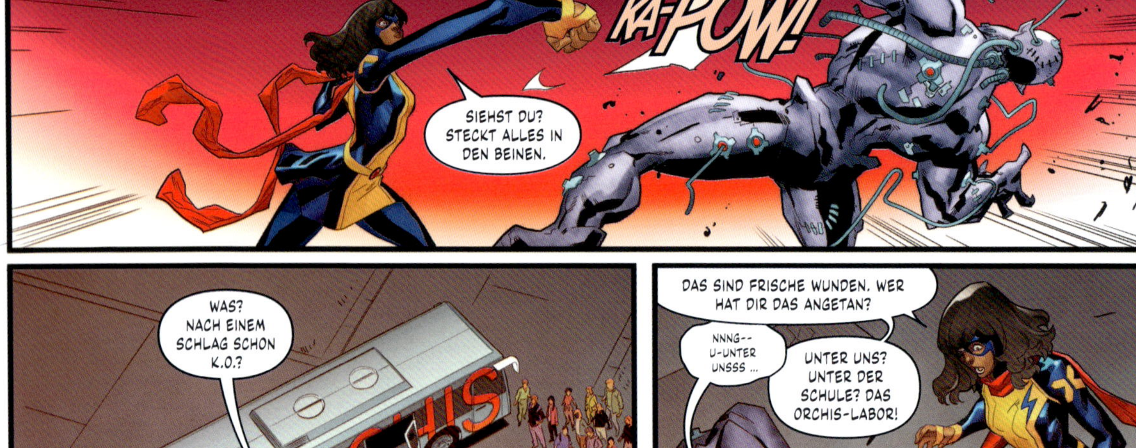

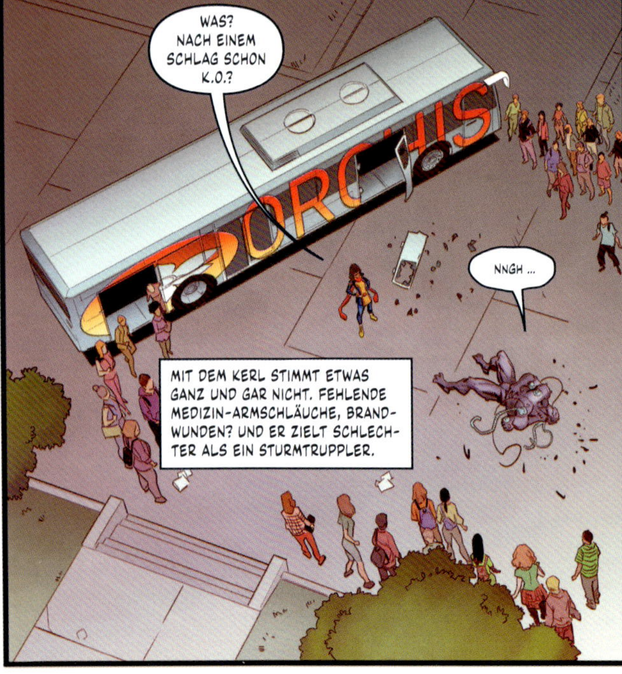

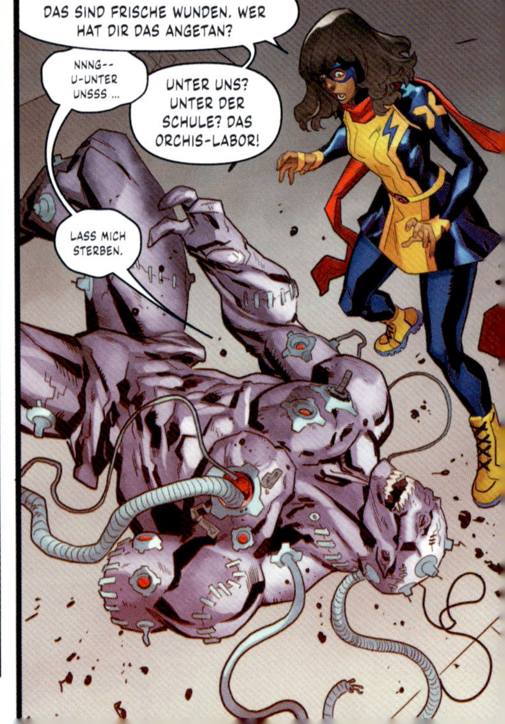

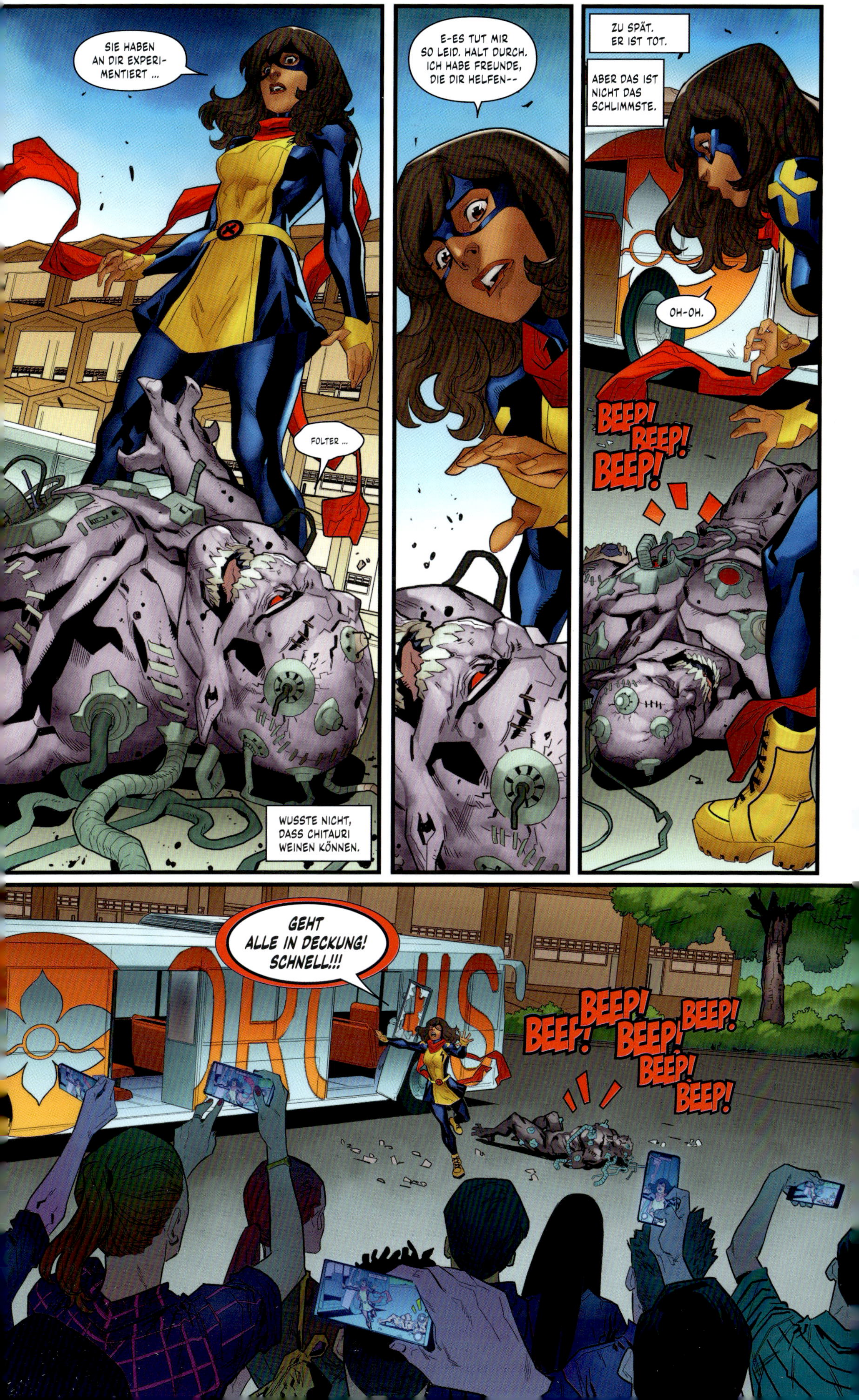

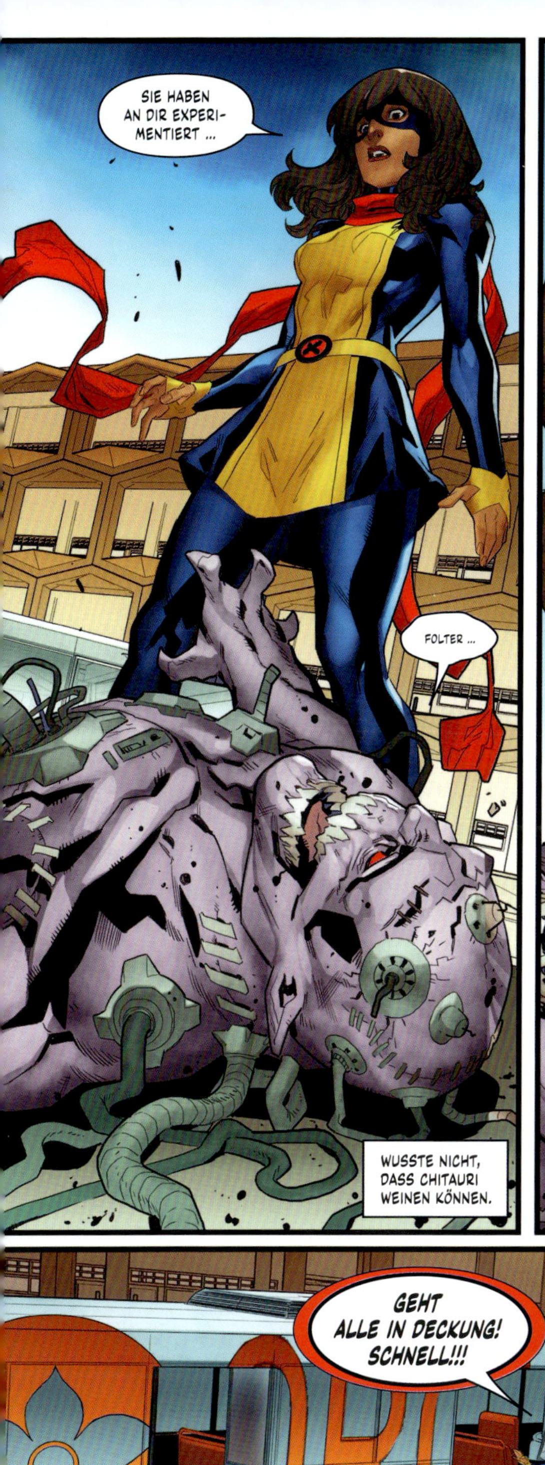

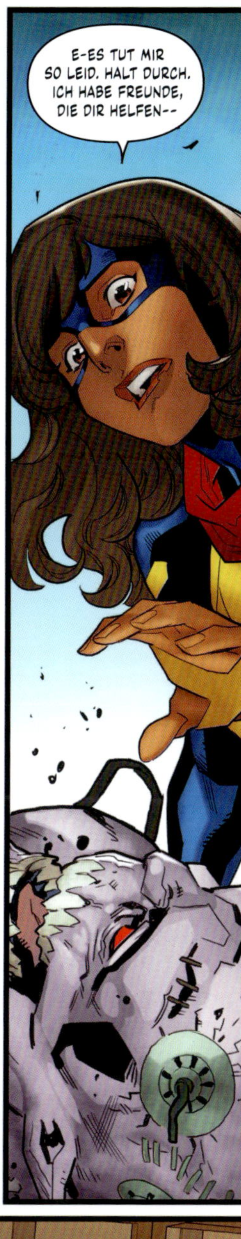

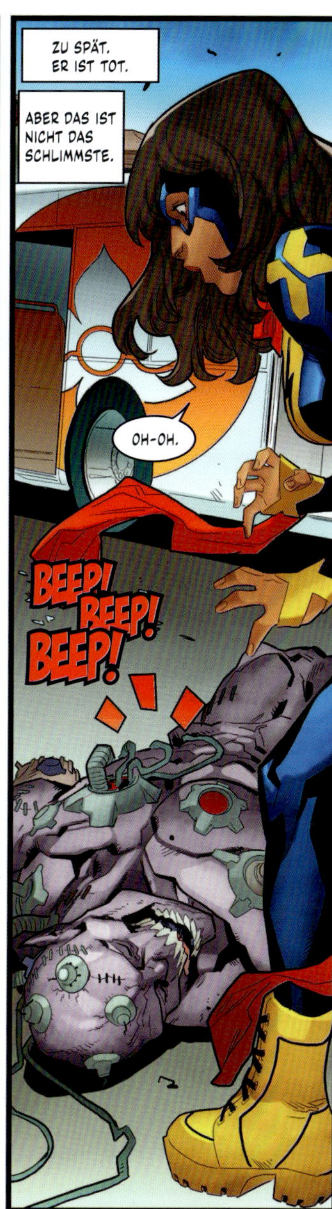

GEHT ALLE IN DECKUNG! SCHNELL!!!

BEEP! BEEP! BEEP! BEEP! BEEP! BEEP!

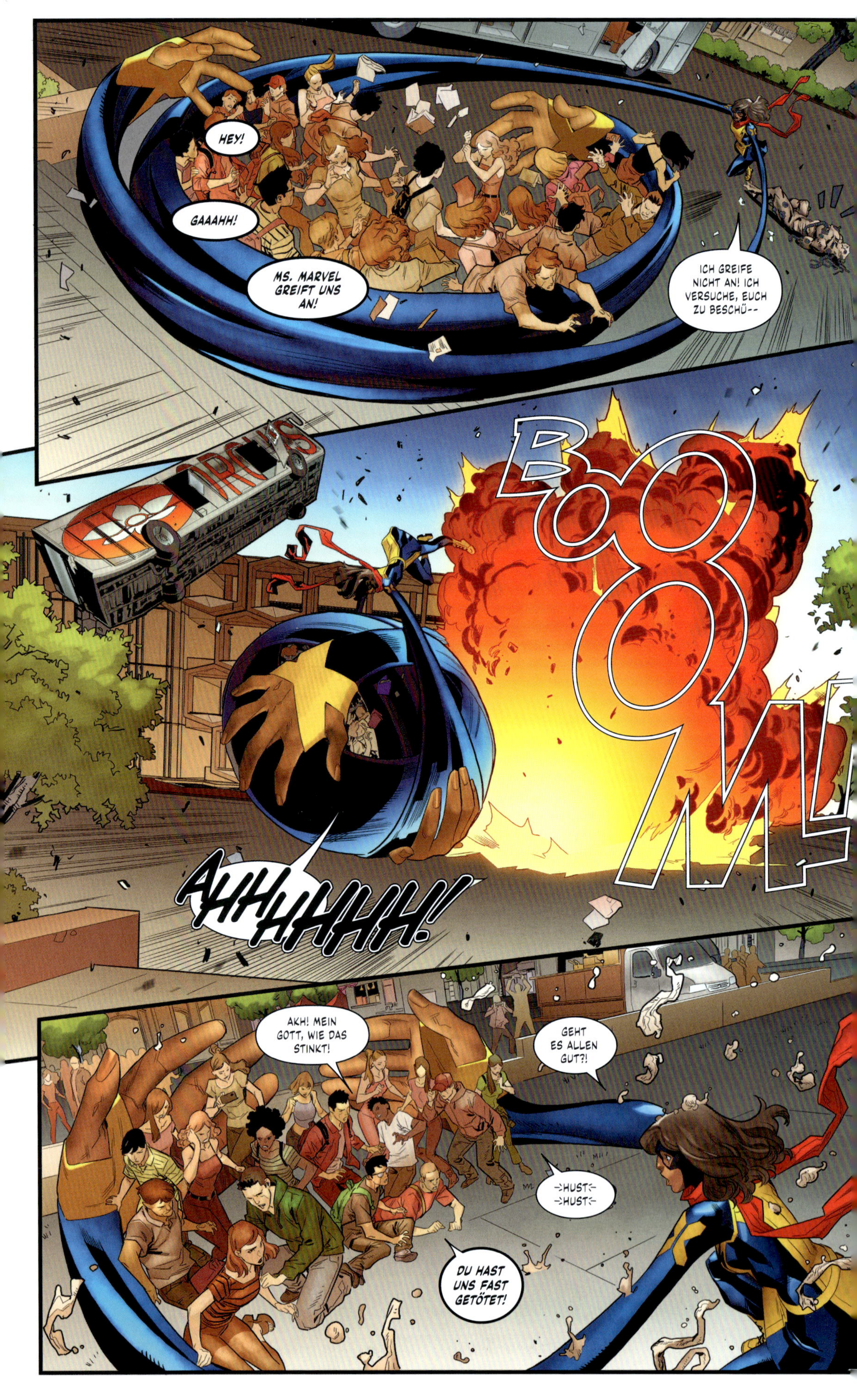
HEY!
GAAAHH!
MS. MARVEL GREIFT UNS AN!
ICH GREIFE NICHT AN! ICH VERSUCHE, EUCH ZU BESCHÜ--
BOOOM!
AHHHHHH!
AKH! MEIN GOTT, WIE DAS STINKT!
GEHT ES ALLEN GUT?!
-HUST-
-HUST-
DU HAST UNS FAST GETÖTET!

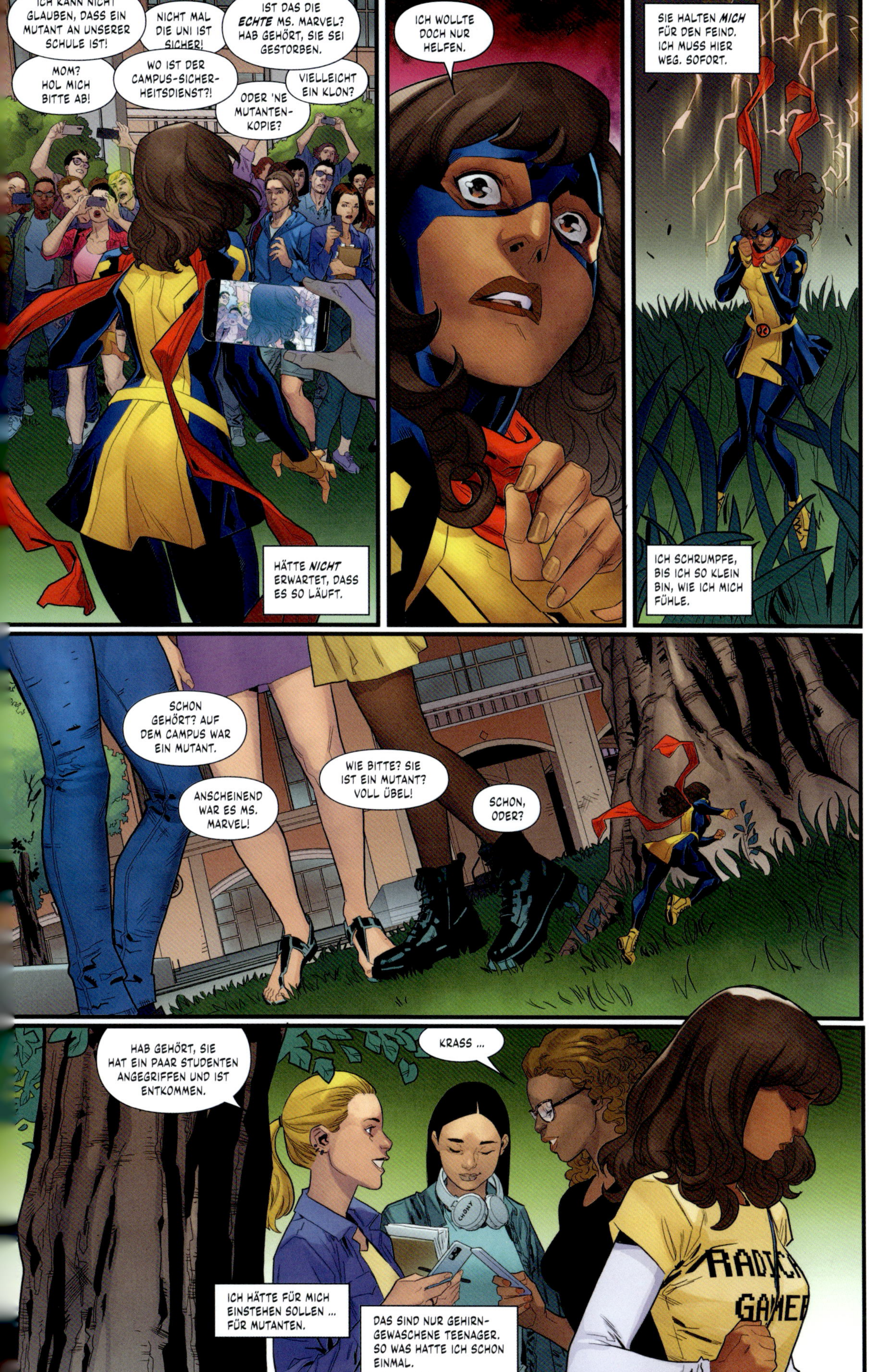
ICH KANN NICHT GLAUBEN, DASS EIN MUTANT AN UNSERER SCHULE IST!
NICHT MAL DIE UNI IST SICHER!
IST DAS DIE ECHTE MS. MARVEL? HAB GEHÖRT, SIE SEI GESTORBEN.
MOM? HOL MICH BITTE AB!
WO IST DER CAMPUS-SICHERHEITSDIENST?!
VIELLEICHT EIN KLON?
ODER 'NE MUTANTEN-KOPIE?
HÄTTE NICHT ERWARTET, DASS ES SO LÄUFT.
ICH WOLLTE DOCH NUR HELFEN.
SIE HALTEN MICH FÜR DEN FEIND. ICH MUSS HIER WEG. SOFORT.
ICH SCHRUMPFE, BIS ICH SO KLEIN BIN, WIE ICH MICH FÜHLE.
SCHON GEHÖRT? AUF DEM CAMPUS WAR EIN MUTANT.
ANSCHEINEND WAR ES MS. MARVEL!
WIE BITTE? SIE IST EIN MUTANT? VOLL ÜBEL!
SCHON, ODER?
HAB GEHÖRT, SIE HAT EIN PAAR STUDENTEN ANGEGRIFFEN UND IST ENTKOMMEN.
KRASS ...
ICH HÄTTE FÜR MICH EINSTEHEN SOLLEN ... FÜR MUTANTEN.
DAS SIND NUR GEHIRNGEWASCHENE TEENAGER. SO WAS HATTE ICH SCHON EINMAL.

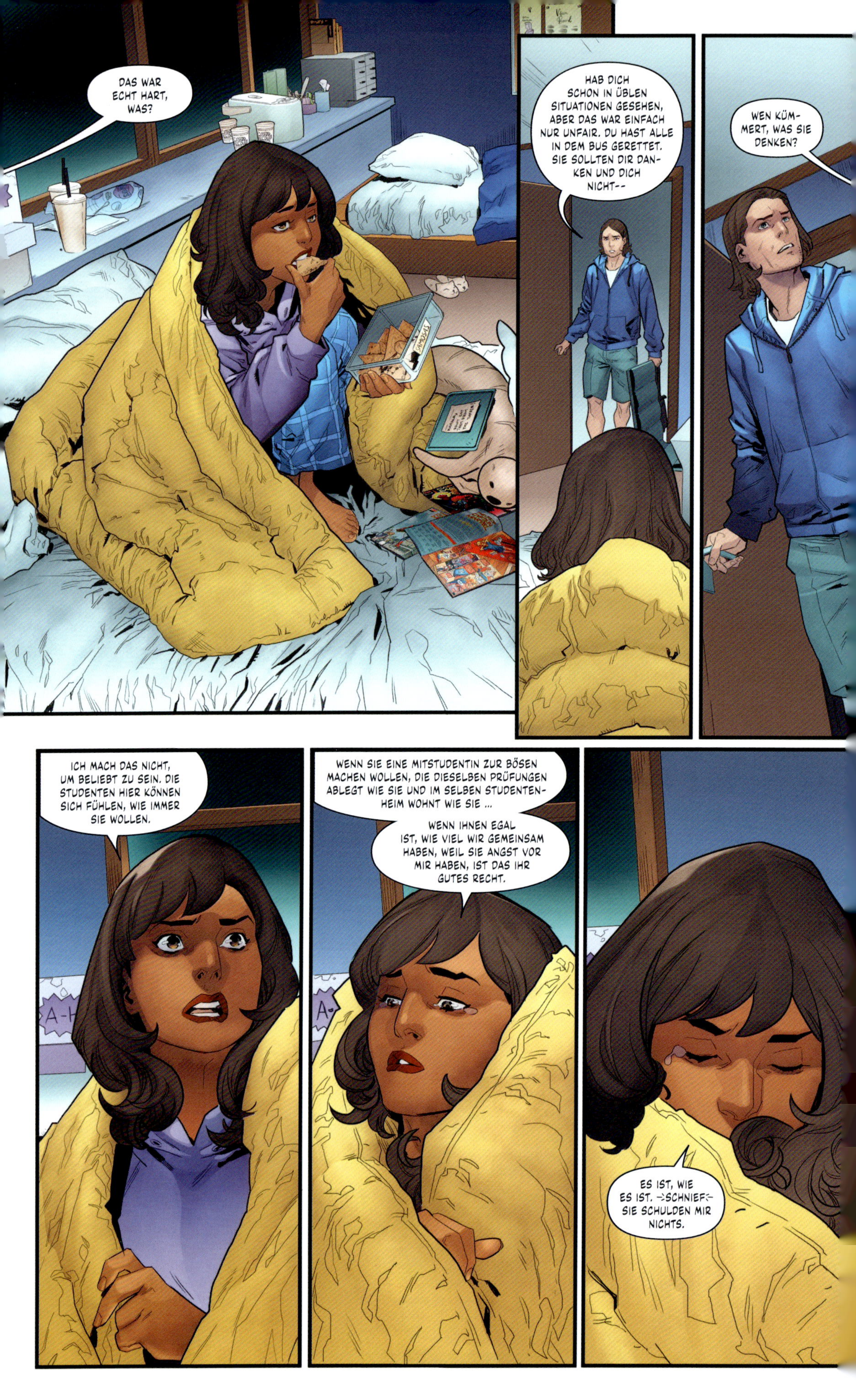

DAS WAR ECHT HART, WAS?

HAB DICH SCHON IN ÜBLEN SITUATIONEN GESEHEN, ABER DAS WAR EINFACH NUR UNFAIR. DU HAST ALLE IN DEM BUS GERETTET. SIE SOLLTEN DIR DANKEN UND DICH NICHT--

WEN KÜMMERT, WAS SIE DENKEN?

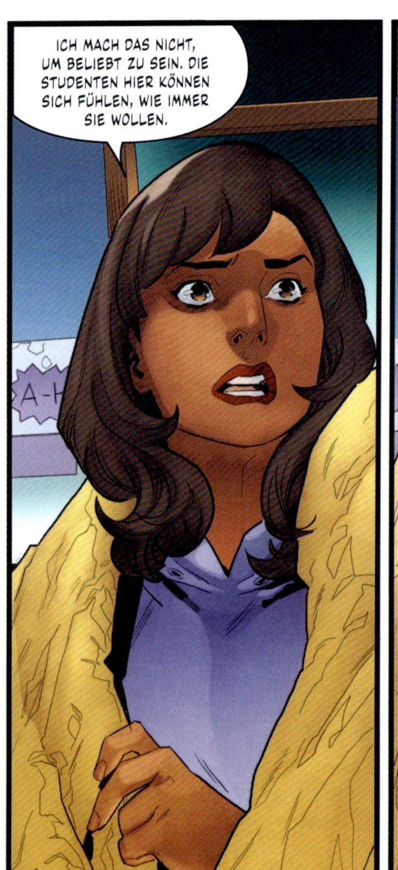

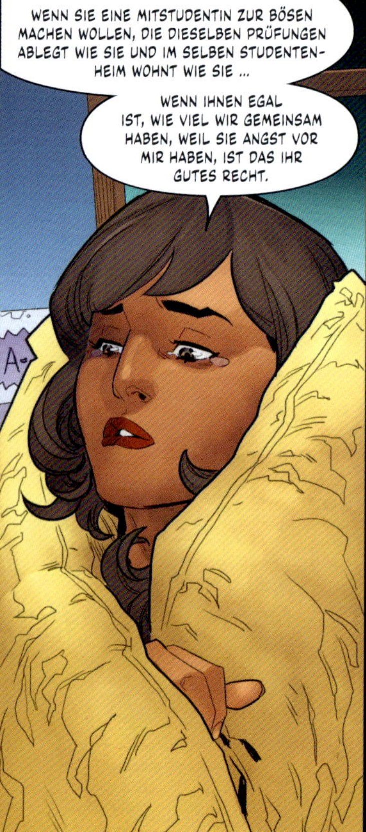

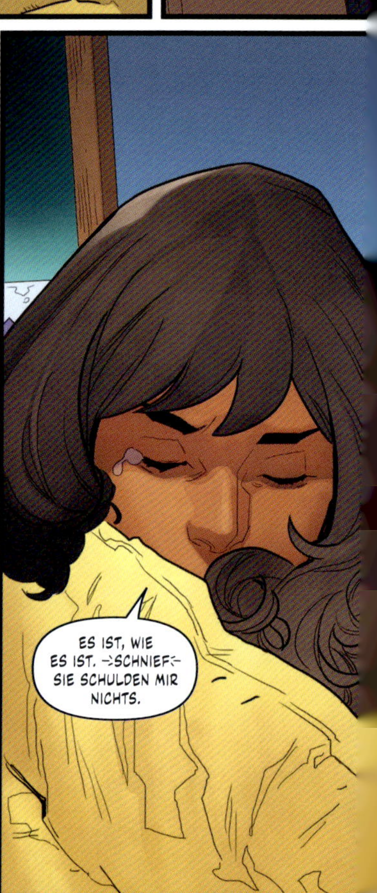

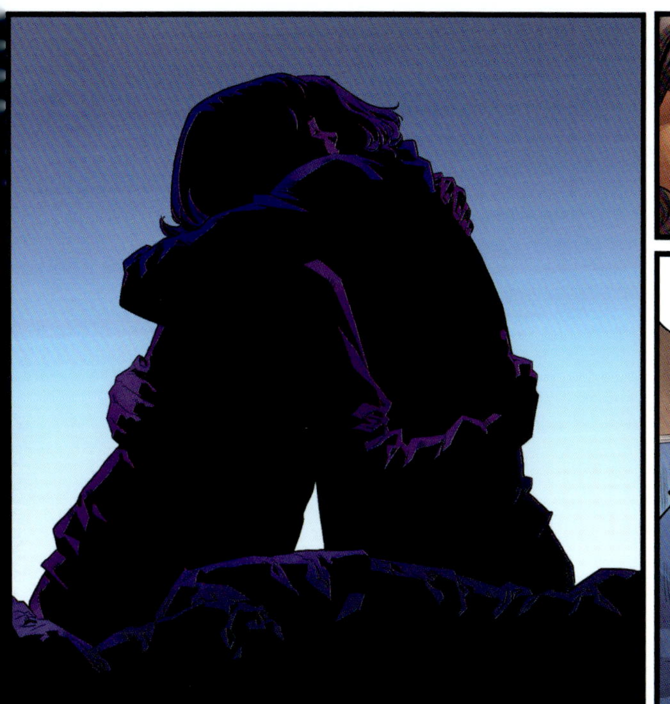

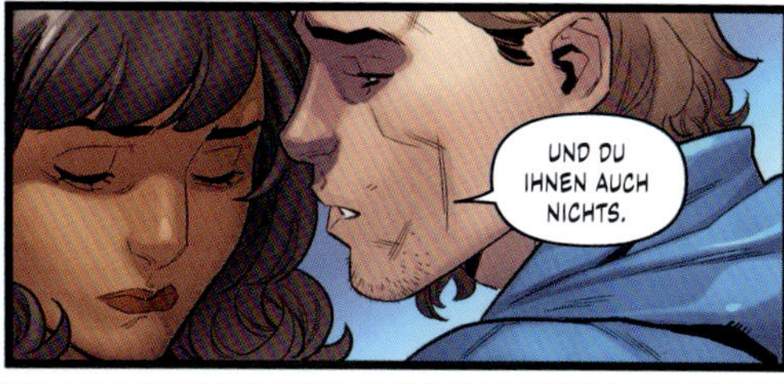
UND DU
IHNEN AUCH
NICHTS.

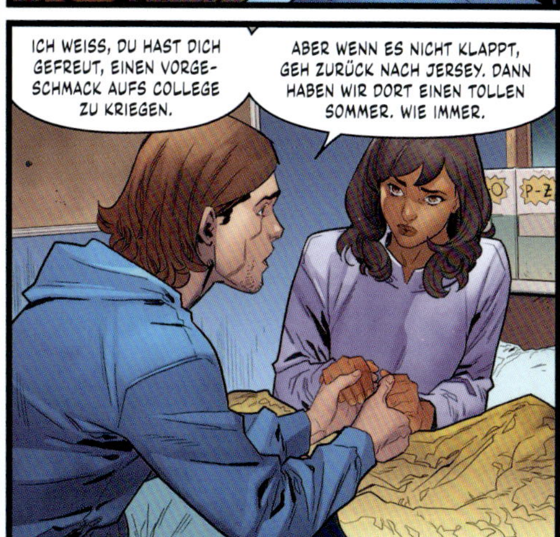
ICH WEISS, DU HAST DICH GEFREUT, EINEN VORGE-SCHMACK AUFS COLLEGE ZU KRIEGEN.
ABER WENN ES NICHT KLAPPT, GEH ZURÜCK NACH JERSEY. DANN HABEN WIR DORT EINEN TOLLEN SOMMER. WIE IMMER.
P-Z

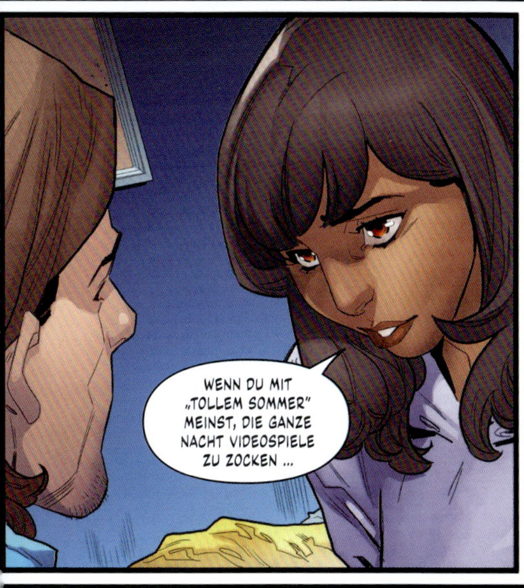
WENN DU MIT „TOLLEM SOMMER" MEINST, DIE GANZE NACHT VIDEOSPIELE ZU ZOCKEN ...

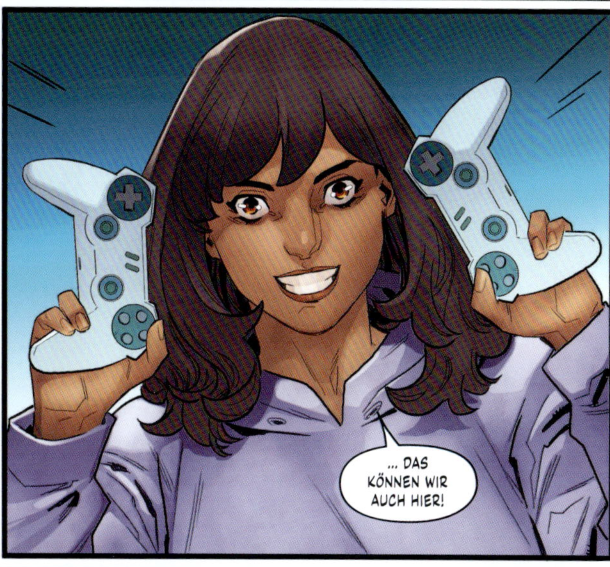
... DAS KÖNNEN WIR AUCH HIER!

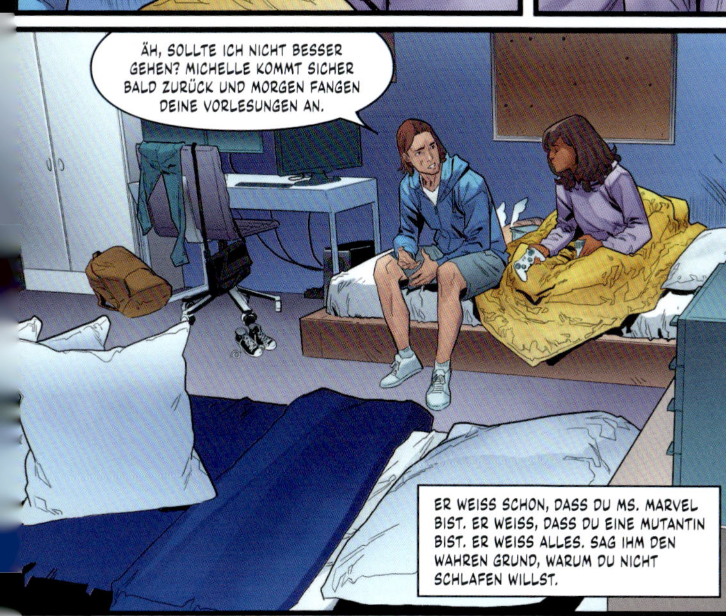
ÄH, SOLLTE ICH NICHT BESSER GEHEN? MICHELLE KOMMT SICHER BALD ZURÜCK UND MORGEN FANGEN DEINE VORLESUNGEN AN.
ER WEISS SCHON, DASS DU MS. MARVEL BIST. ER WEISS, DASS DU EINE MUTANTIN BIST. ER WEISS ALLES. SAG IHM DEN WAHREN GRUND, WARUM DU NICHT SCHLAFEN WILLST.

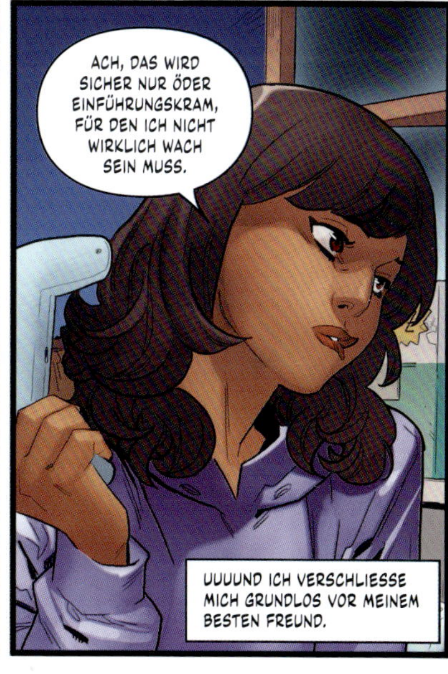
ACH, DAS WIRD SICHER NUR ÖDER EINFÜHRUNGSKRAM, FÜR DEN ICH NICHT WIRKLICH WACH SEIN MUSS.
UUUUND ICH VERSCHLIESSE MICH GRUNDLOS VOR MEINEM BESTEN FREUND.

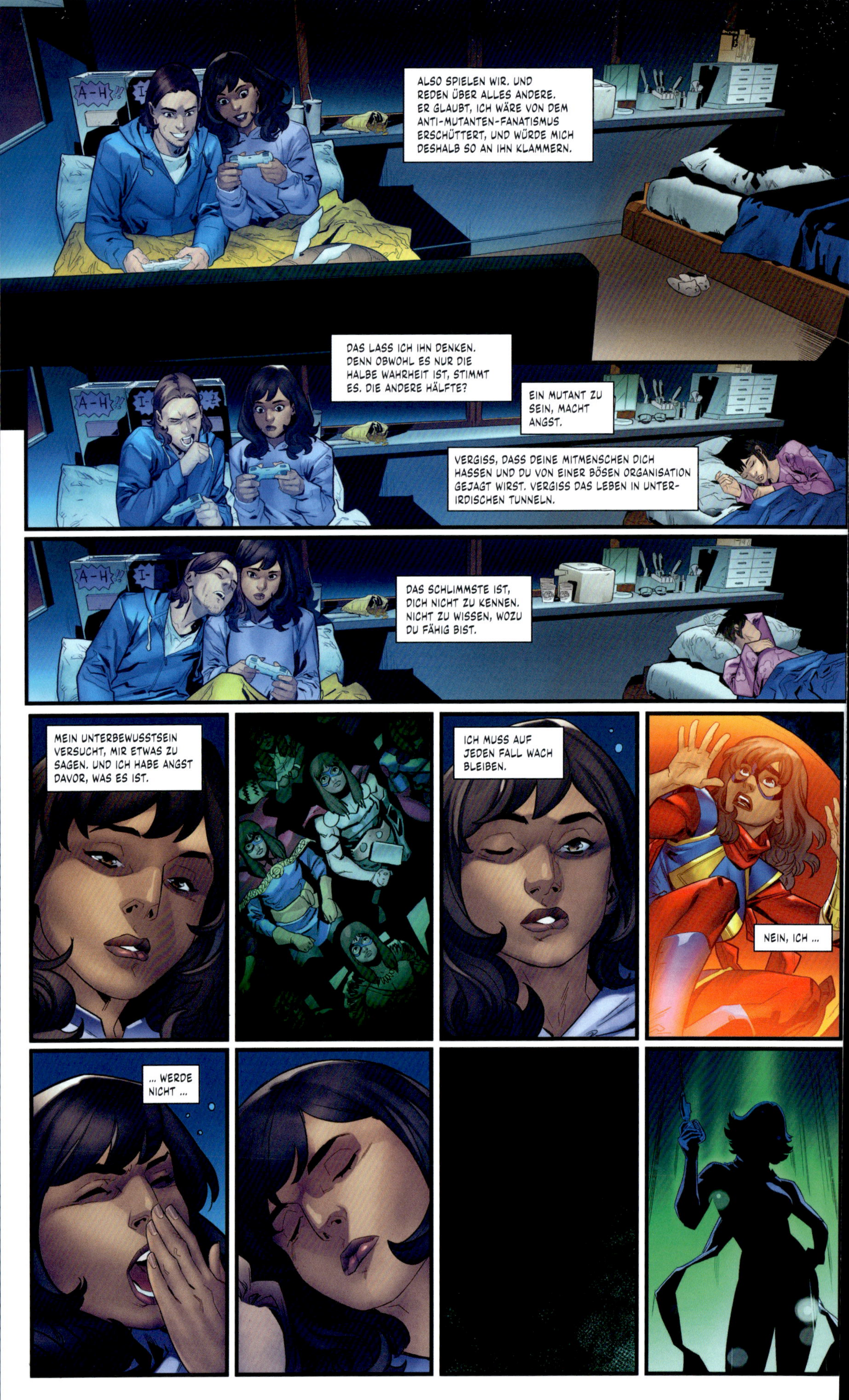
ALSO SPIELEN WIR. UND REDEN ÜBER ALLES ANDERE. ER GLAUBT, ICH WÄRE VON DEM ANTI-MUTANTEN-FANATISMUS ERSCHÜTTERT, UND WÜRDE MICH DESHALB SO AN IHN KLAMMERN.
DAS LASS ICH IHN DENKEN. DENN OBWOHL ES NUR DIE HALBE WAHRHEIT IST, STIMMT ES. DIE ANDERE HÄLFTE?
EIN MUTANT ZU SEIN, MACHT ANGST.
VERGISS, DASS DEINE MITMENSCHEN DICH HASSEN UND DU VON EINER BÖSEN ORGANISATION GEJAGT WIRST. VERGISS DAS LEBEN IN UNTERIRDISCHEN TUNNELN.
DAS SCHLIMMSTE IST, DICH NICHT ZU KENNEN. NICHT ZU WISSEN, WOZU DU FÄHIG BIST.
MEIN UNTERBEWUSSTSEIN VERSUCHT, MIR ETWAS ZU SAGEN. UND ICH HABE ANGST DAVOR, WAS ES IST.
ICH MUSS AUF JEDEN FALL WACH BLEIBEN.
NEIN, ICH ...
... WERDE NICHT ...

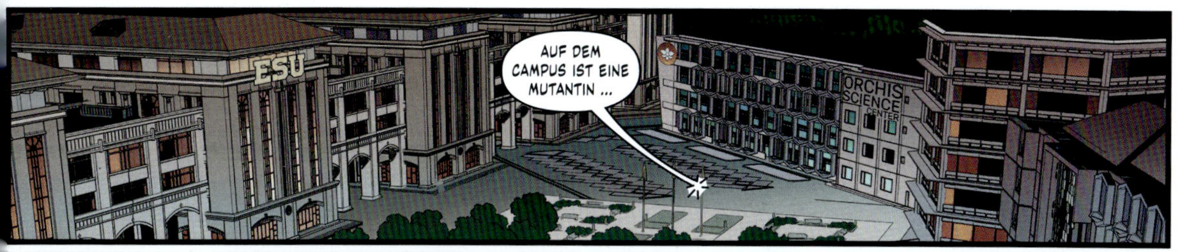
ESU
ORCHIS SCIENCE CENTER
AUF DEM CAMPUS IST EINE MUTANTIN ...

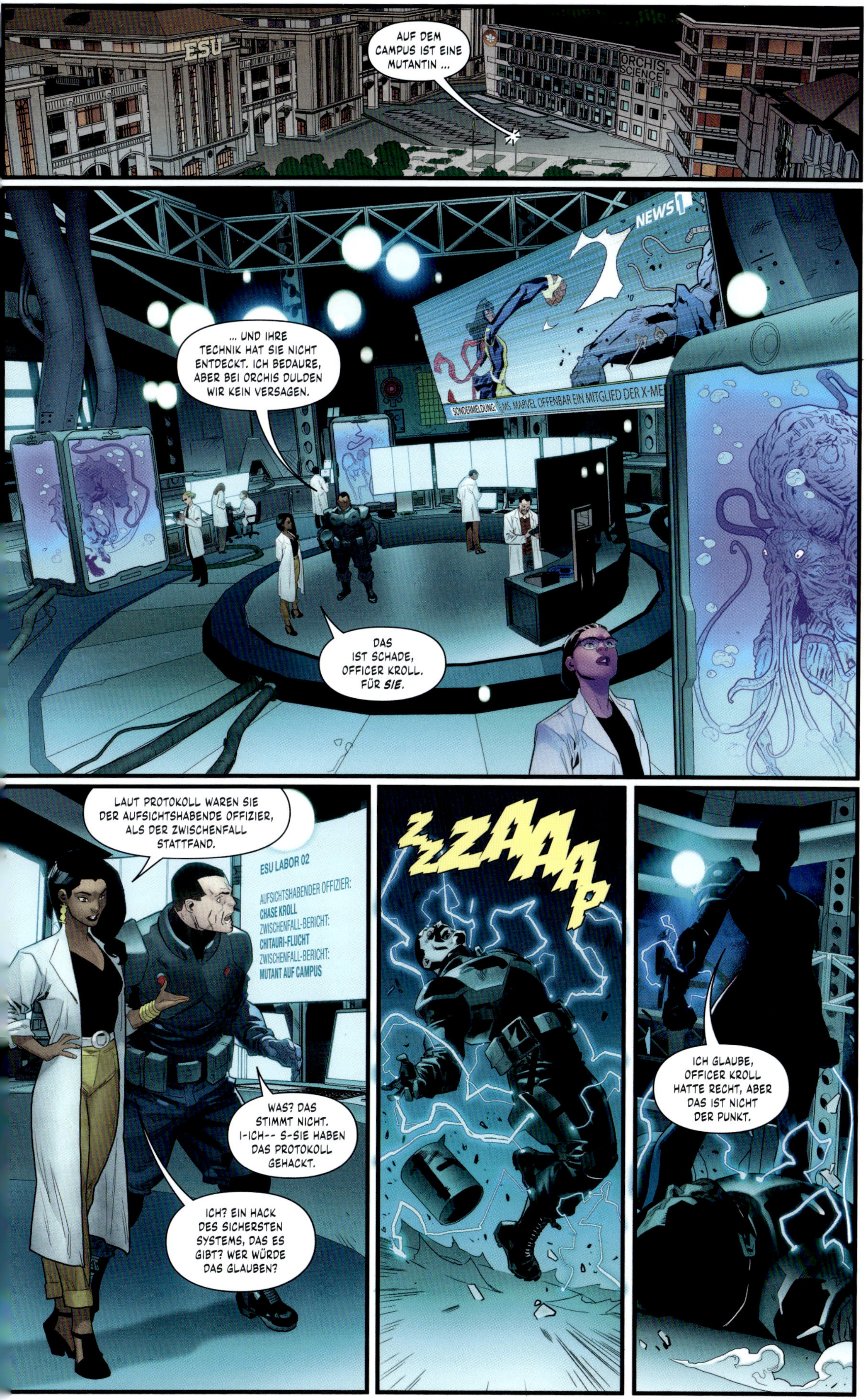

NEWS
... UND IHRE TECHNIK HAT SIE NICHT ENTDECKT. ICH BEDAURE, ABER BEI ORCHIS DULDEN WIR KEIN VERSAGEN.
SONDERMELDUNG: MS. MARVEL OFFENBAR EIN MITGLIED DER
DAS IST SCHADE, OFFICER KROLL. FÜR *SIE*.

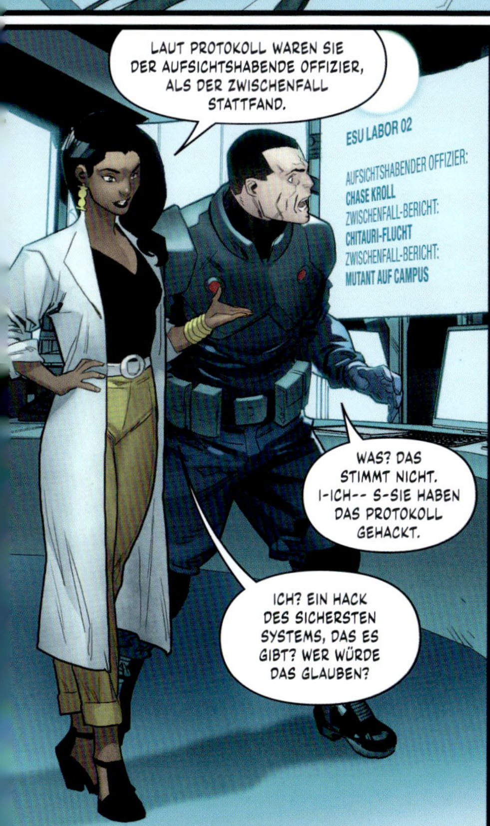
LAUT PROTOKOLL WAREN SIE DER AUFSICHTSHABENDE OFFIZIER, ALS DER ZWISCHENFALL STATTFAND.
ESU LABOR 02
AUFSICHTSHABENDER OFFIZIER:
CHASE KROLL
ZWISCHENFALL-BERICHT:
CHITAURI-FLUCHT
ZWISCHENFALL-BERICHT:
MUTANT AUF CAMPUS
WAS? DAS STIMMT NICHT. I-ICH-- S-SIE HABEN DAS PROTOKOLL GEHACKT.
ICH? EIN HACK DES SICHERSTEN SYSTEMS, DAS ES GIBT? WER WÜRDE DAS GLAUBEN?

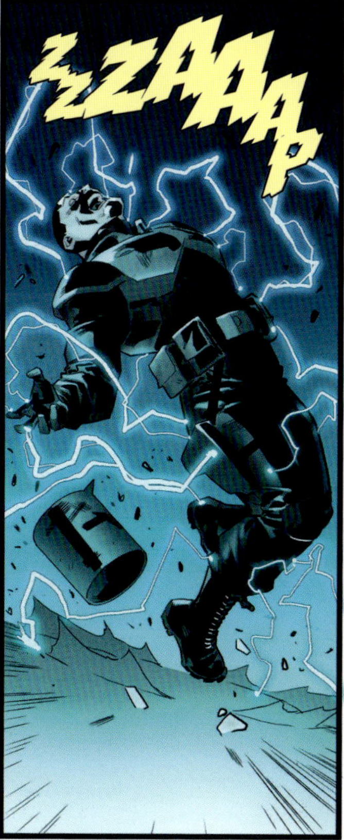
ZZZAAAAP

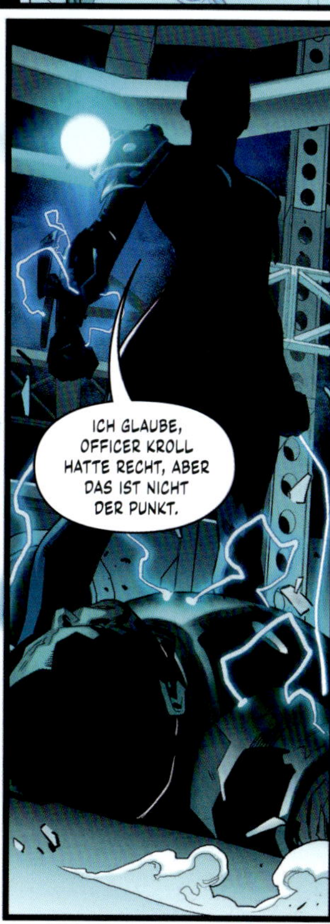
ICH GLAUBE, OFFICER KROLL HATTE RECHT, ABER DAS IST NICHT DER PUNKT.

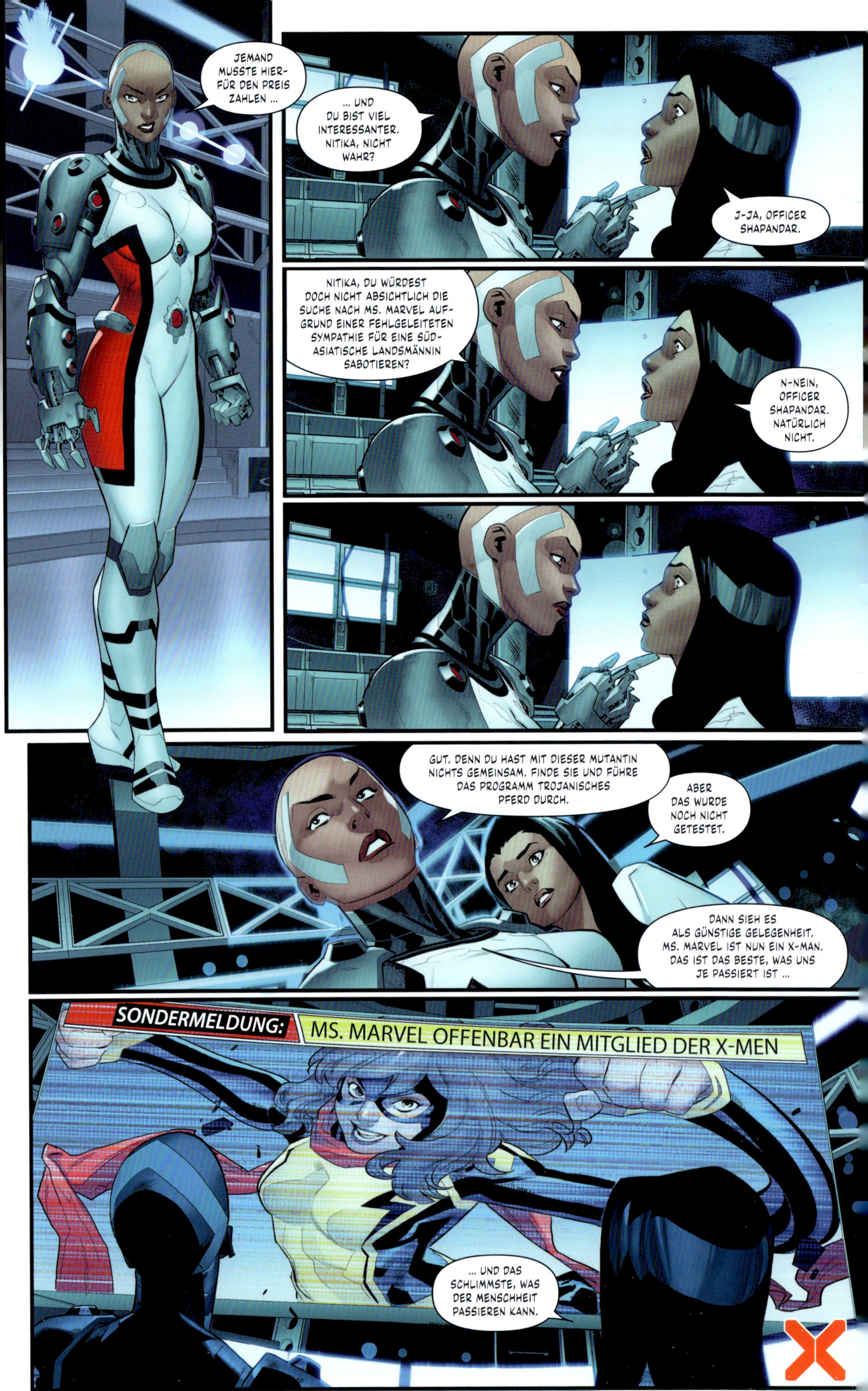
JEMAND MUSSTE HIERFÜR DEN PREIS ZAHLEN ...
... UND DU BIST VIEL INTERESSANTER. NITIKA, NICHT WAHR?
J-JA, OFFICER SHAPANDAR.
NITIKA, DU WÜRDEST DOCH NICHT ABSICHTLICH DIE SUCHE NACH MS. MARVEL AUFGRUND EINER FEHLGELEITETEN SYMPATHIE FÜR EINE SÜDASIATISCHE LANDSMÄNNIN SABOTIEREN?
N-NEIN, OFFICER SHAPANDAR. NATÜRLICH NICHT.
GUT. DENN DU HAST MIT DIESER MUTANTIN NICHTS GEMEINSAM. FINDE SIE UND FÜHRE DAS PROGRAMM TROJANISCHES PFERD DURCH.
ABER DAS WURDE NOCH NICHT GETESTET.
DANN SIEH ES ALS GÜNSTIGE GELEGENHEIT. MS. MARVEL IST NUN EIN X-MAN. DAS IST DAS BESTE, WAS UNS JE PASSIERT IST ...
SONDERMELDUNG:
MS. MARVEL OFFENBAR EIN MITGLIED DER X-MEN
... UND DAS SCHLIMMSTE, WAS DER MENSCHHEIT PASSIEREN KANN.

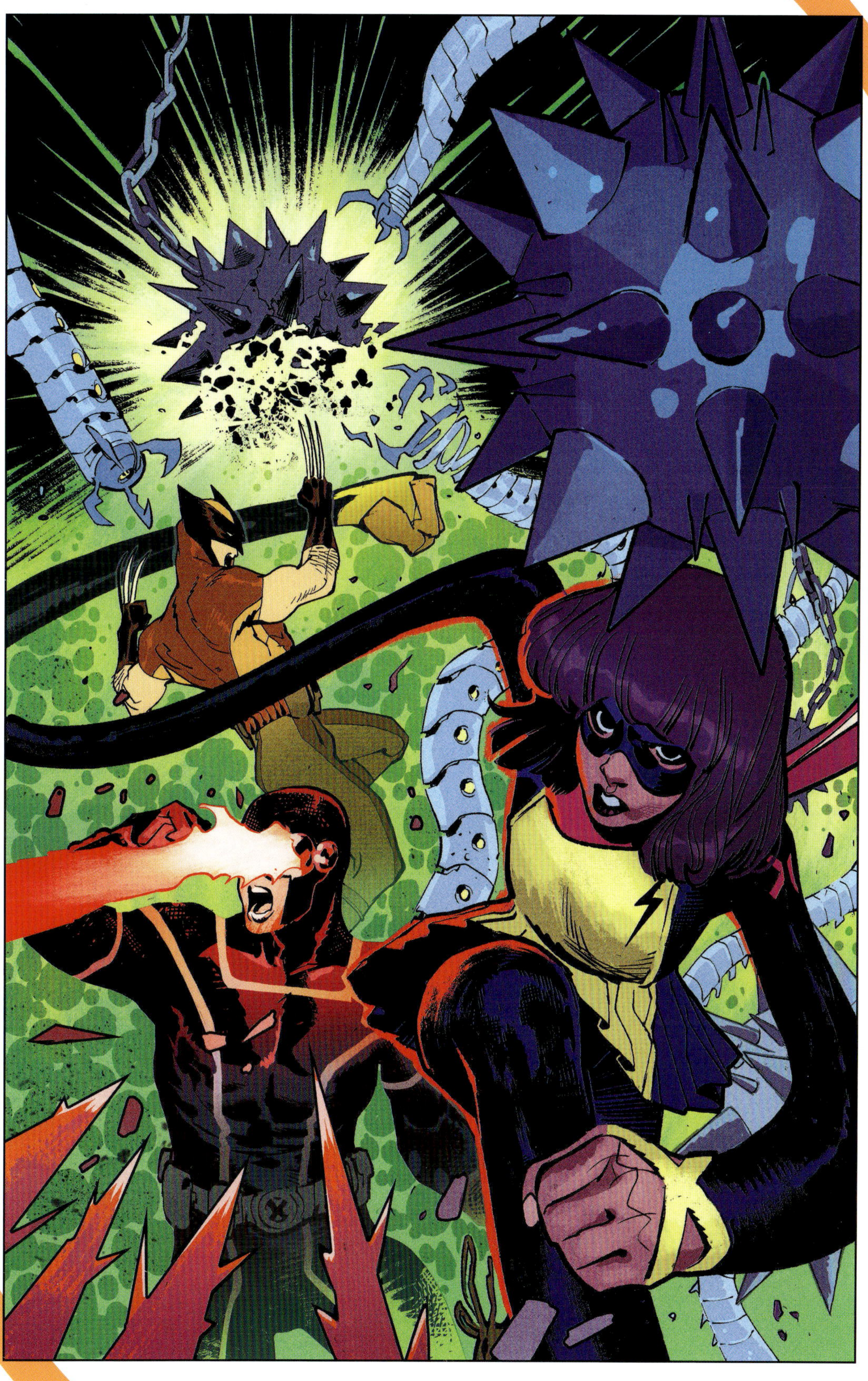

Ms. Marvel: The New Mutant (2023) 2
Cover von **SARA PICHELLI**

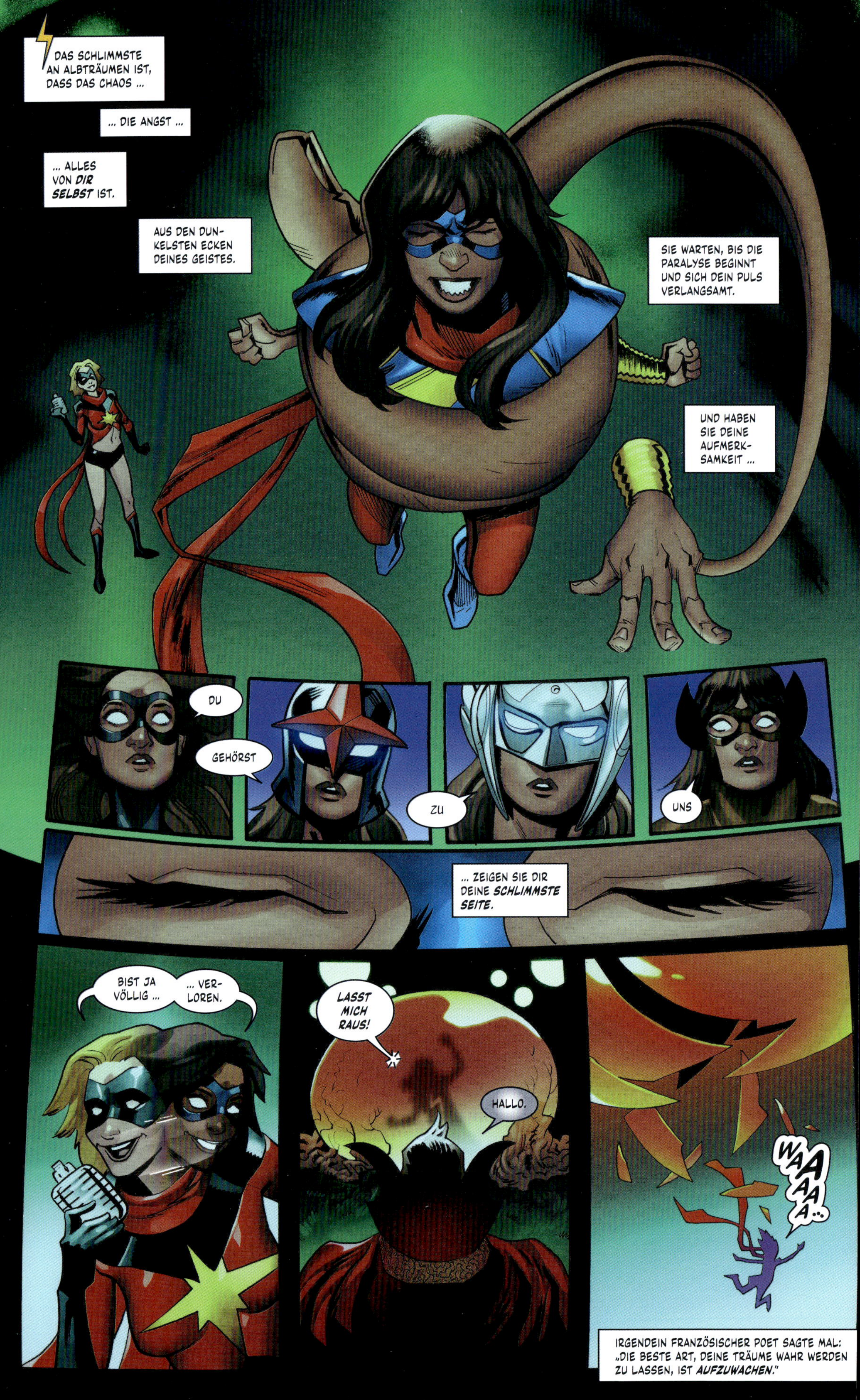
DAS SCHLIMMSTE AN ALBTRÄUMEN IST, DASS DAS CHAOS ...
... DIE ANGST ...
... ALLES VON DIR SELBST IST.
AUS DEN DUNKELSTEN ECKEN DEINES GEISTES.
SIE WARTEN, BIS DIE PARALYSE BEGINNT UND SICH DEIN PULS VERLANGSAMT.
UND HABEN SIE DEINE AUFMERKSAMKEIT ...
DU
GEHÖRST
ZU
UNS
... ZEIGEN SIE DIR DEINE SCHLIMMSTE SEITE.
BIST JA VÖLLIG ...
... VERLOREN.
LASST MICH RAUS!
HALLO.
WAAAAA...
IRGENDEIN FRANZÖSISCHER POET SAGTE MAL: „DIE BESTE ART, DEINE TRÄUME WAHR WERDEN ZU LASSEN, IST AUFZUWACHEN."

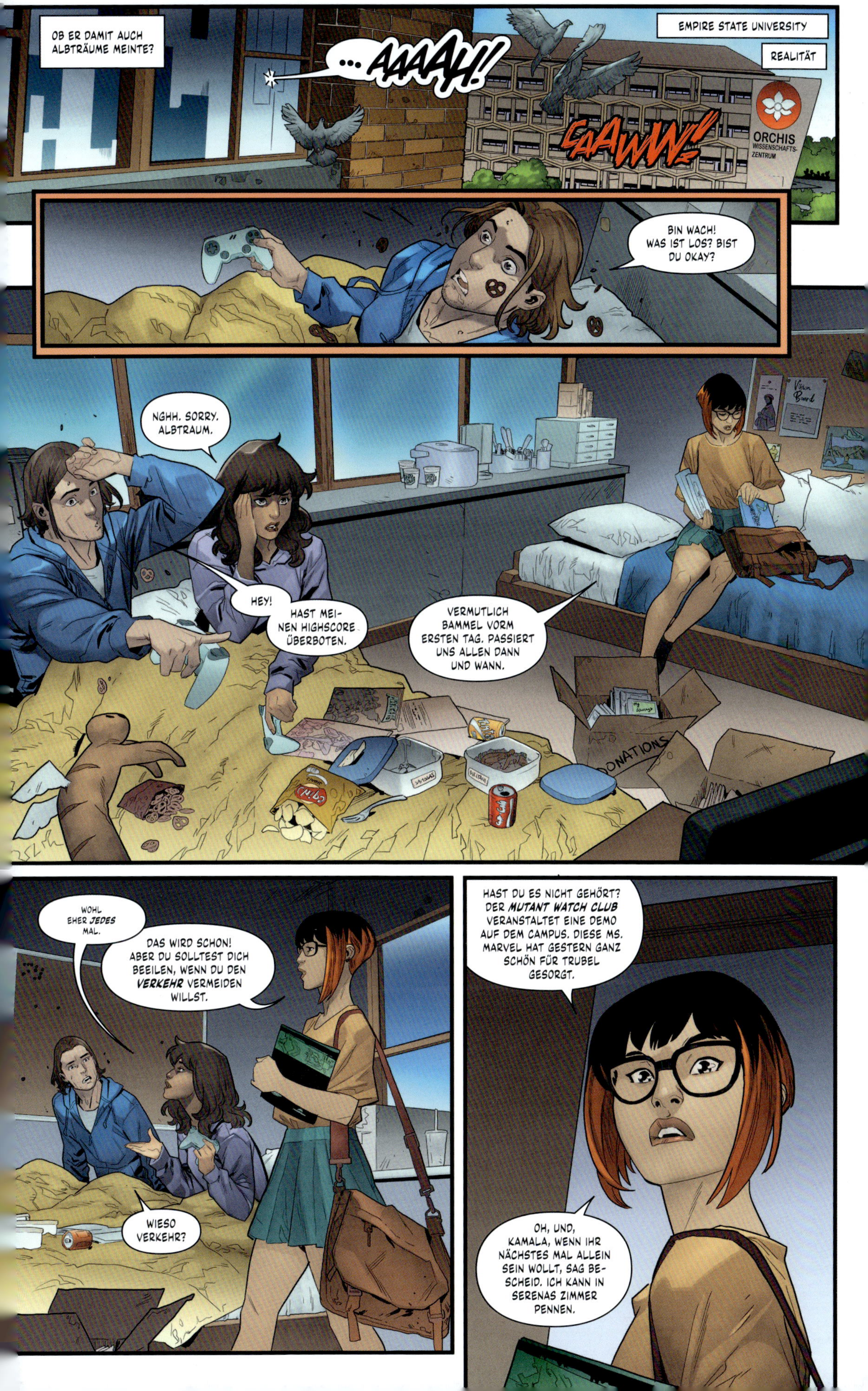

OB ER DAMIT AUCH ALBTRÄUME MEINTE?

...AAAAH!

EMPIRE STATE UNIVERSITY

REALITÄT

CAAWW!

ORCHIS
WISSENSCHAFTS-ZENTRUM

BIN WACH! WAS IST LOS? BIST DU OKAY?

NGHH. SORRY. ALBTRAUM.

HEY!

HAST MEINEN HIGHSCORE ÜBERBOTEN.

VERMUTLICH BAMMEL VORM ERSTEN TAG. PASSIERT UNS ALLEN DANN UND WANN.

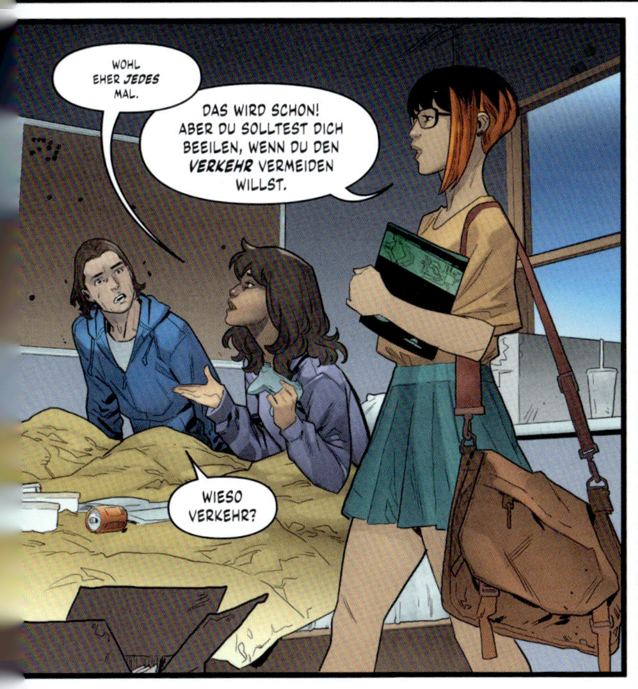

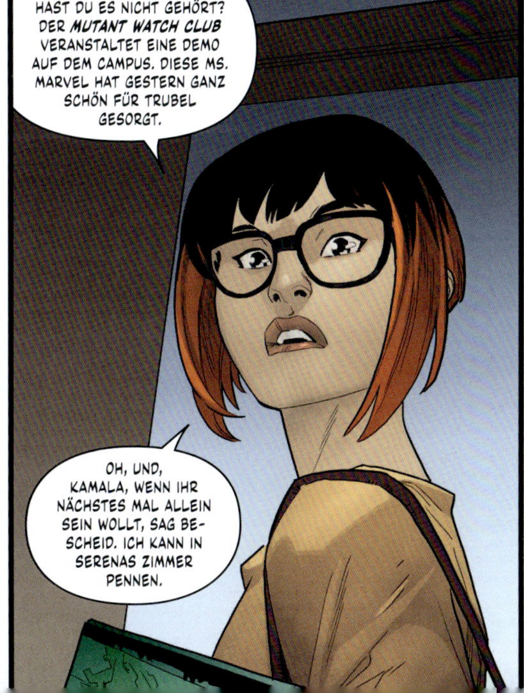

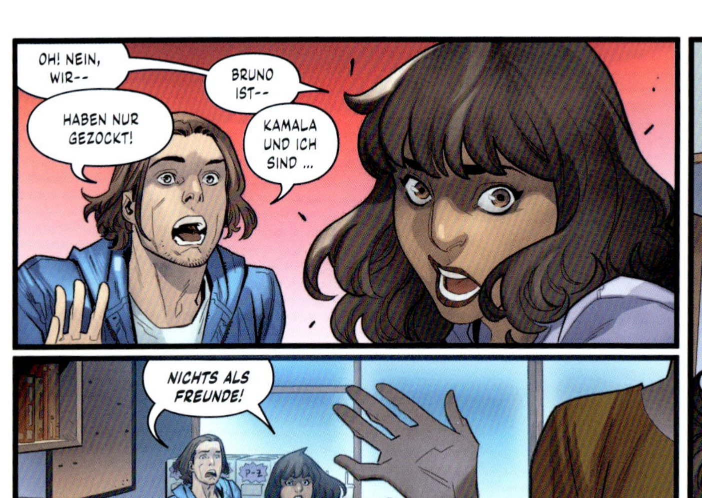
OH! NEIN, WIR--
BRUNO IST--
HABEN NUR GEZOCKT!
KAMALA UND ICH SIND ...

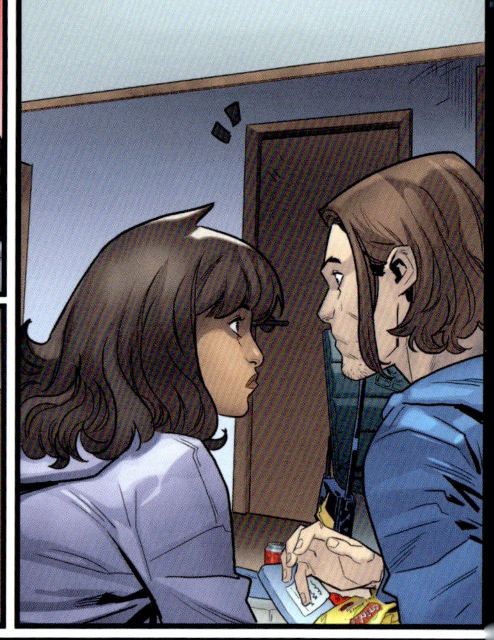

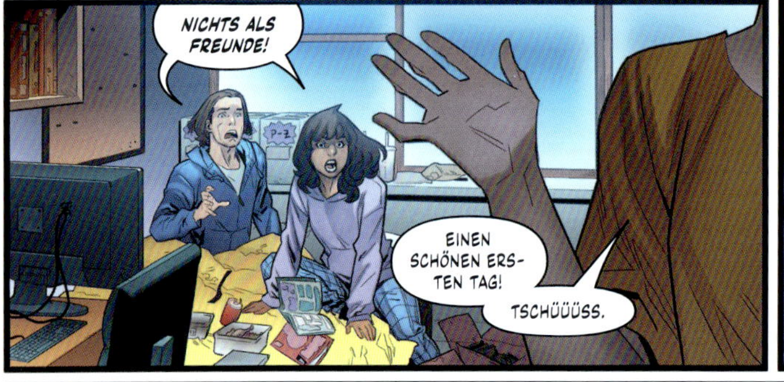
NICHTS ALS FREUNDE!
EINEN SCHÖNEN ERSTEN TAG!
TSCHÜÜÜSS.

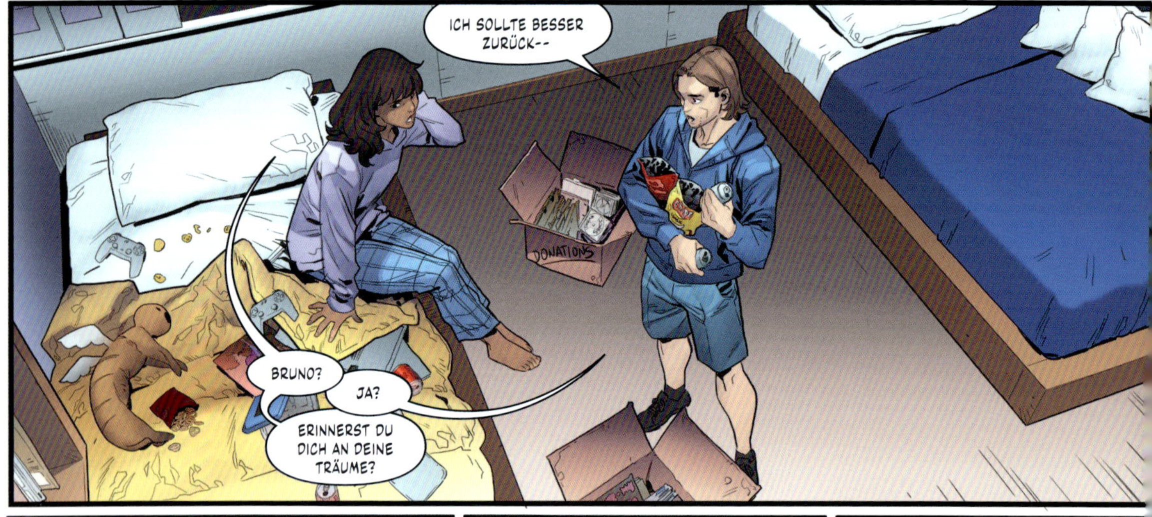
ICH SOLLTE BESSER ZURÜCK--
DONATIONS
BRUNO?
JA?
ERINNERST DU DICH AN DEINE TRÄUME?

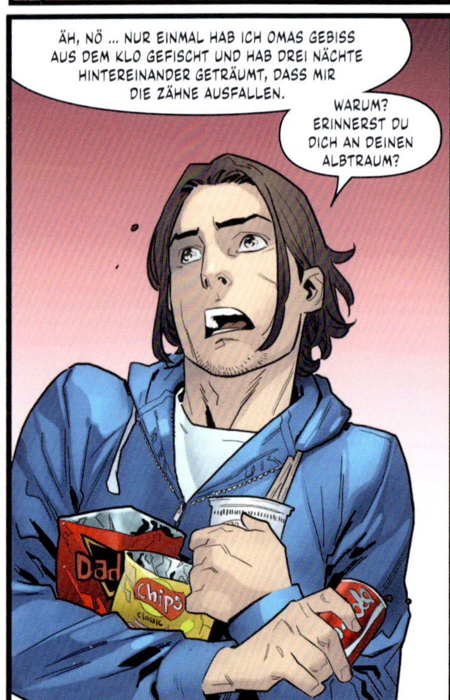
ÄH, NÖ ... NUR EINMAL HAB ICH OMAS GEBISS AUS DEM KLO GEFISCHT UND HAB DREI NÄCHTE HINTEREINANDER GETRÄUMT, DASS MIR DIE ZÄHNE AUSFALLEN.
WARUM? ERINNERST DU DICH AN DEINEN ALBTRAUM?
Chips

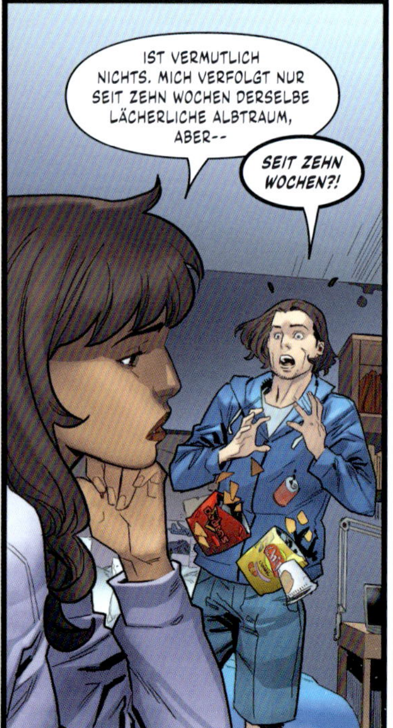
IST VERMUTLICH NICHTS. MICH VERFOLGT NUR SEIT ZEHN WOCHEN DERSELBE LÄCHERLICHE ALBTRAUM, ABER--
SEIT ZEHN WOCHEN?!

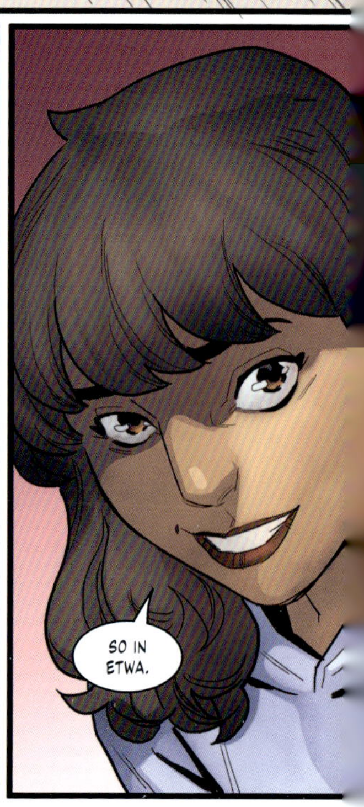
SO IN ETWA.

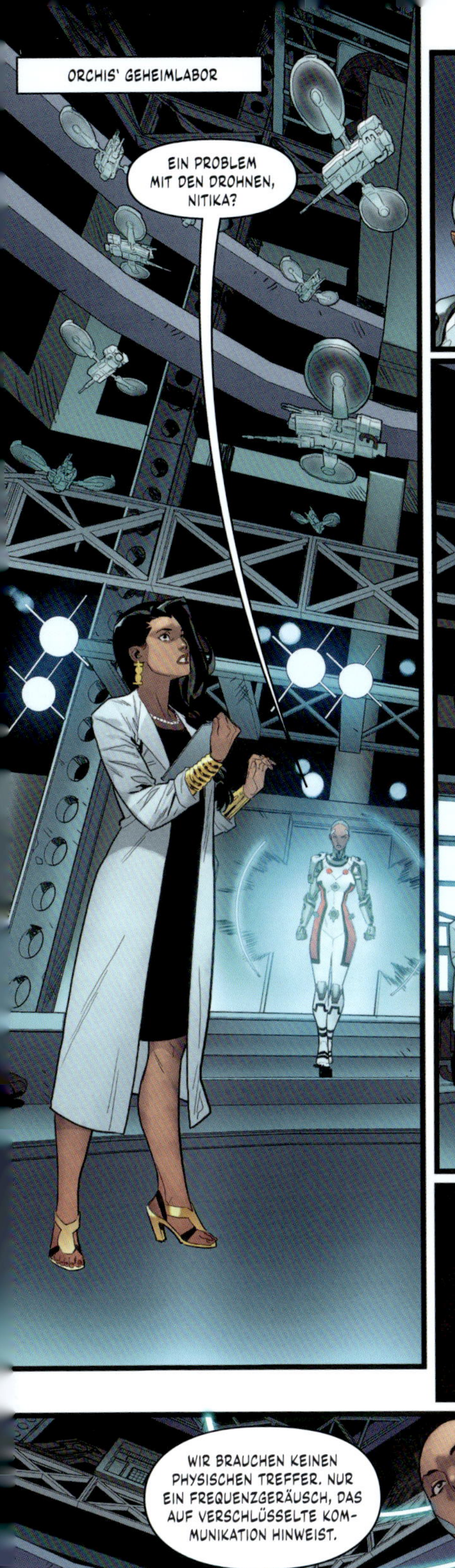
ORCHIS' GEHEIMLABOR
EIN PROBLEM MIT DEN DROHNEN, NITIKA?
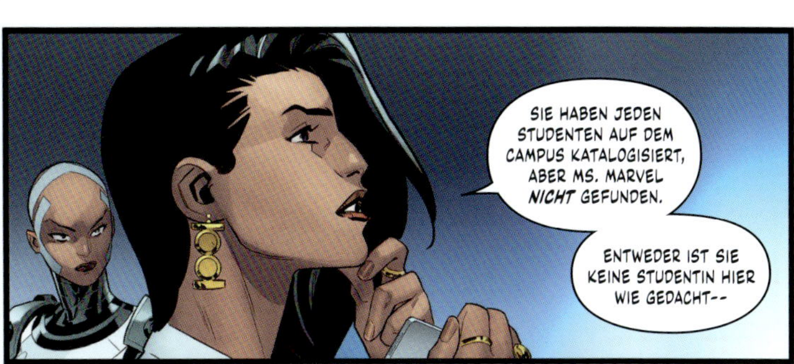
SIE HABEN JEDEN STUDENTEN AUF DEM CAMPUS KATALOGISIERT, ABER MS. MARVEL NICHT GEFUNDEN.
ENTWEDER IST SIE KEINE STUDENTIN HIER WIE GEDACHT--
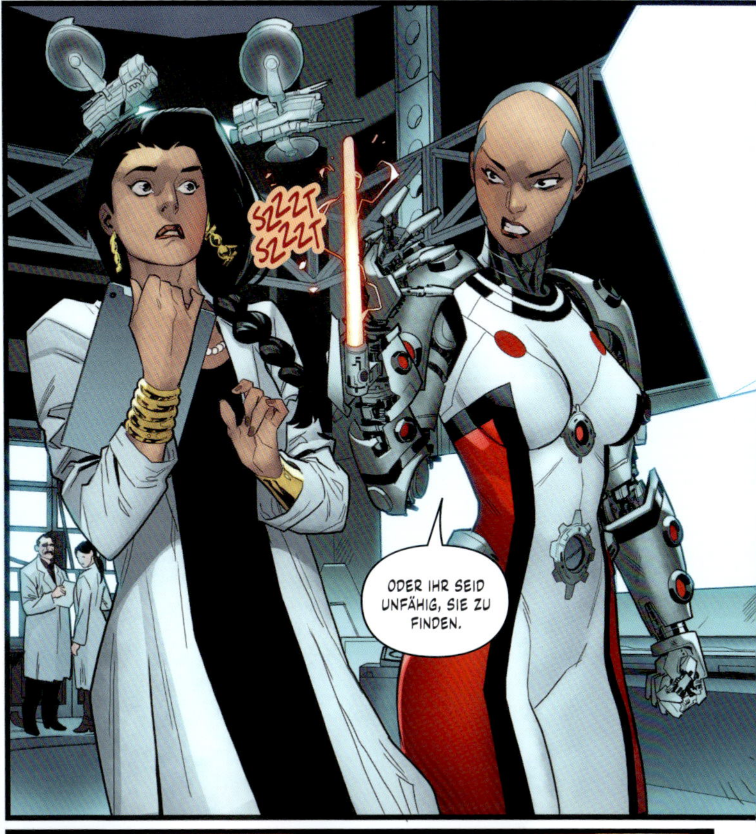
SZZZT SZZZT
ODER IHR SEID UNFÄHIG, SIE ZU FINDEN.
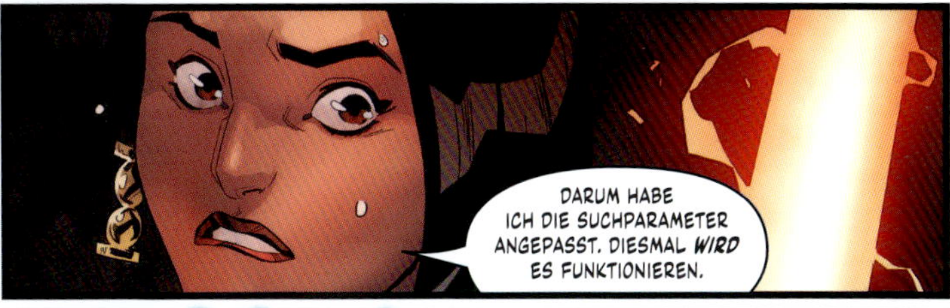
DARUM HABE ICH DIE SUCHPARAMETER ANGEPASST. DIESMAL WIRD ES FUNKTIONIEREN.
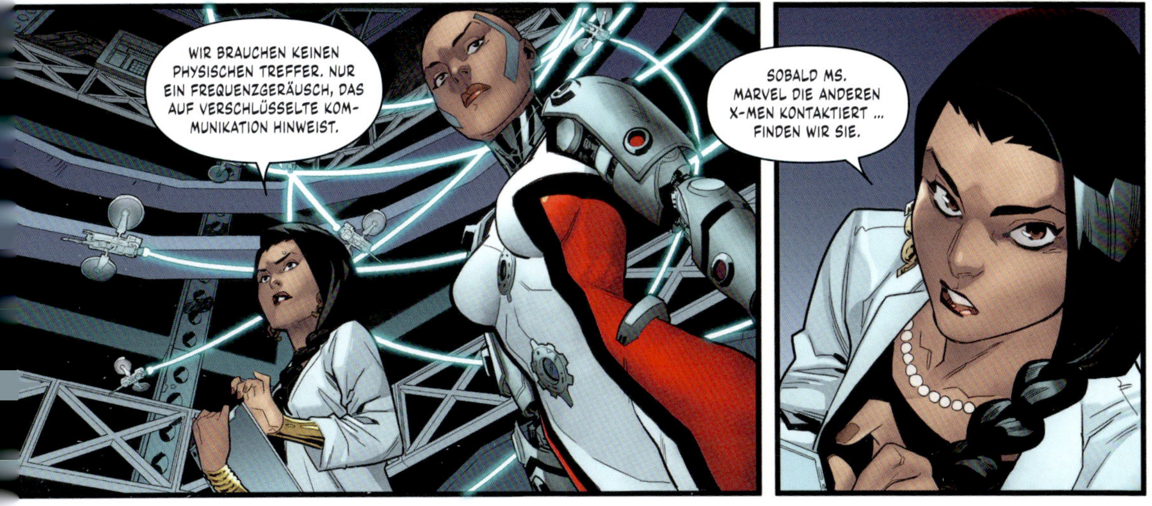
WIR BRAUCHEN KEINEN PHYSISCHEN TREFFER. NUR EIN FREQUENZGERÄUSCH, DAS AUF VERSCHLÜSSELTE KOM-MUNIKATION HINWEIST.
SOBALD MS. MARVEL DIE ANDEREN X-MEN KONTAKTIERT ... FINDEN WIR SIE.

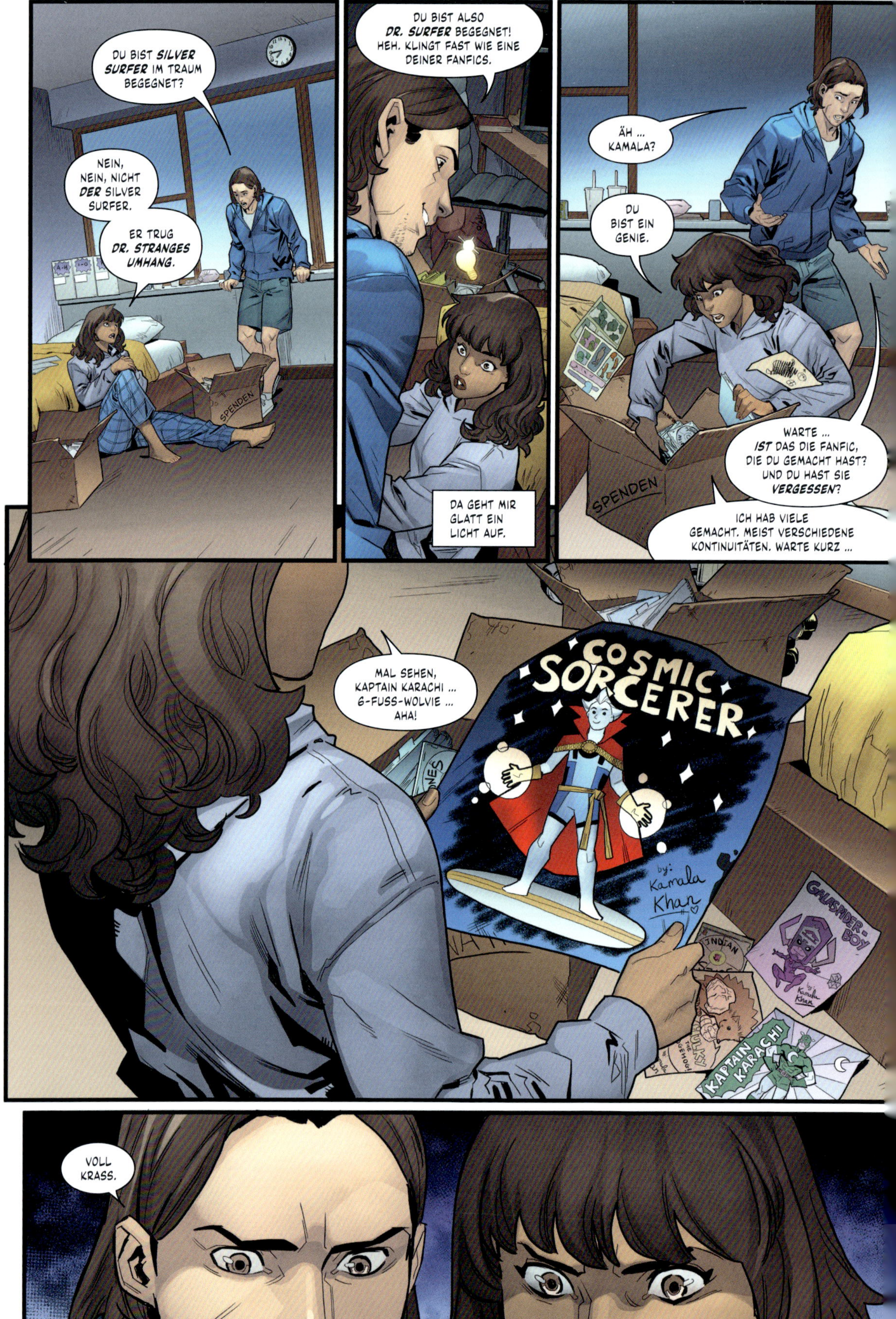
DU BIST SILVER SURFER IM TRAUM BEGEGNET?
NEIN, NEIN, NICHT DER SILVER SURFER.
ER TRUG DR. STRANGES UMHANG.
SPENDEN
DU BIST ALSO DR. SURFER BEGEGNET! HEH. KLINGT FAST WIE EINE DEINER FANFICS.
DA GEHT MIR GLATT EIN LICHT AUF.
ÄH ... KAMALA?
DU BIST EIN GENIE.
WARTE ... IST DAS DIE FANFIC, DIE DU GEMACHT HAST? UND DU HAST SIE VERGESSEN?
SPENDEN
ICH HAB VIELE GEMACHT. MEIST VERSCHIEDENE KONTINUITÄTEN. WARTE KURZ ...
MAL SEHEN, KAPTAIN KARACHI ... 6-FUSS-WOLVIE ... AHA!
COSMIC SORCERER
by: Kamala Khan
GALASPIDER-BOY
KAPTAIN KARACHI
VOLL KRASS.

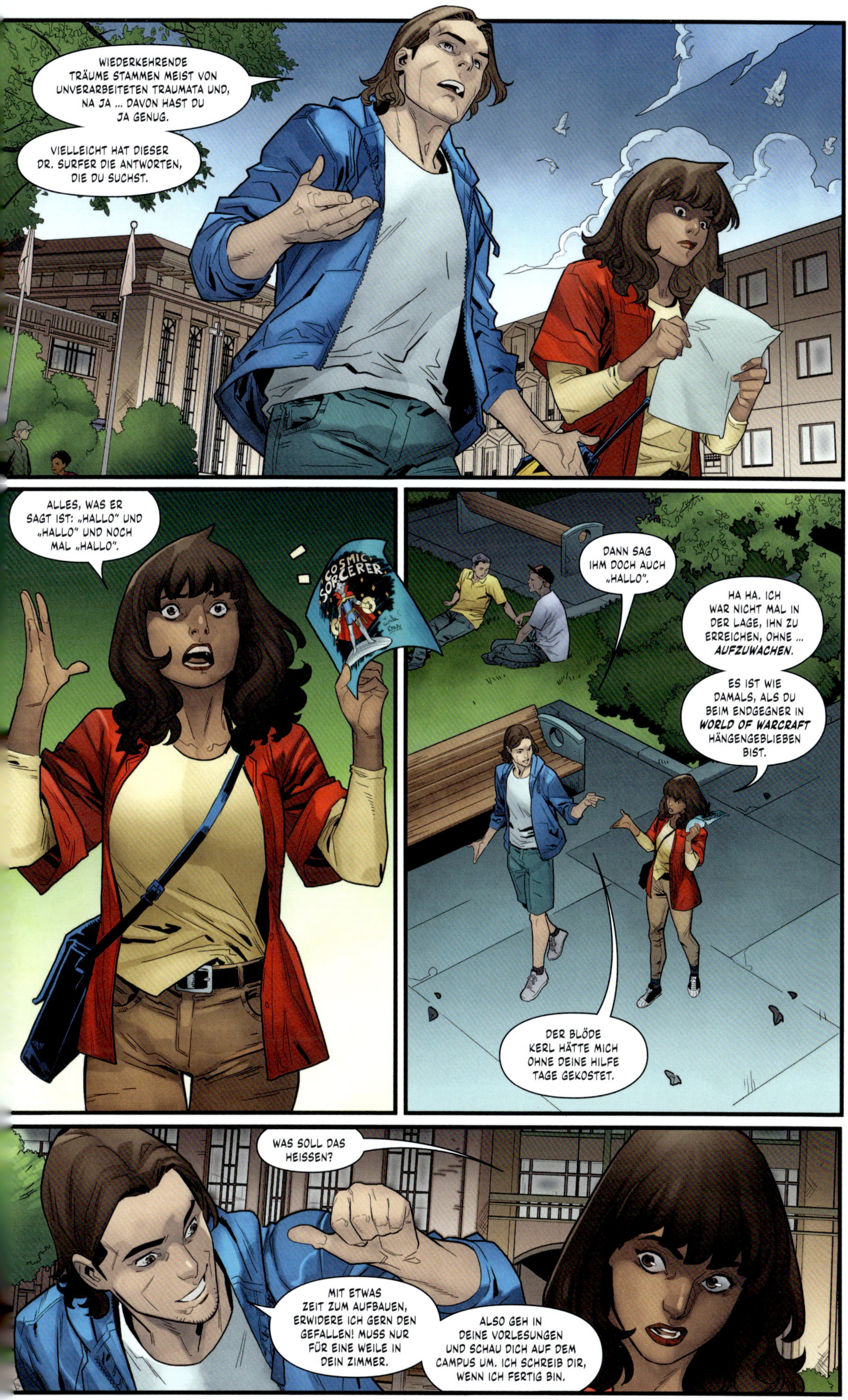

WIEDERKEHRENDE TRÄUME STAMMEN MEIST VON UNVERARBEITETEN TRAUMATA UND, NA JA ... DAVON HAST DU JA GENUG.

VIELLEICHT HAT DIESER DR. SURFER DIE ANTWORTEN, DIE DU SUCHST.

ALLES, WAS ER SAGT IST: „HALLO" UND „HALLO" UND NOCH MAL „HALLO".

COSMIC SORCERER

DANN SAG IHM DOCH AUCH „HALLO".

HA HA. ICH WAR NICHT MAL IN DER LAGE, IHN ZU ERREICHEN, OHNE ... ***AUFZUWACHEN.***

ES IST WIE DAMALS, ALS DU BEIM ENDGEGNER IN ***WORLD OF WARCRAFT*** HÄNGENGEBLIEBEN BIST.

DER BLÖDE KERL HÄTTE MICH OHNE DEINE HILFE TAGE GEKOSTET.

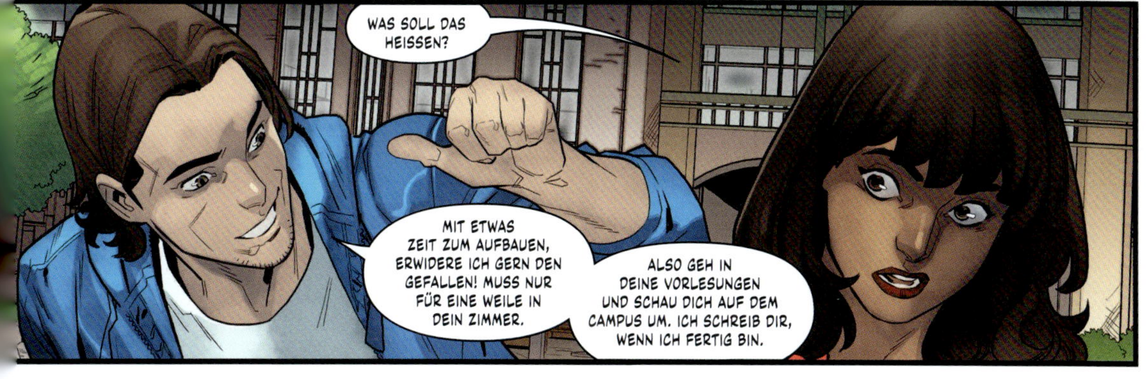

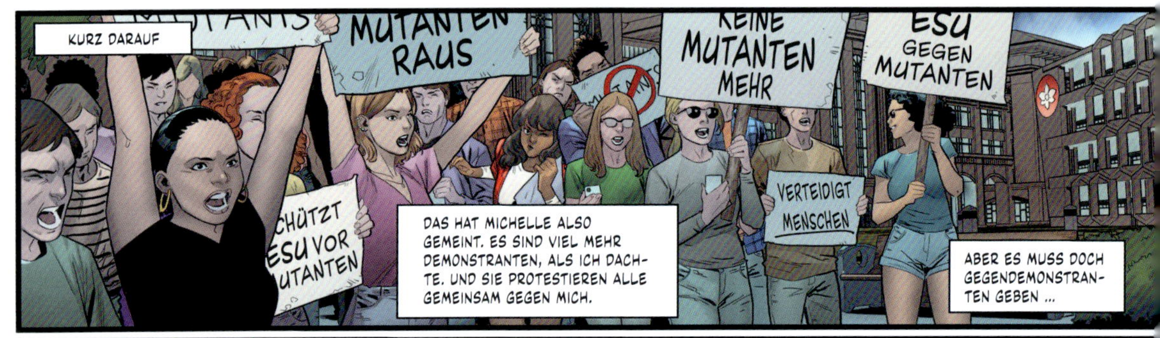
KURZ DARAUF
MUTANTEN RAUS
KEINE MUTANTEN MEHR
ESU GEGEN MUTANTEN
SCHÜTZT ESU VOR MUTANTEN
VERTEIDIGT MENSCHEN
DAS HAT MICHELLE ALSO GEMEINT. ES SIND VIEL MEHR DEMONSTRANTEN, ALS ICH DACHTE. UND SIE PROTESTIEREN ALLE GEMEINSAM GEGEN MICH.
ABER ES MUSS DOCH GEGENDEMONSTRANTEN GEBEN ...

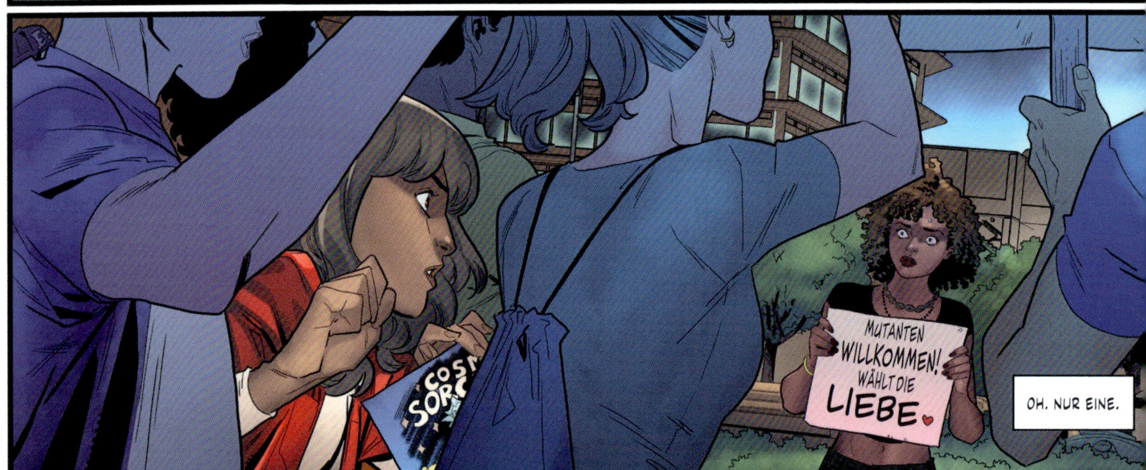
MUTANTEN WILLKOMMEN! WÄHLT DIE LIEBE
OH. NUR EINE.

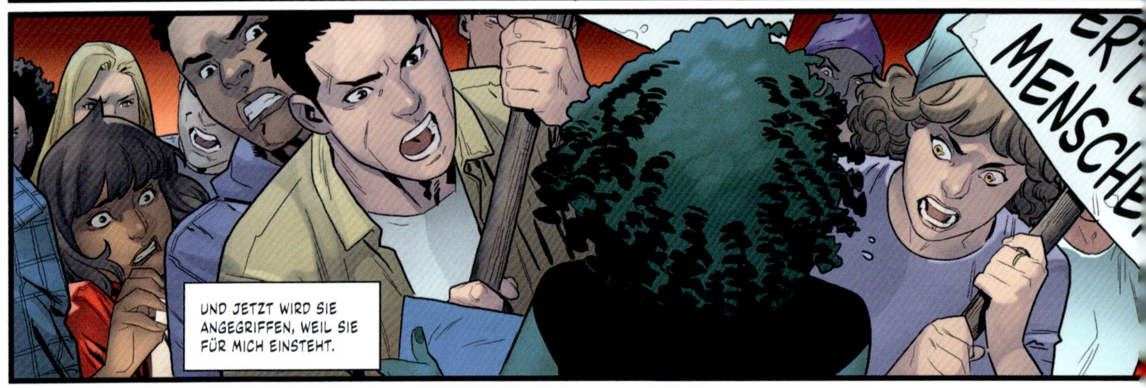
MENSCHE
UND JETZT WIRD SIE ANGEGRIFFEN, WEIL SIE FÜR MICH EINSTEHT.

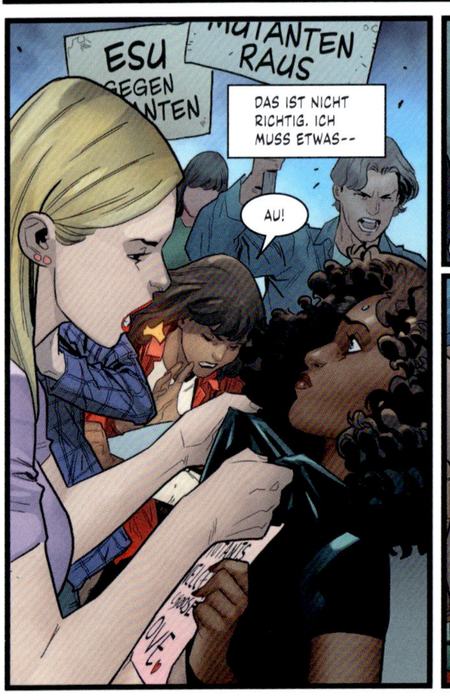
ESU GEGEN
MUTANTEN RAUS
DAS IST NICHT RICHTIG. ICH MUSS ETWAS--
AU!

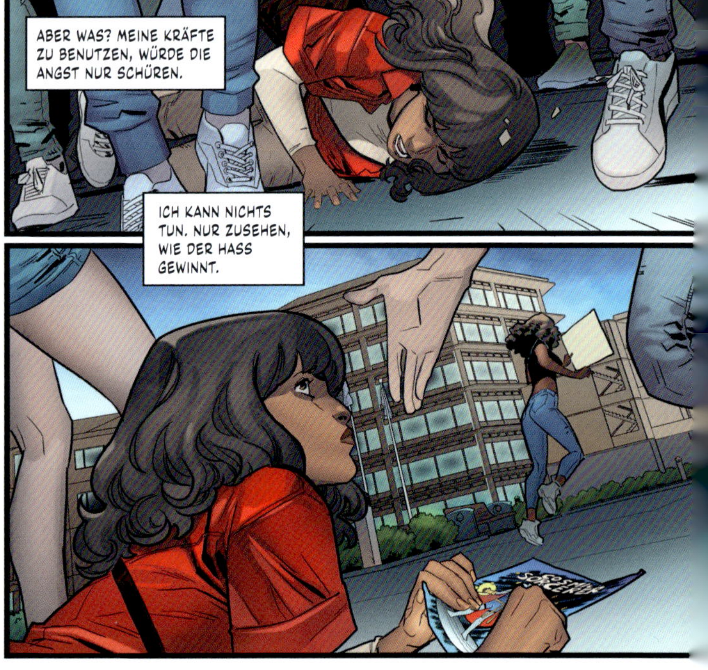
ABER WAS? MEINE KRÄFTE ZU BENUTZEN, WÜRDE DIE ANGST NUR SCHÜREN.
ICH KANN NICHTS TUN. NUR ZUSEHEN, WIE DER HASS GEWINNT.

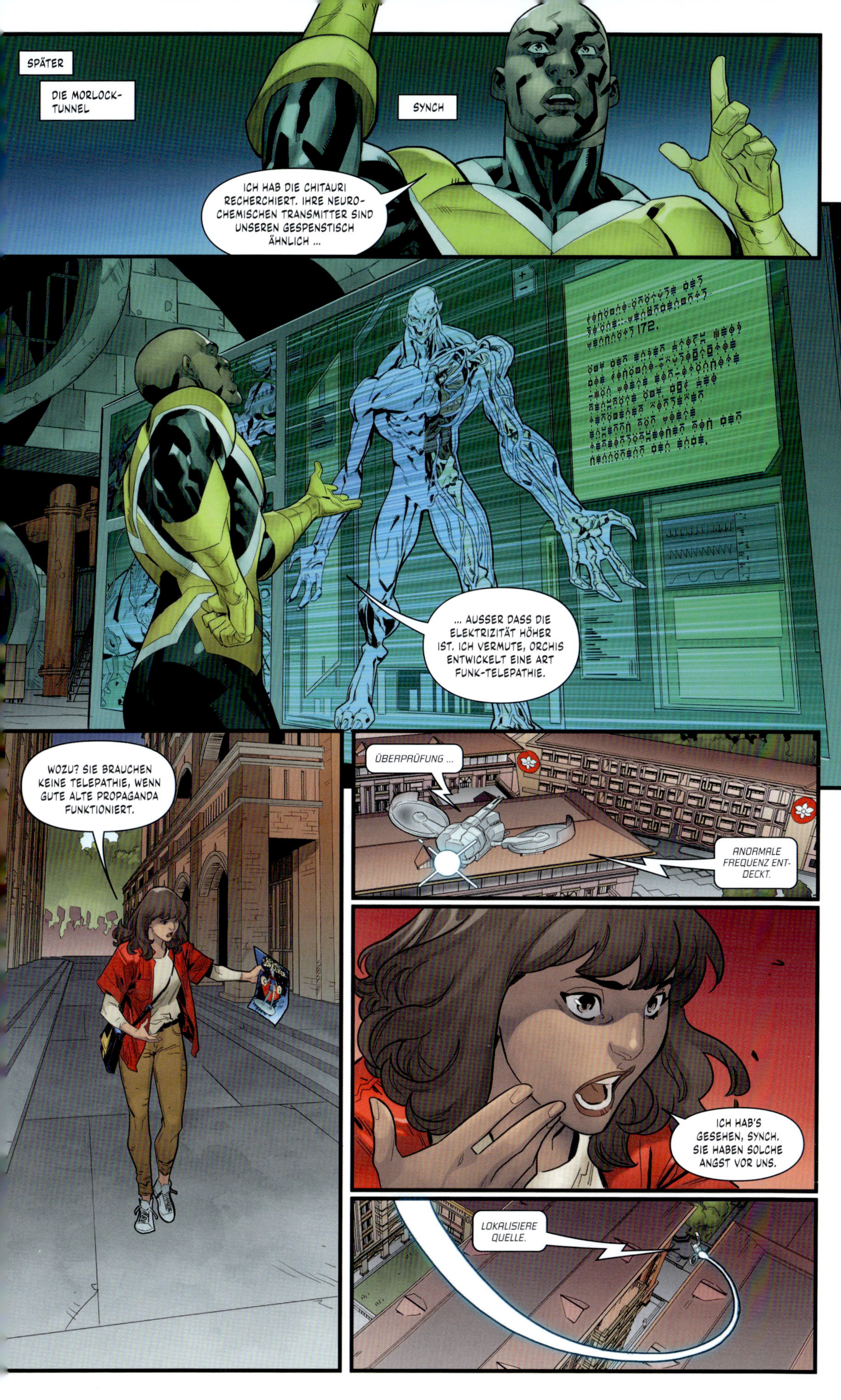
SPÄTER
DIE MORLOCK-TUNNEL
SYNCH
ICH HAB DIE CHITAURI RECHERCHIERT. IHRE NEURO-CHEMISCHEN TRANSMITTER SIND UNSEREN GESPENSTISCH ÄHNLICH ...
... AUSSER DASS DIE ELEKTRIZITÄT HÖHER IST. ICH VERMUTE, ORCHIS ENTWICKELT EINE ART FUNK-TELEPATHIE.
WOZU? SIE BRAUCHEN KEINE TELEPATHIE, WENN GUTE ALTE PROPAGANDA FUNKTIONIERT.
ÜBERPRÜFUNG ...
ANORMALE FREQUENZ ENTDECKT.
ICH HAB'S GESEHEN, SYNCH. SIE HABEN SOLCHE ANGST VOR UNS.
LOKALISIERE QUELLE.

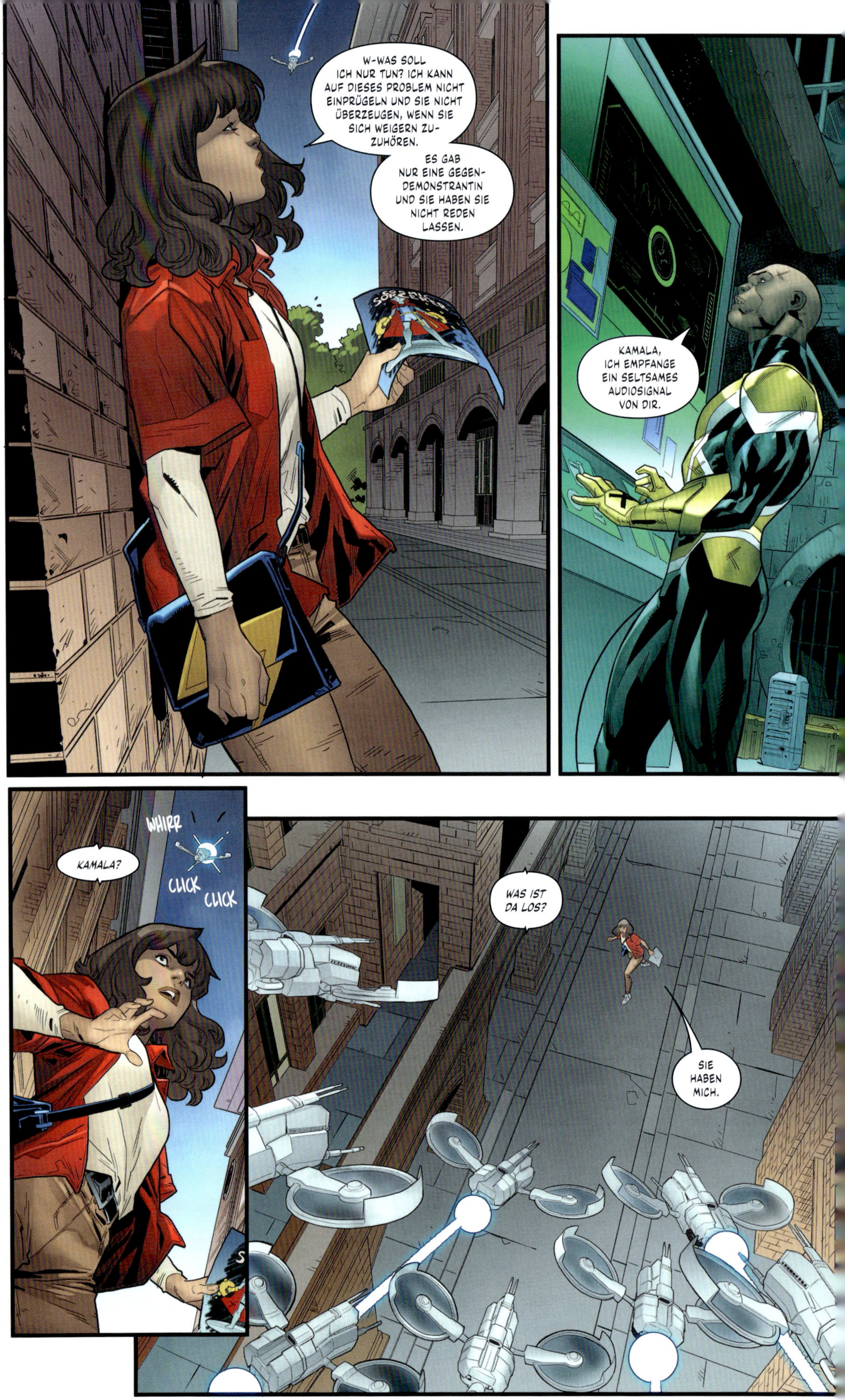

W-WAS SOLL ICH NUR TUN? ICH KANN AUF DIESES PROBLEM NICHT EINPRÜGELN UND SIE NICHT ÜBERZEUGEN, WENN SIE SICH WEIGERN ZU-ZUHÖREN.
ES GAB NUR EINE GEGEN-DEMONSTRANTIN UND SIE HABEN SIE NICHT REDEN LASSEN.

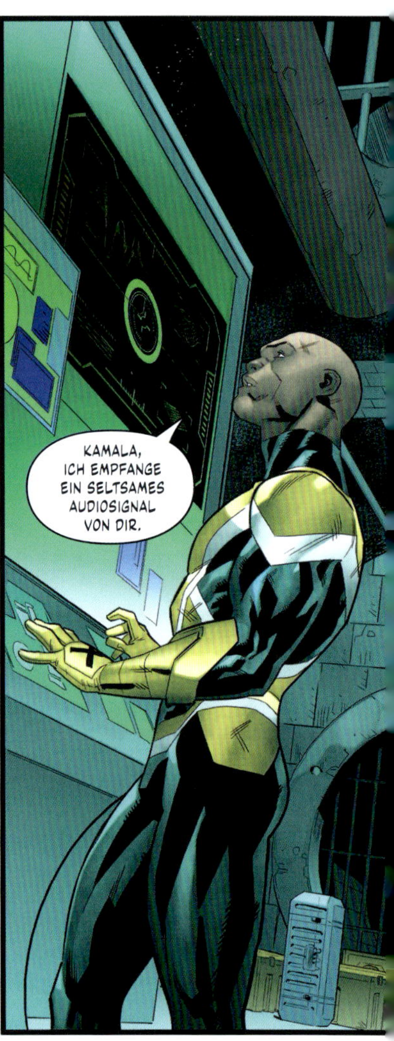
KAMALA, ICH EMPFANGE EIN SELTSAMES AUDIOSIGNAL VON DIR.

KAMALA?
WHIRR
CLICK
CLICK
WAS IST DA LOS?
SIE HABEN MICH.

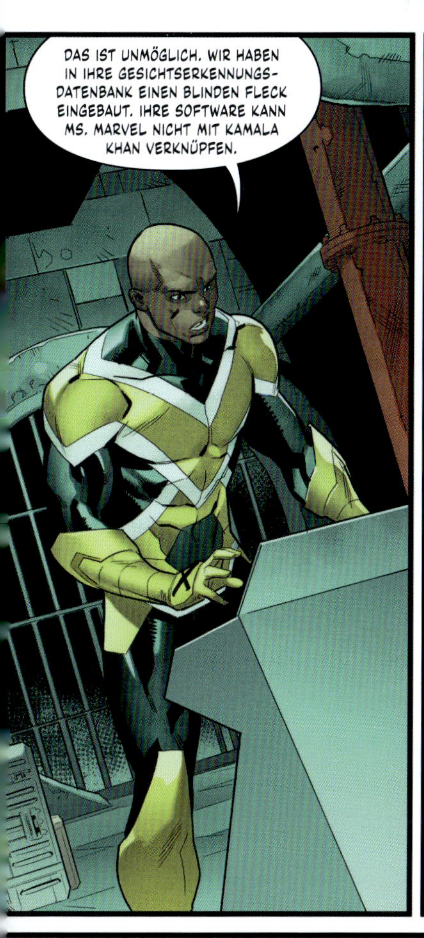
DAS IST UNMÖGLICH. WIR HABEN IN IHRE GESICHTSERKENNUNGS-DATENBANK EINEN BLINDEN FLECK EINGEBAUT. IHRE SOFTWARE KANN MS. MARVEL NICHT MIT KAMALA KHAN VERKNÜPFEN.

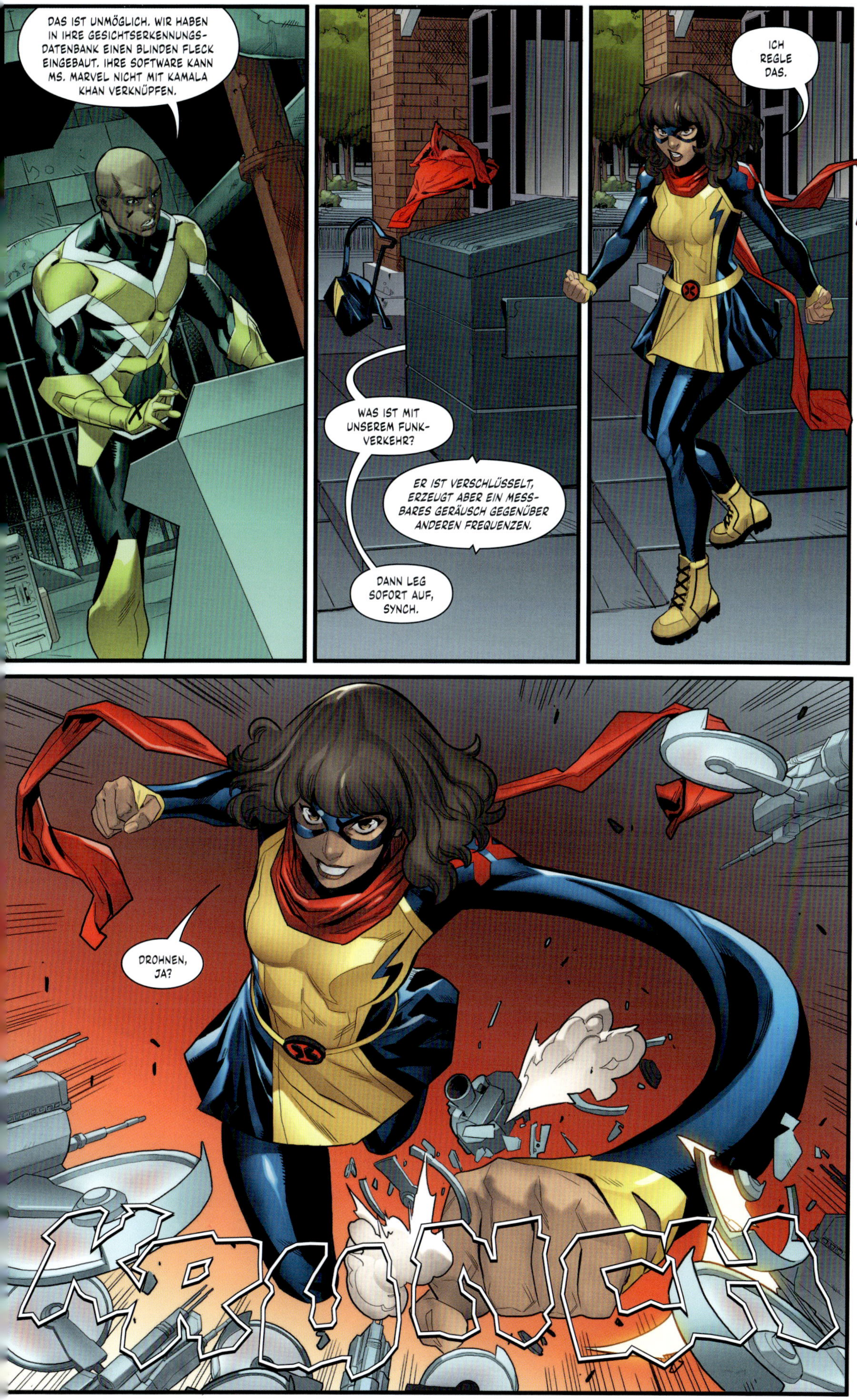

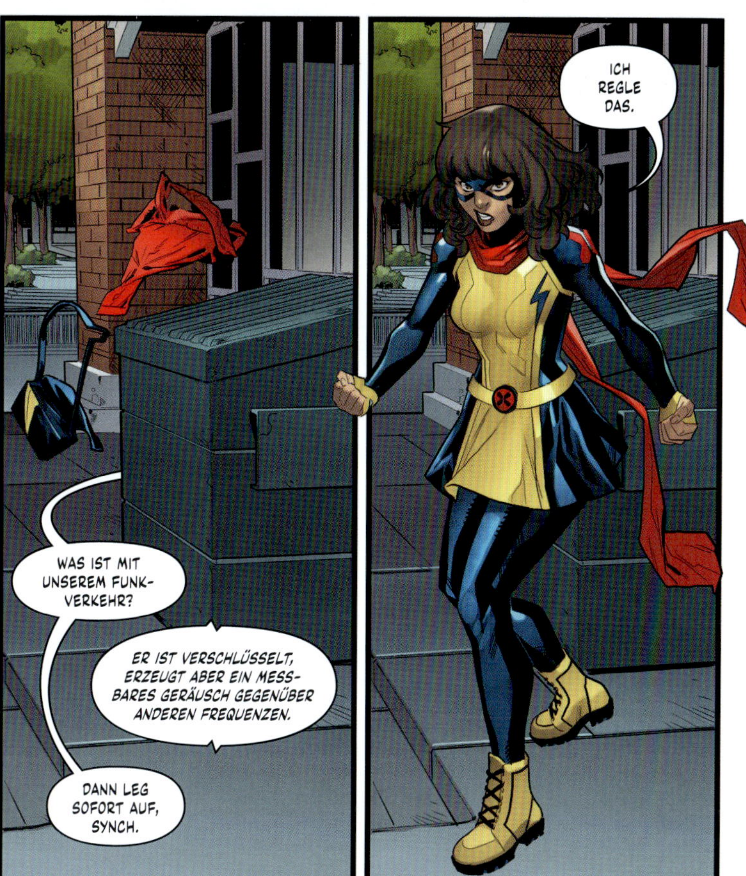
WAS IST MIT UNSEREM FUNK-VERKEHR?
ER IST VERSCHLÜSSELT, ERZEUGT ABER EIN MESS-BARES GERÄUSCH GEGENÜBER ANDEREN FREQUENZEN.
DANN LEG SOFORT AUF, SYNCH.
ICH REGLE DAS.

DROHNEN, JA?
KRUNCH

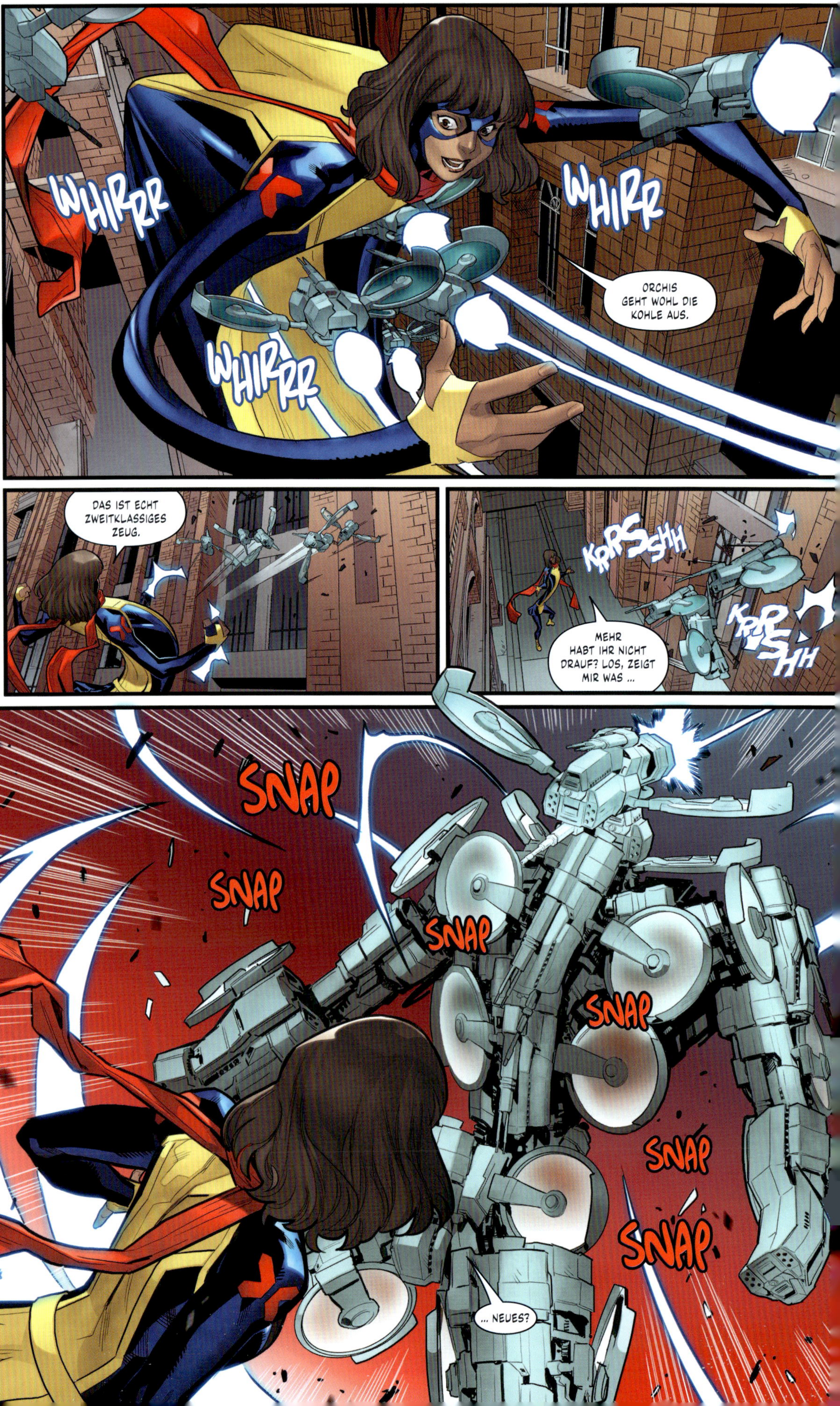

WHIRRR
WHIRR
ORCHIS GEHT WOHL DIE KOHLE AUS.
WHIRRR
DAS IST ECHT ZWEITKLASSIGES ZEUG.
KRRSSHH
MEHR HABT IHR NICHT DRAUF? LOS, ZEIGT MIR WAS ...
KRRSHH
SNAP
SNAP
SNAP
SNAP
SNAP
SNAP
... NEUES?

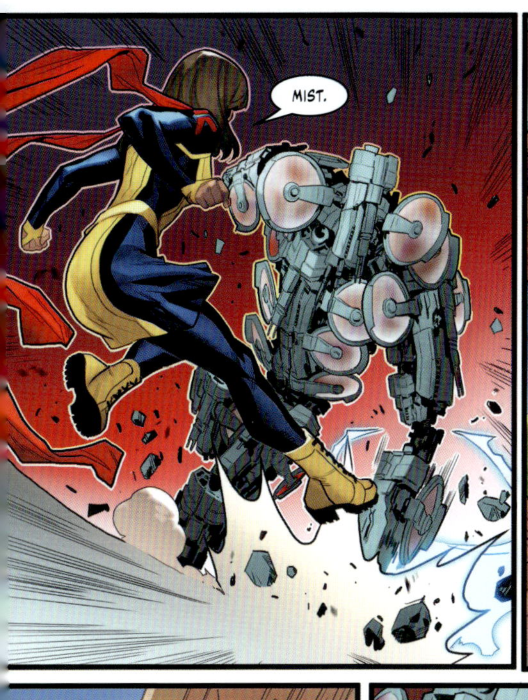
MIST.

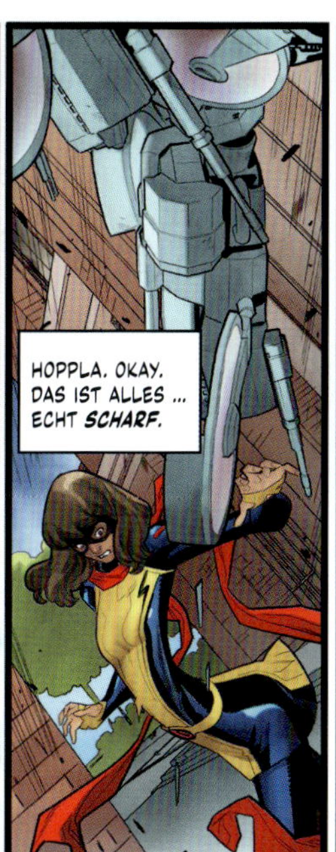
HOPPLA. OKAY. DAS IST ALLES ... ECHT **SCHARF**.

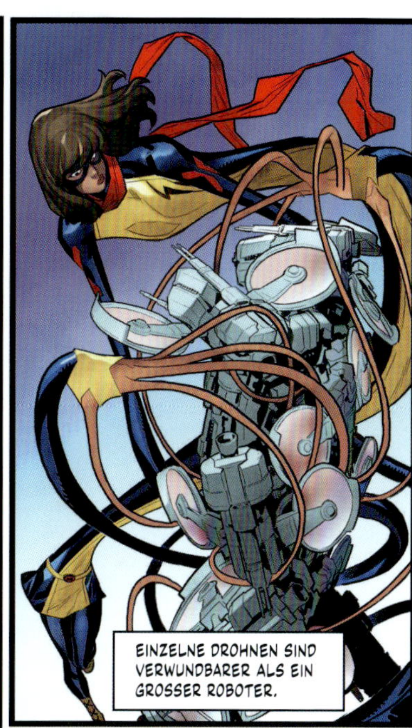
EINZELNE DROHNEN SIND VERWUNDBARER ALS EIN GROSSER ROBOTER.

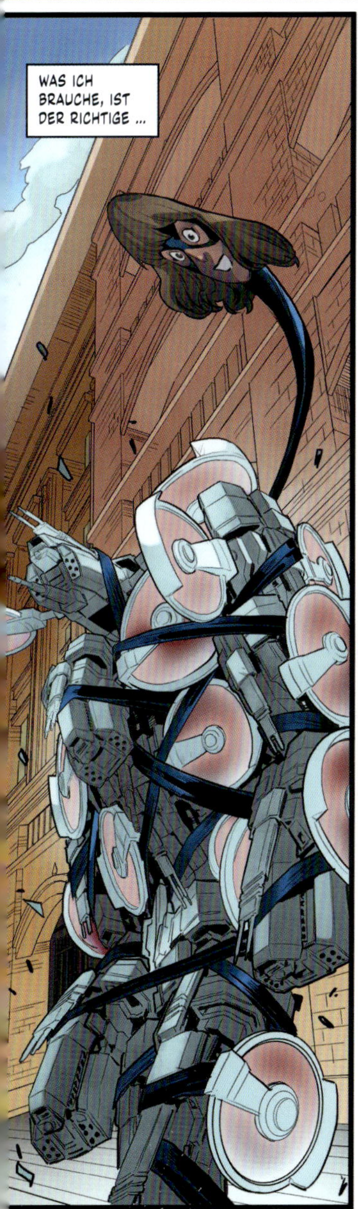
WAS ICH BRAUCHE, IST DER RICHTIGE ...

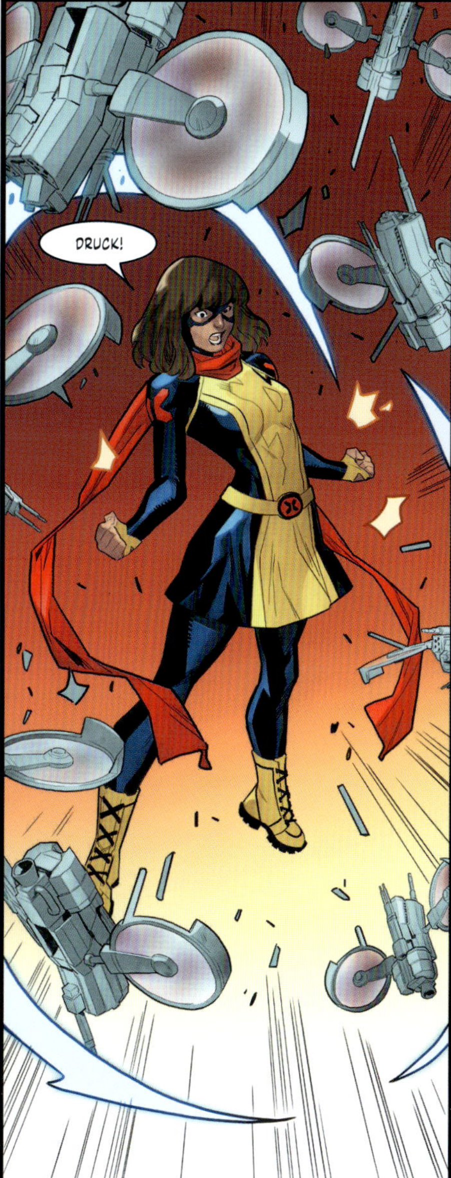
DRUCK!

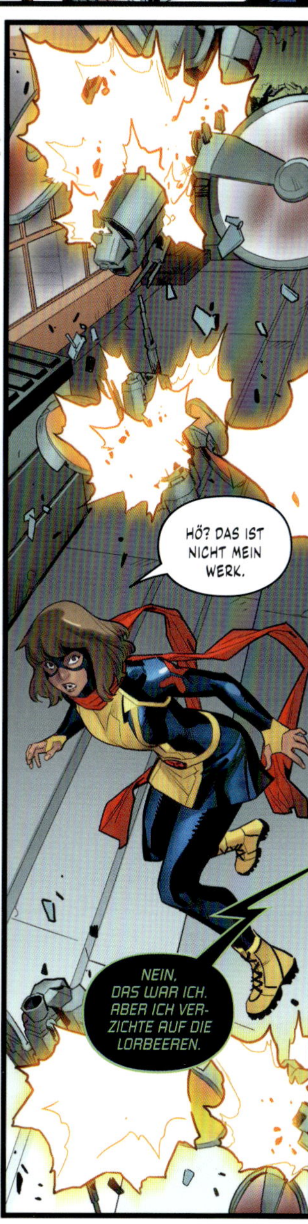
HÖ? DAS IST NICHT MEIN WERK.
NEIN, DAS WAR ICH. ABER ICH VERZICHTE AUF DIE LORBEEREN.

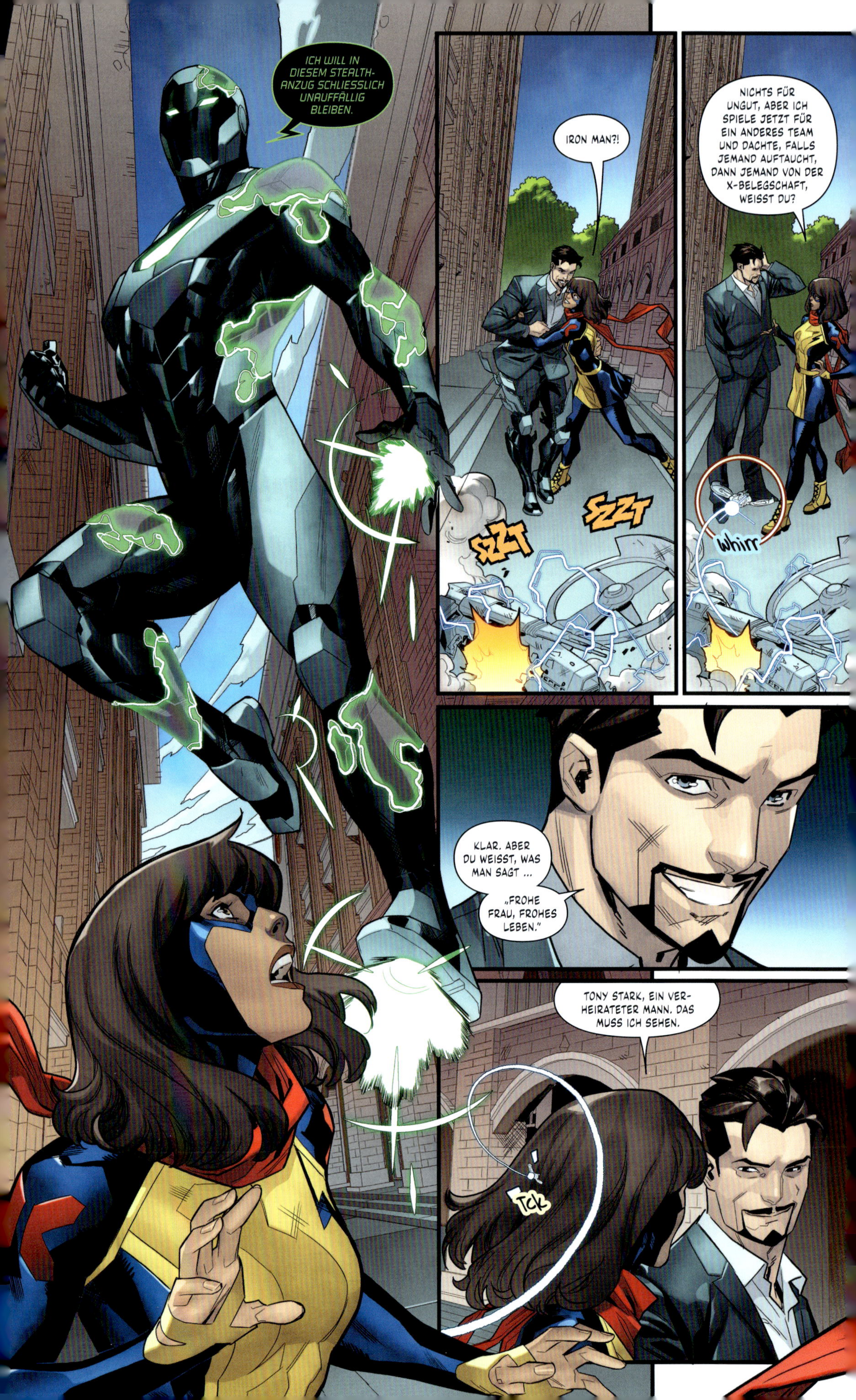
ICH WILL IN DIESEM STEALTH-ANZUG SCHLIESSLICH UNAUFFÄLLIG BLEIBEN.
IRON MAN?!
SZZT
SZZT
NICHTS FÜR UNGUT, ABER ICH SPIELE JETZT FÜR EIN ANDERES TEAM UND DACHTE, FALLS JEMAND AUFTAUCHT, DANN JEMAND VON DER X-BELEGSCHAFT, WEISST DU?
WHIRR
KLAR. ABER DU WEISST, WAS MAN SAGT ...
„FROHE FRAU, FROHES LEBEN."
TONY STARK, EIN VERHEIRATETER MANN. DAS MUSS ICH SEHEN.
TCK

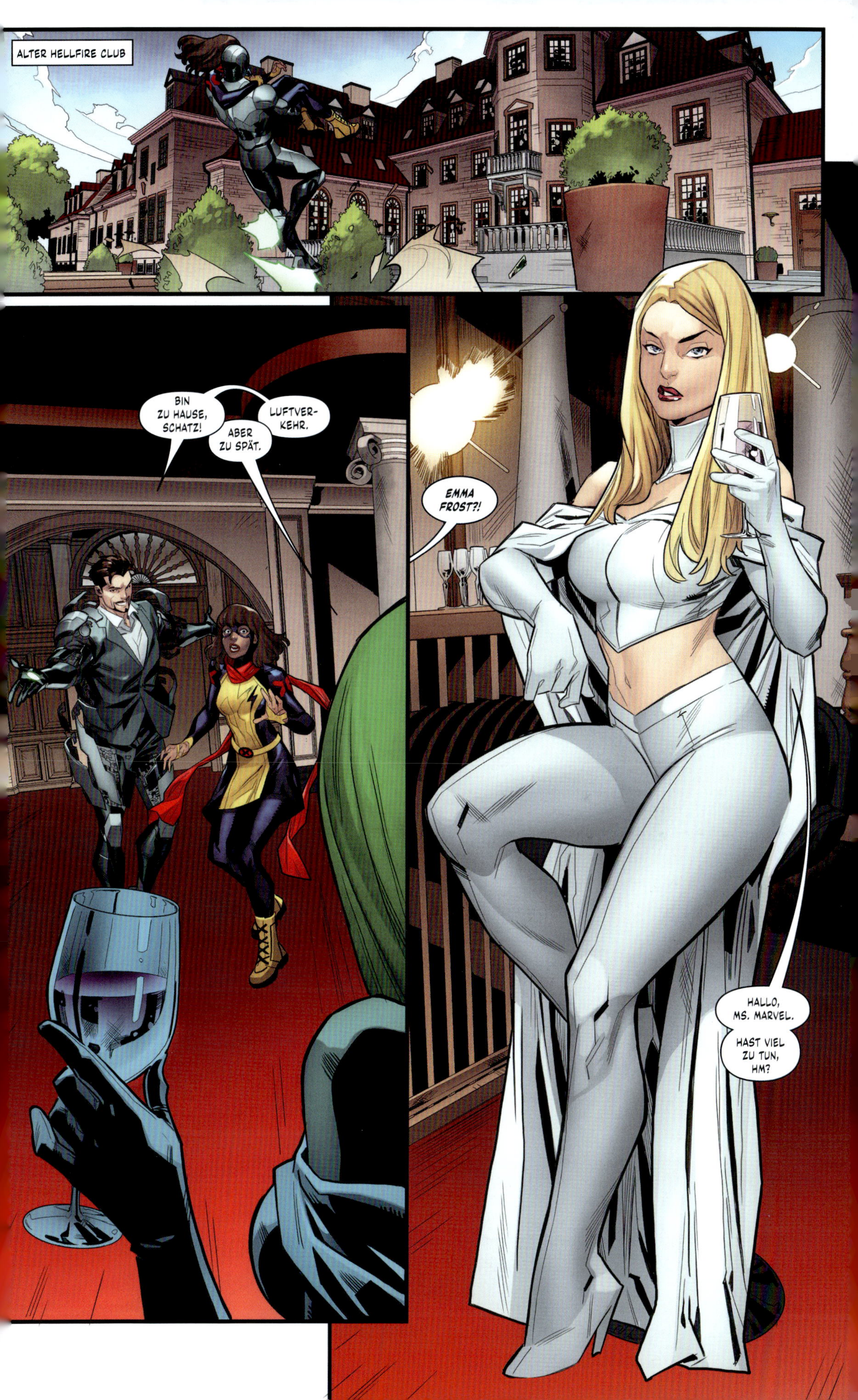
ALTER HELLFIRE CLUB
BIN ZU HAUSE, SCHATZ!
LUFTVERKEHR.
ABER ZU SPÄT.
EMMA FROST?!
HALLO, MS. MARVEL.
HAST VIEL ZU TUN, HM?

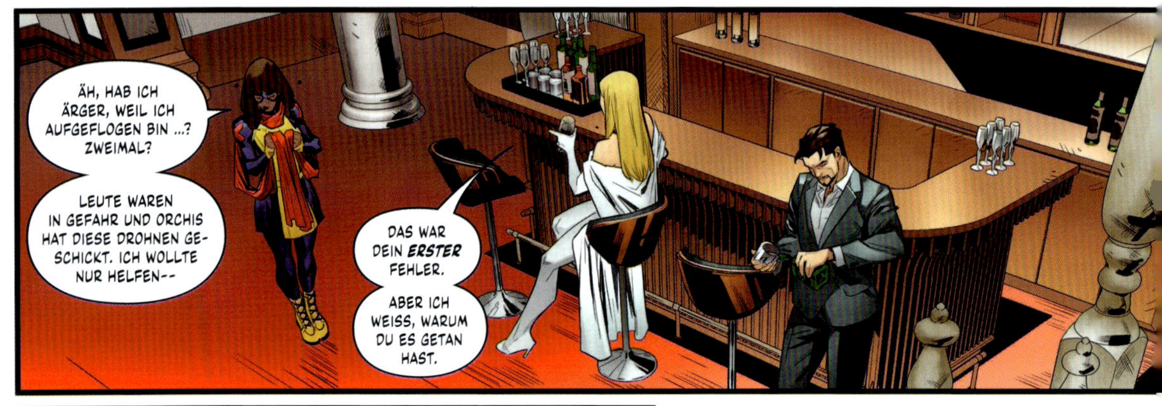
ÄH, HAB ICH ÄRGER, WEIL ICH AUFGEFLOGEN BIN ...? ZWEIMAL?
LEUTE WAREN IN GEFAHR UND ORCHIS HAT DIESE DROHNEN GE-SCHICKT. ICH WOLLTE NUR HELFEN--
DAS WAR DEIN **ERSTER** FEHLER.
ABER ICH WEISS, WARUM DU ES GETAN HAST.

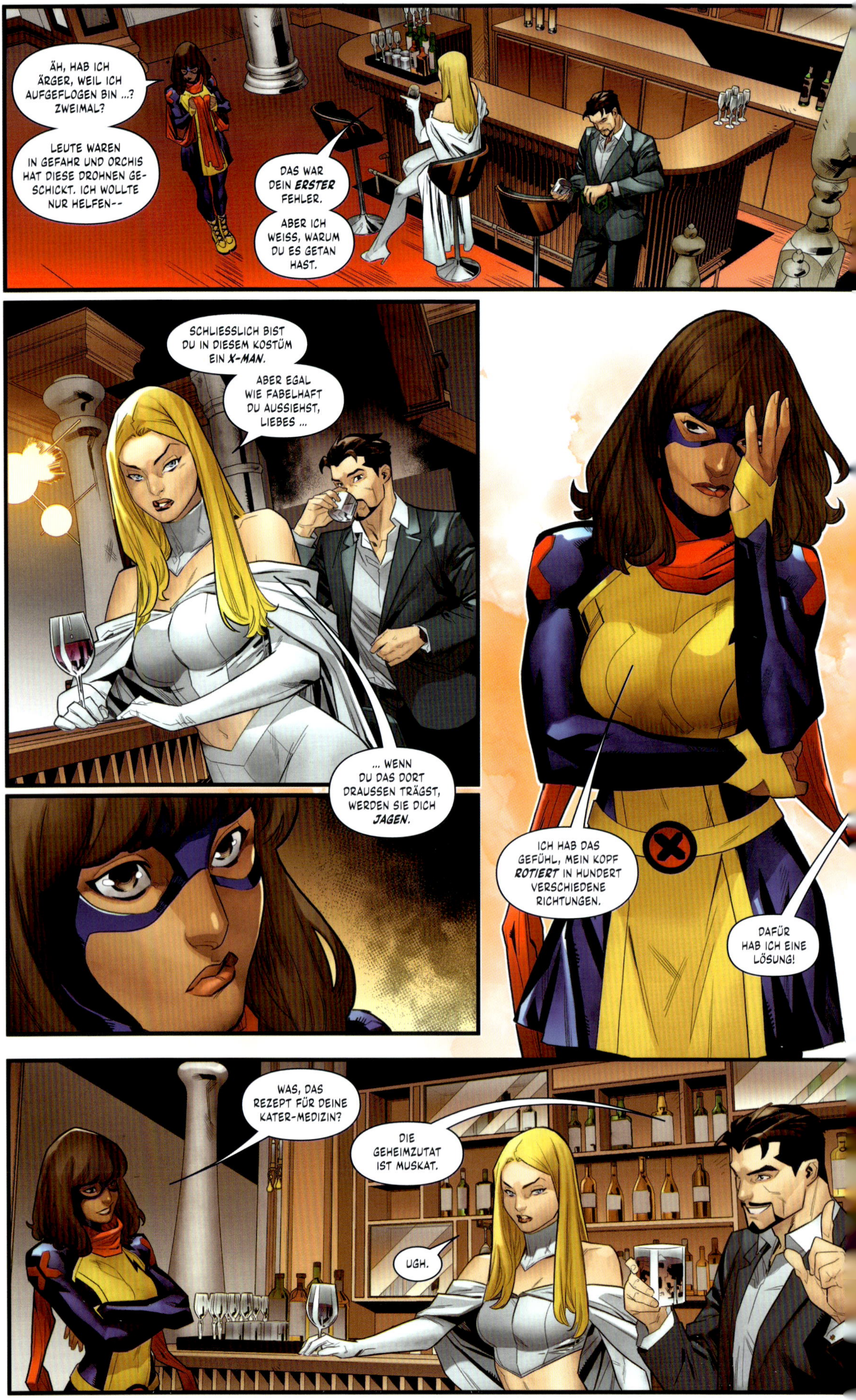

SCHLIESSLICH BIST DU IN DIESEM KOSTÜM EIN ***X-MAN***.
ABER EGAL WIE FABELHAFT DU AUSSIEHST, LIEBES ...
... WENN DU DAS DORT DRAUSSEN TRÄGST, WERDEN SIE DICH ***JAGEN***.
ICH HAB DAS GEFÜHL, MEIN KOPF ***ROTIERT*** IN HUNDERT VERSCHIEDENE RICHTUNGEN.
DAFÜR HAB ICH EINE LÖSUNG!

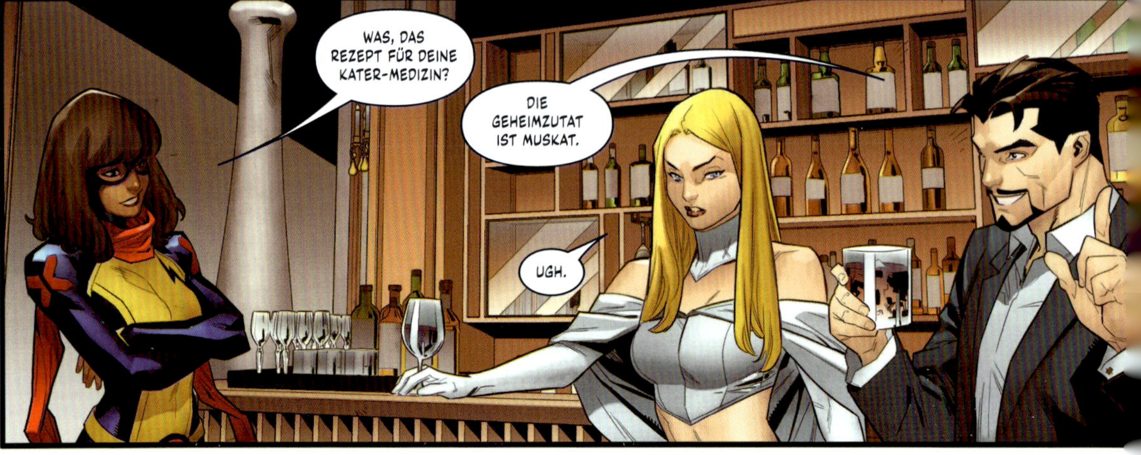
WAS, DAS REZEPT FÜR DEINE KATER-MEDIZIN?
DIE GEHEIMZUTAT IST MUSKAT.
UGH.

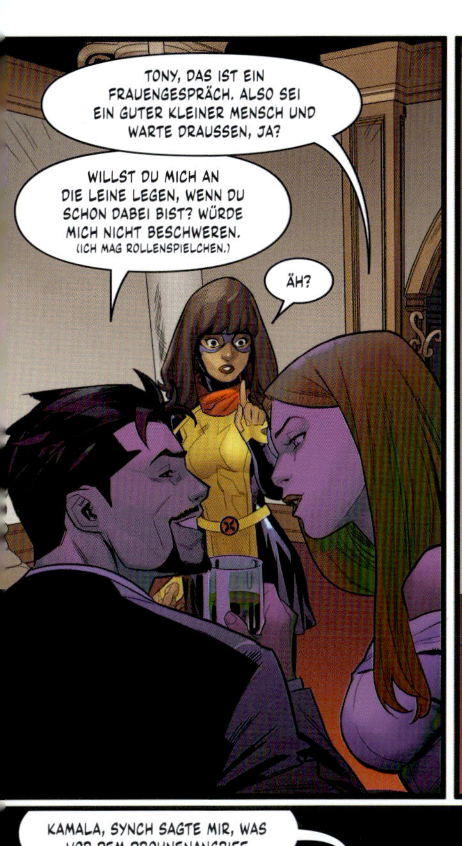
TONY, DAS IST EIN FRAUENGESPRÄCH. ALSO SEI EIN GUTER KLEINER MENSCH UND WARTE DRAUSSEN, JA?
WILLST DU MICH AN DIE LEINE LEGEN, WENN DU SCHON DABEI BIST? WÜRDE MICH NICHT BESCHWEREN. (ICH MAG ROLLENSPIELCHEN.)
ÄH?

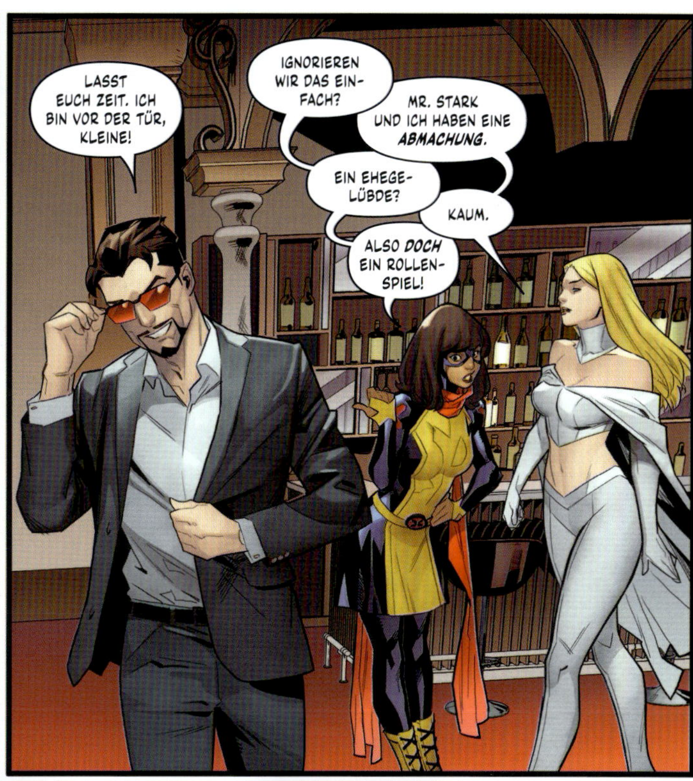
LASST EUCH ZEIT. ICH BIN VOR DER TÜR, KLEINE!
IGNORIEREN WIR DAS EINFACH?
MR. STARK UND ICH HABEN EINE ABMACHUNG.
EIN EHEGELÜBDE?
KAUM.
ALSO DOCH EIN ROLLENSPIEL!

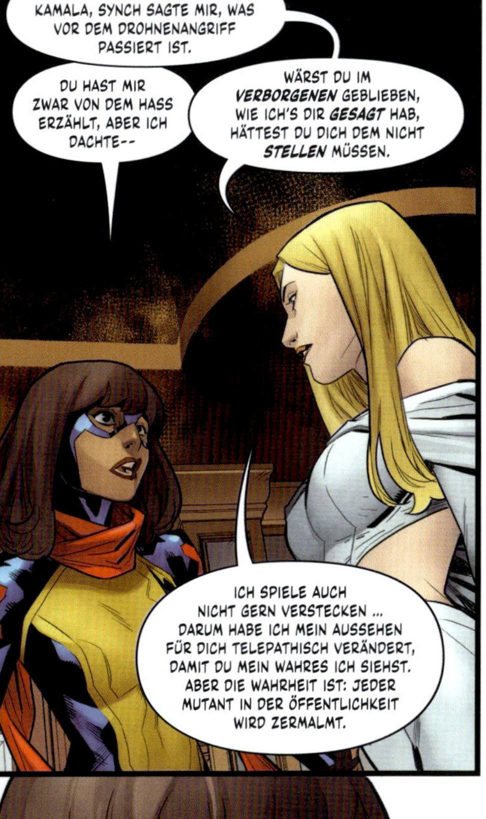
KAMALA, SYNCH SAGTE MIR, WAS VOR DEM DROHNENANGRIFF PASSIERT IST.
DU HAST MIR ZWAR VON DEM HASS ERZÄHLT, ABER ICH DACHTE--
WÄRST DU IM VERBORGENEN GEBLIEBEN, WIE ICH'S DIR GESAGT HAB, HÄTTEST DU DICH DEM NICHT STELLEN MÜSSEN.
ICH SPIELE AUCH NICHT GERN VERSTECKEN ... DARUM HABE ICH MEIN AUSSEHEN FÜR DICH TELEPATHISCH VERÄNDERT, DAMIT DU MEIN WAHRES ICH SIEHST. ABER DIE WAHRHEIT IST: JEDER MUTANT IN DER ÖFFENTLICHKEIT WIRD ZERMALMT.

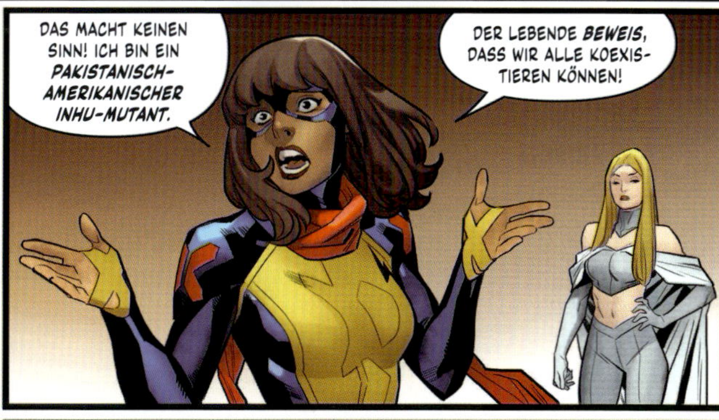
DAS MACHT KEINEN SINN! ICH BIN EIN PAKISTANISCH-AMERIKANISCHER INHU-MUTANT.
DER LEBENDE BEWEIS, DASS WIR ALLE KOEXISTIEREN KÖNNEN!

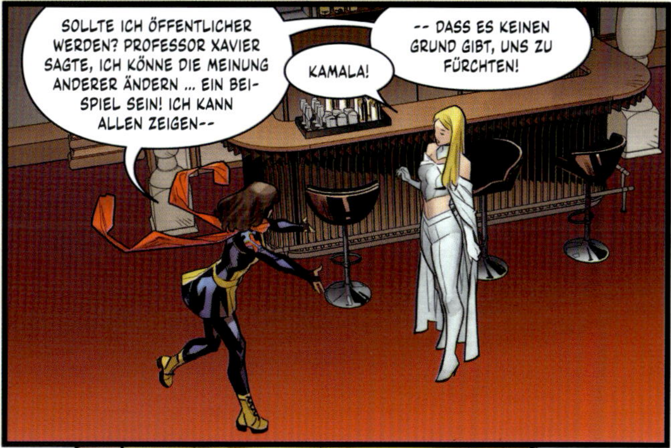
SOLLTE ICH ÖFFENTLICHER WERDEN? PROFESSOR XAVIER SAGTE, ICH KÖNNE DIE MEINUNG ANDERER ÄNDERN ... EIN BEISPIEL SEIN! ICH KANN ALLEN ZEIGEN--
-- DASS ES KEINEN GRUND GIBT, UNS ZU FÜRCHTEN!
KAMALA!

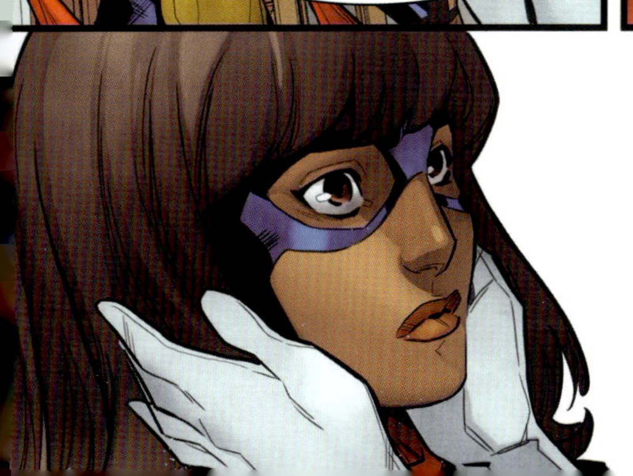
MEINE LIEBE, BITTE. LASS DEN DEPLATZIERTEN IDEALISMUS UND VERSUCH, FRIEDEN IN DIR SELBST ZU FINDEN ...
... DAMIT DU NICHT EINES TAGES IN MEINEN ARMEN STIRBST. DAS BIN ICH ZIEMLICH LEID.

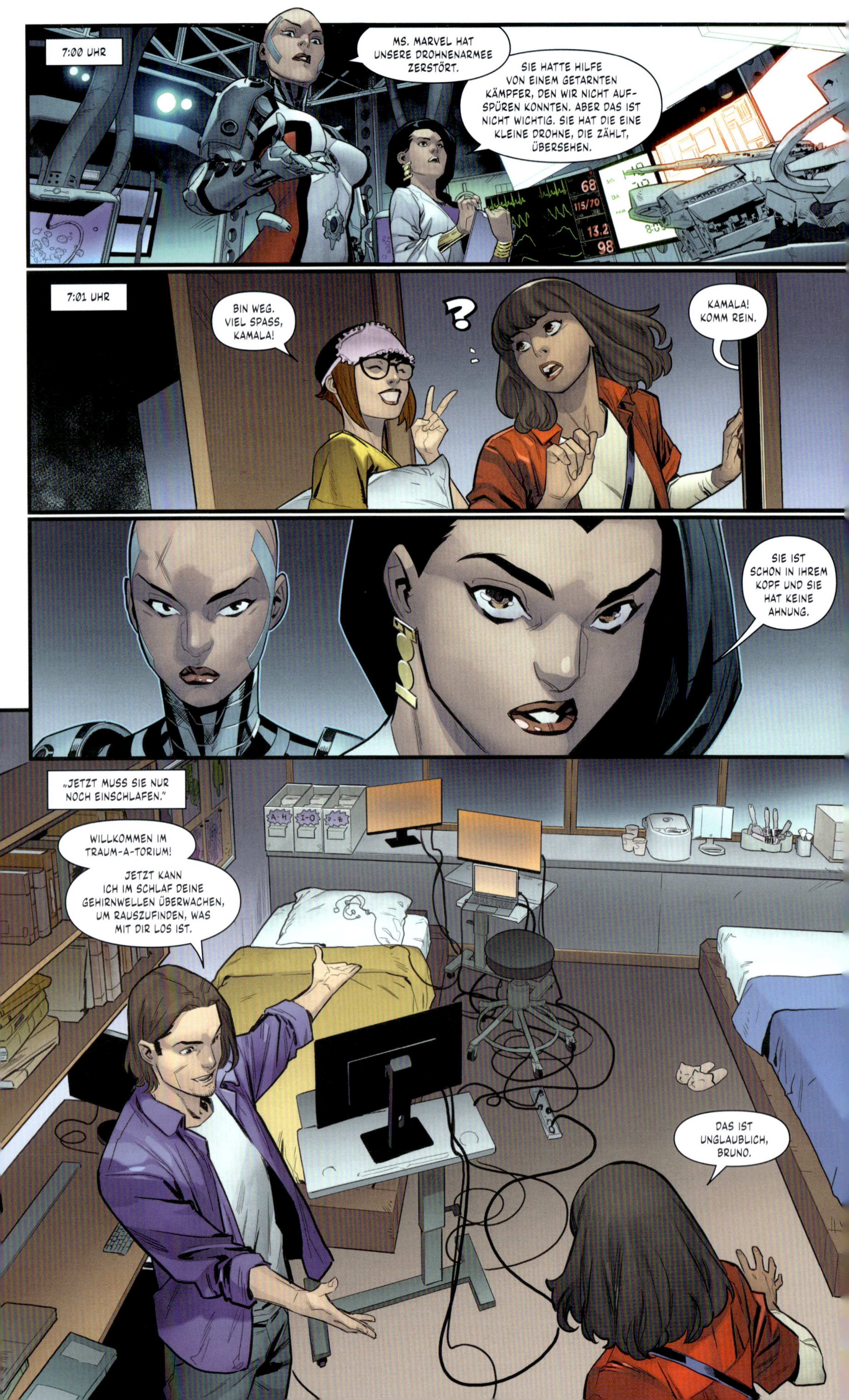
7:00 UHR
MS. MARVEL HAT UNSERE DROHNENARMEE ZERSTÖRT.
SIE HATTE HILFE VON EINEM GETARNTEN KÄMPFER, DEN WIR NICHT AUFSPÜREN KONNTEN. ABER DAS IST NICHT WICHTIG. SIE HAT DIE EINE KLEINE DROHNE, DIE ZÄHLT, ÜBERSEHEN.
7:01 UHR
BIN WEG. VIEL SPASS, KAMALA!
?
KAMALA! KOMM REIN.
SIE IST SCHON IN IHREM KOPF UND SIE HAT KEINE AHNUNG.
„JETZT MUSS SIE NUR NOCH EINSCHLAFEN."
WILLKOMMEN IM TRAUM-A-TORIUM!
JETZT KANN ICH IM SCHLAF DEINE GEHIRNWELLEN ÜBERWACHEN, UM RAUSZUFINDEN, WAS MIT DIR LOS IST.
DAS IST UNGLAUBLICH, BRUNO.

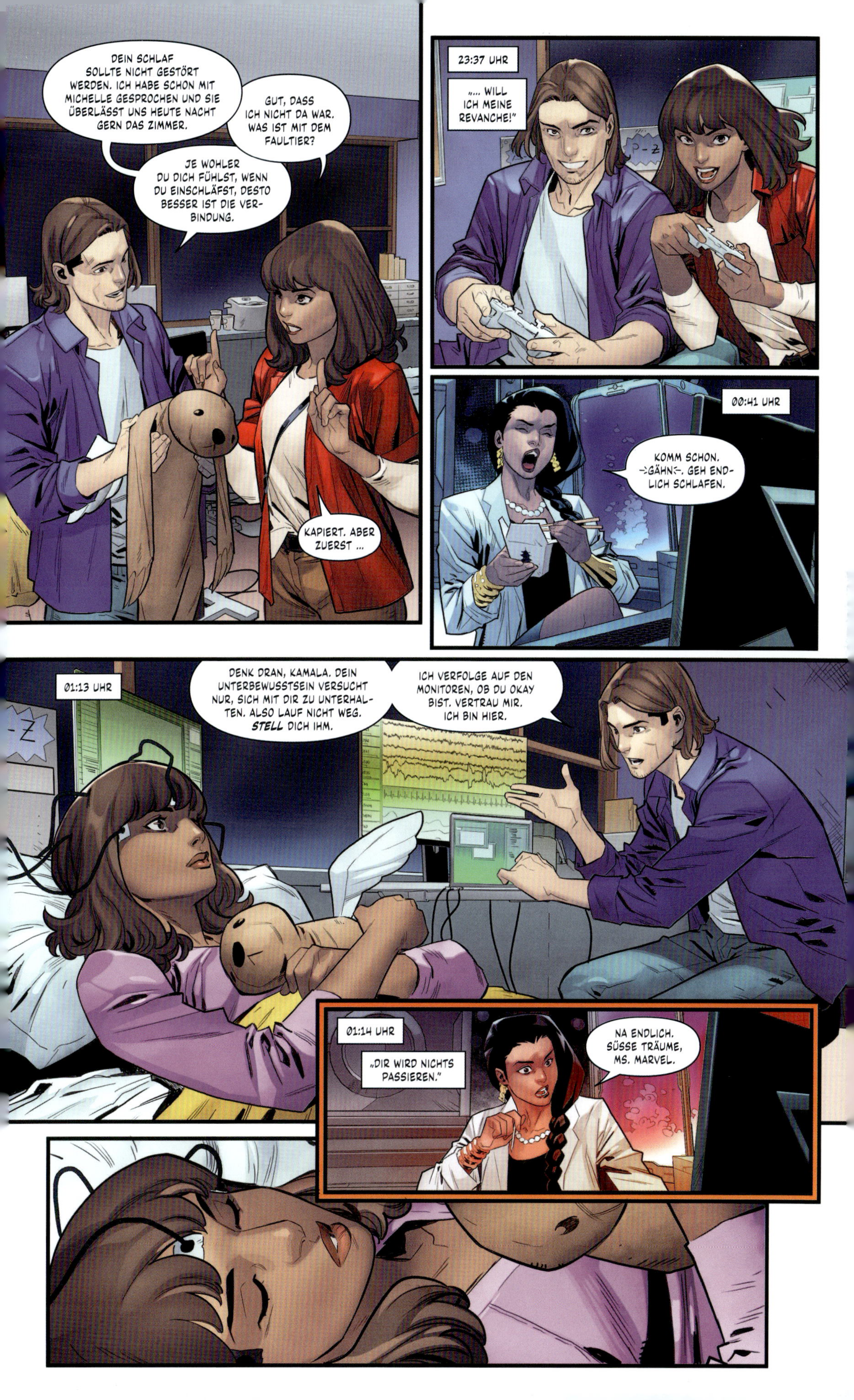

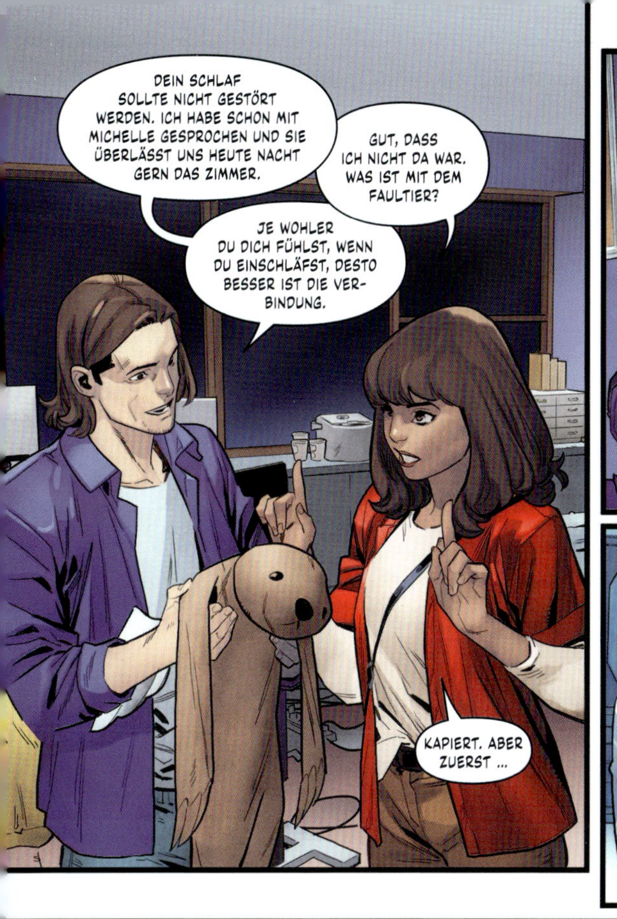
DEIN SCHLAF SOLLTE NICHT GESTÖRT WERDEN. ICH HABE SCHON MIT MICHELLE GESPROCHEN UND SIE ÜBERLÄSST UNS HEUTE NACHT GERN DAS ZIMMER.
GUT, DASS ICH NICHT DA WAR. WAS IST MIT DEM FAULTIER?
JE WOHLER DU DICH FÜHLST, WENN DU EINSCHLÄFST, DESTO BESSER IST DIE VERBINDUNG.
KAPIERT. ABER ZUERST ...

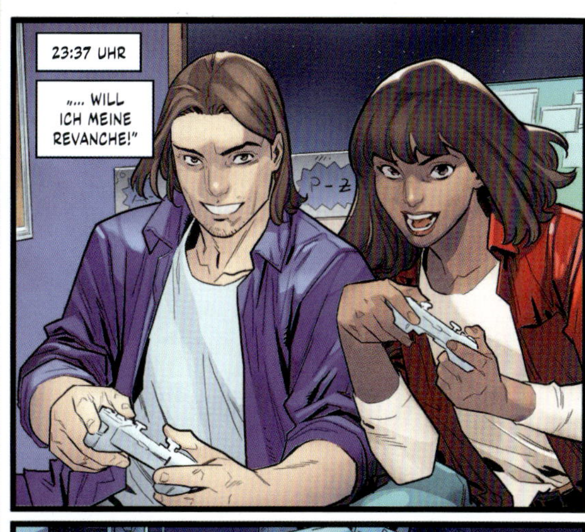
23:37 UHR
„... WILL ICH MEINE REVANCHE!"

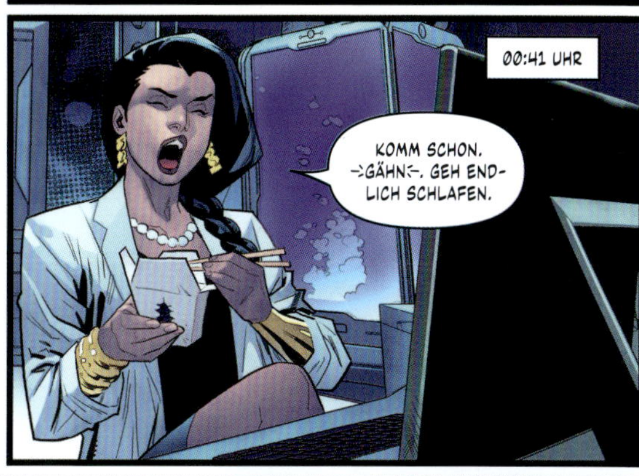
00:41 UHR
KOMM SCHON. GÄHN. GEH ENDLICH SCHLAFEN.

01:13 UHR
DENK DRAN, KAMALA. DEIN UNTERBEWUSSTSEIN VERSUCHT NUR, SICH MIT DIR ZU UNTERHALTEN. ALSO LAUF NICHT WEG. STELL DICH IHM.
ICH VERFOLGE AUF DEN MONITOREN, OB DU OKAY BIST. VERTRAU MIR. ICH BIN HIER.
01:14 UHR
„DIR WIRD NICHTS PASSIEREN."
NA ENDLICH. SÜSSE TRÄUME, MS. MARVEL.

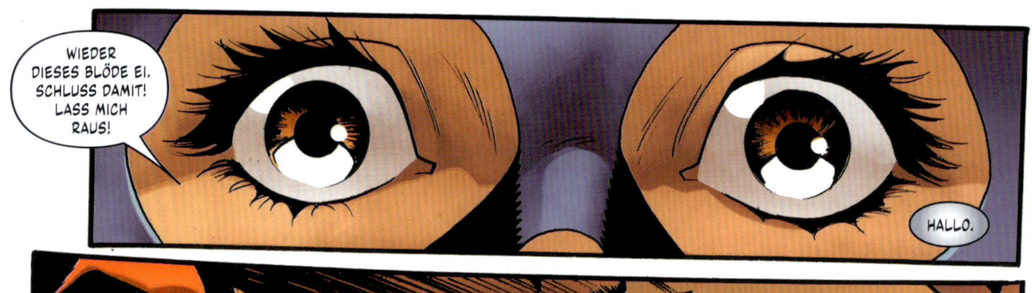
WIEDER DIESES BLÖDE EI. SCHLUSS DAMIT! LASS MICH RAUS!
HALLO.

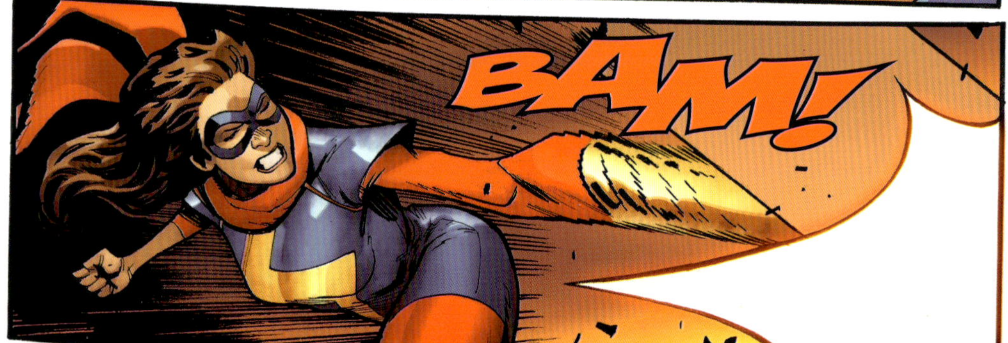
BAM!

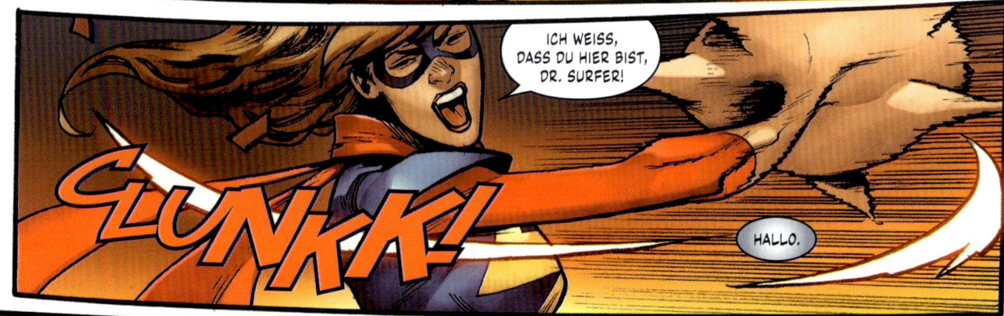
ICH WEISS, DASS DU HIER BIST, DR. SURFER!
CLUNKK!
HALLO.

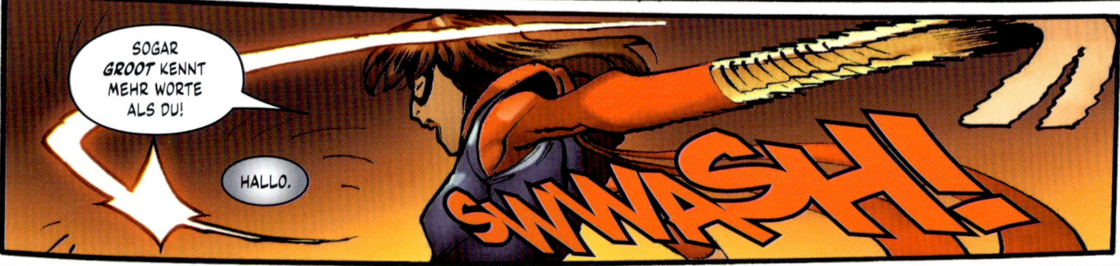
SOGAR *GROOT* KENNT MEHR WORTE ALS DU!
HALLO.
SWWASH!

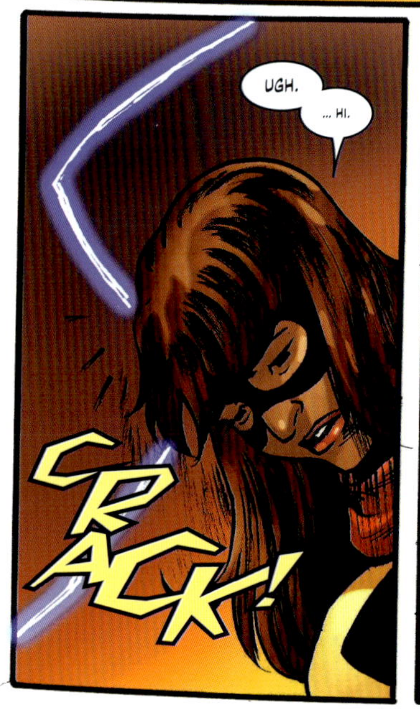
UGH.
... HI.
CRACK!

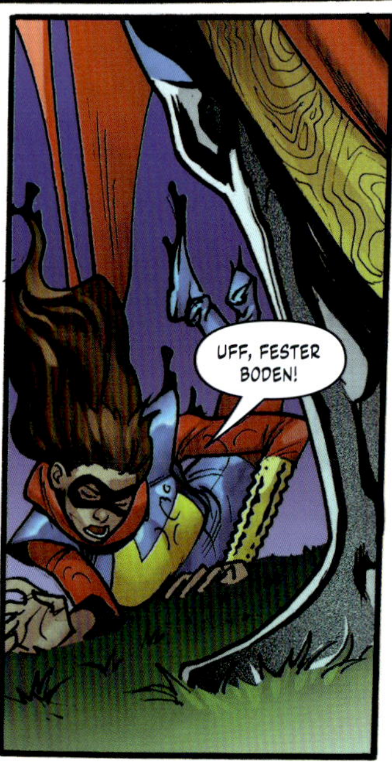
UFF, FESTER BODEN!

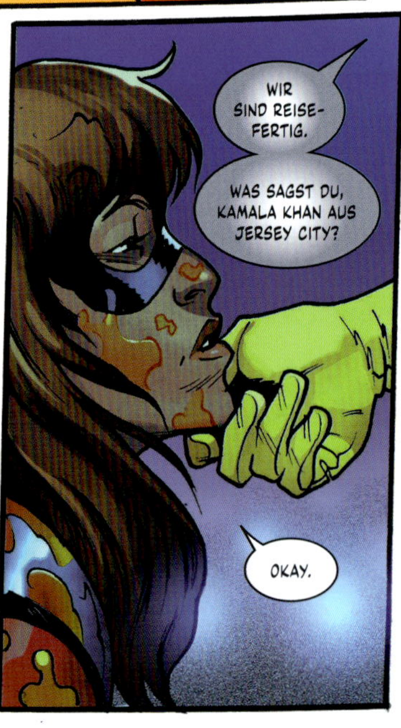
WIR SIND REISE-FERTIG.
WAS SAGST DU, KAMALA KHAN AUS JERSEY CITY?
OKAY.

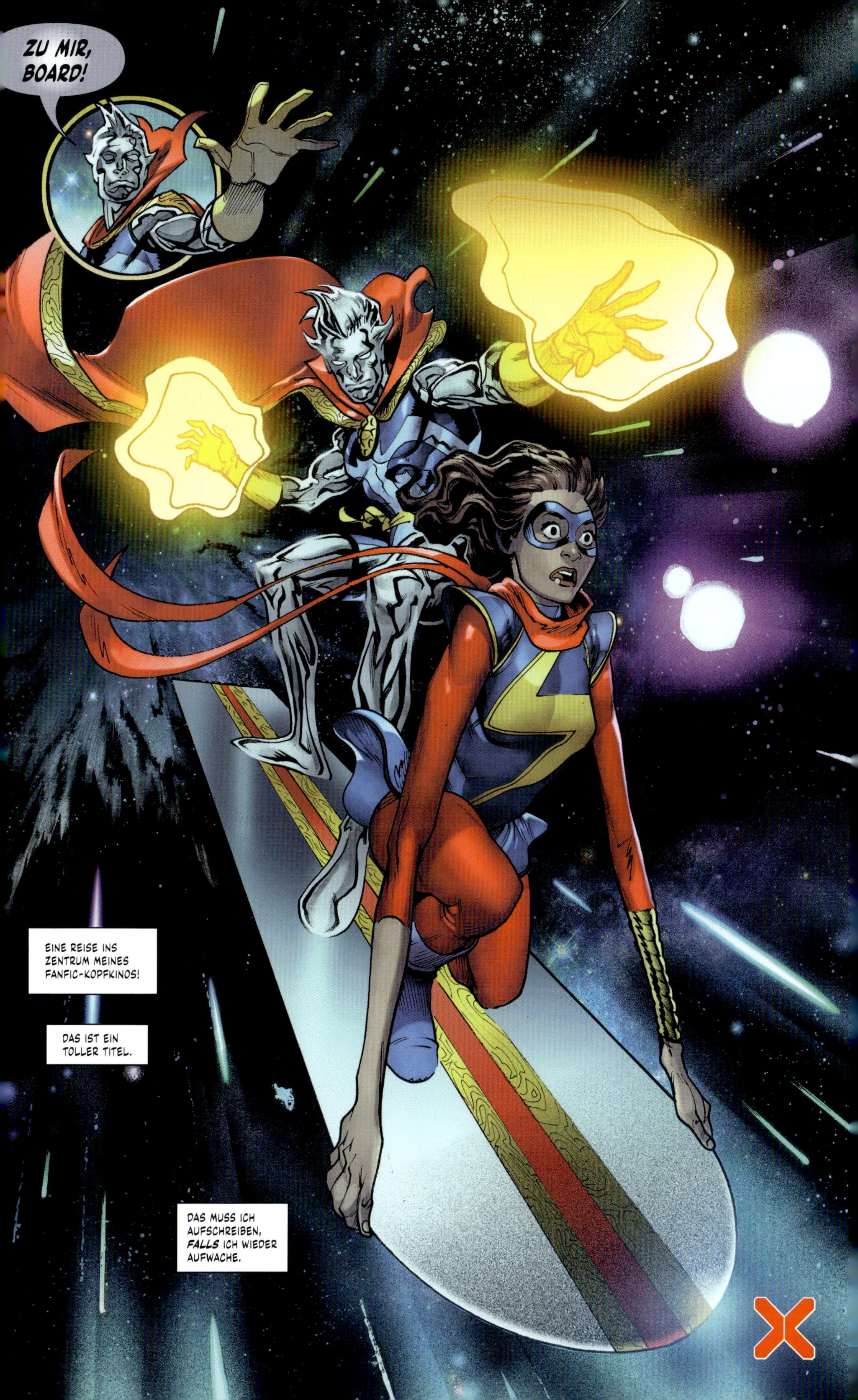
ZU MIR, BOARD!
EINE REISE INS ZENTRUM MEINES FANFIC-KOPFKINOS!
DAS IST EIN TOLLER TITEL.
DAS MUSS ICH AUFSCHREIBEN, *FALLS* ICH WIEDER AUFWACHE.

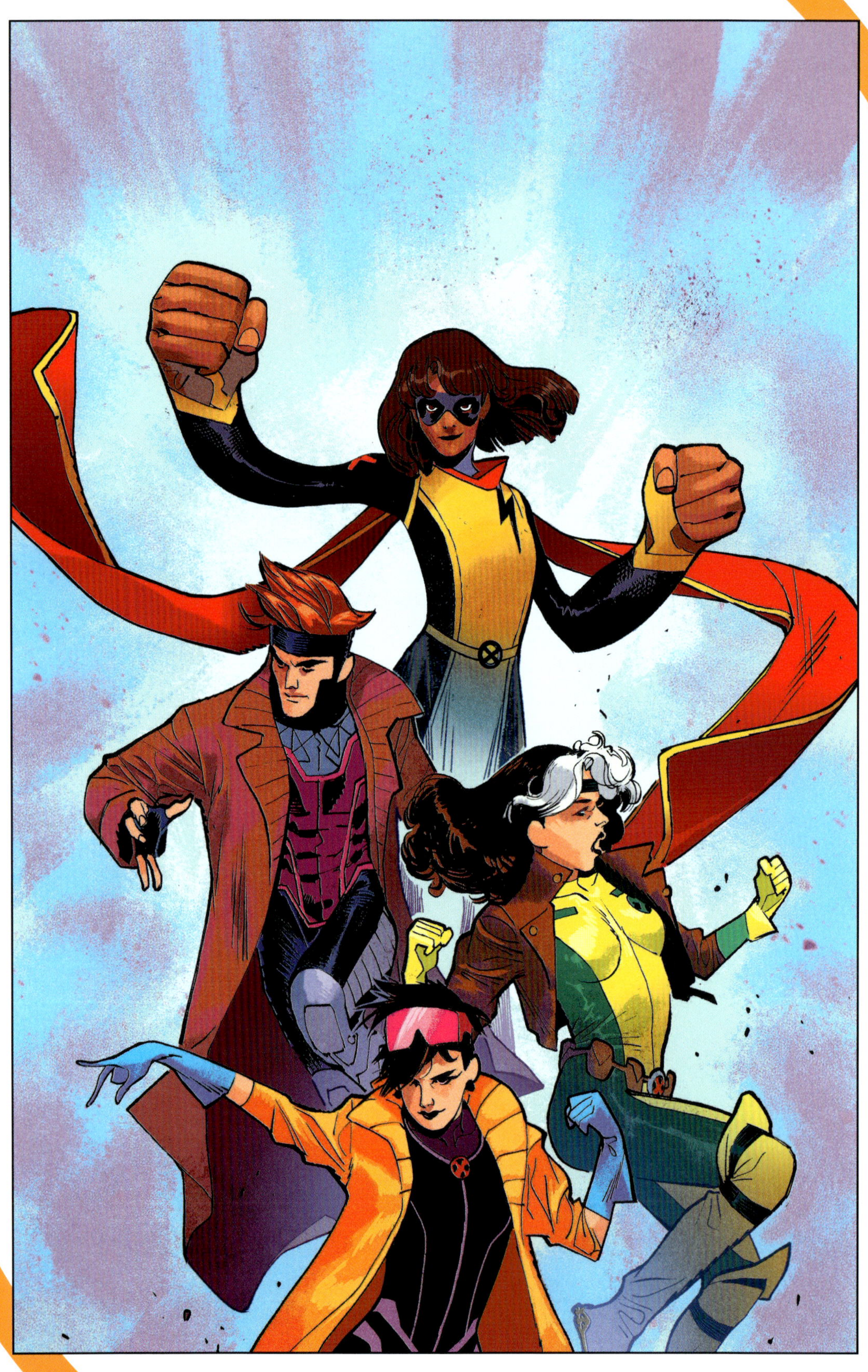

Ms. Marvel: The New Mutant (2023) 3
Cover von **SARA PICHELLI**

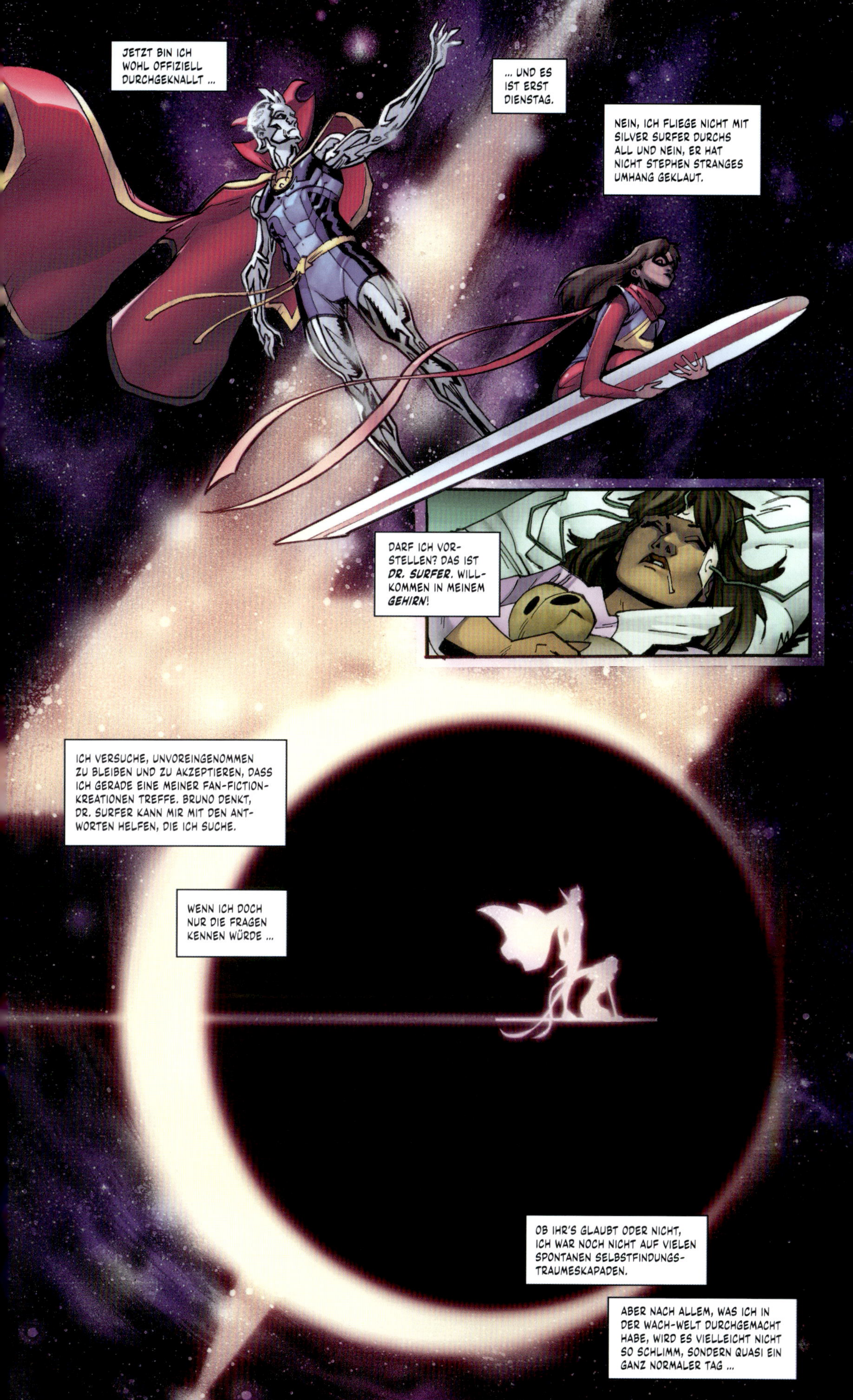
JETZT BIN ICH WOHL OFFIZIELL DURCHGEKNALLT ...
... UND ES IST ERST DIENSTAG.
NEIN, ICH FLIEGE NICHT MIT SILVER SURFER DURCHS ALL UND NEIN, ER HAT NICHT STEPHEN STRANGES UMHANG GEKLAUT.
DARF ICH VORSTELLEN? DAS IST *DR. SURFER*. WILLKOMMEN IN MEINEM *GEHIRN*!
ICH VERSUCHE, UNVOREINGENOMMEN ZU BLEIBEN UND ZU AKZEPTIEREN, DASS ICH GERADE EINE MEINER FAN-FICTION-KREATIONEN TREFFE. BRUNO DENKT, DR. SURFER KANN MIR MIT DEN ANTWORTEN HELFEN, DIE ICH SUCHE.
WENN ICH DOCH NUR DIE FRAGEN KENNEN WÜRDE ...
OB IHR'S GLAUBT ODER NICHT, ICH WAR NOCH NICHT AUF VIELEN SPONTANEN SELBSTFINDUNGS-TRAUMESKAPADEN.
ABER NACH ALLEM, WAS ICH IN DER WACH-WELT DURCHGEMACHT HABE, WIRD ES VIELLEICHT NICHT SO SCHLIMM, SONDERN QUASI EIN GANZ NORMALER TAG ...

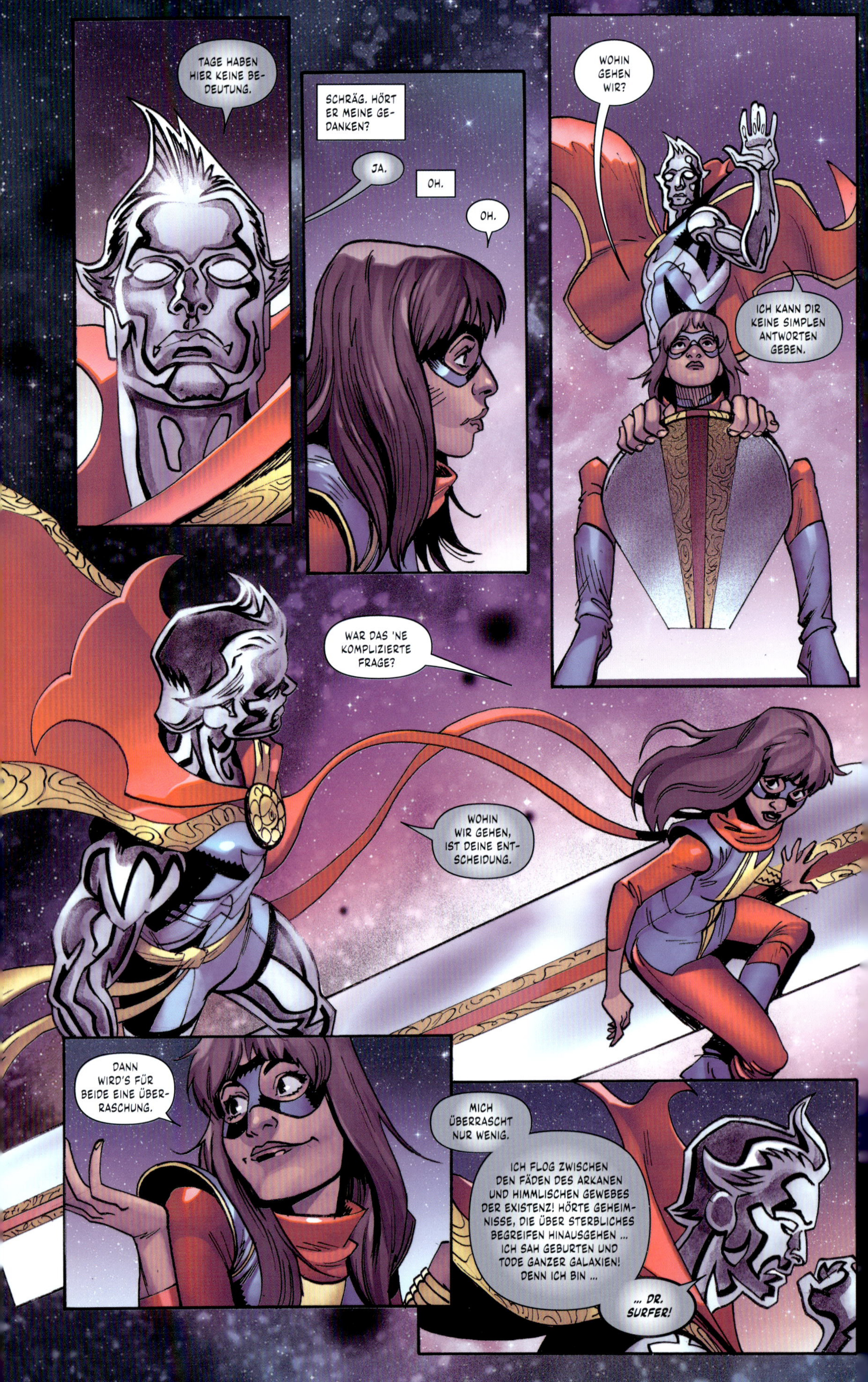
TAGE HABEN HIER KEINE BEDEUTUNG.
SCHRÄG. HÖRT ER MEINE GEDANKEN?
JA.
OH.
OH.
WOHIN GEHEN WIR?
ICH KANN DIR KEINE SIMPLEN ANTWORTEN GEBEN.
WAR DAS 'NE KOMPLIZIERTE FRAGE?
WOHIN WIR GEHEN, IST DEINE ENTSCHEIDUNG.
DANN WIRD'S FÜR BEIDE EINE ÜBERRASCHUNG.
MICH ÜBERRASCHT NUR WENIG.
ICH FLOG ZWISCHEN DEN FÄDEN DES ARKANEN UND HIMMLISCHEN GEWEBES DER EXISTENZ! HÖRTE GEHEIMNISSE, DIE ÜBER STERBLICHES BEGREIFEN HINAUSGEHEN ... ICH SAH GEBURTEN UND TODE GANZER GALAXIEN! DENN ICH BIN ...
... DR. SURFER!

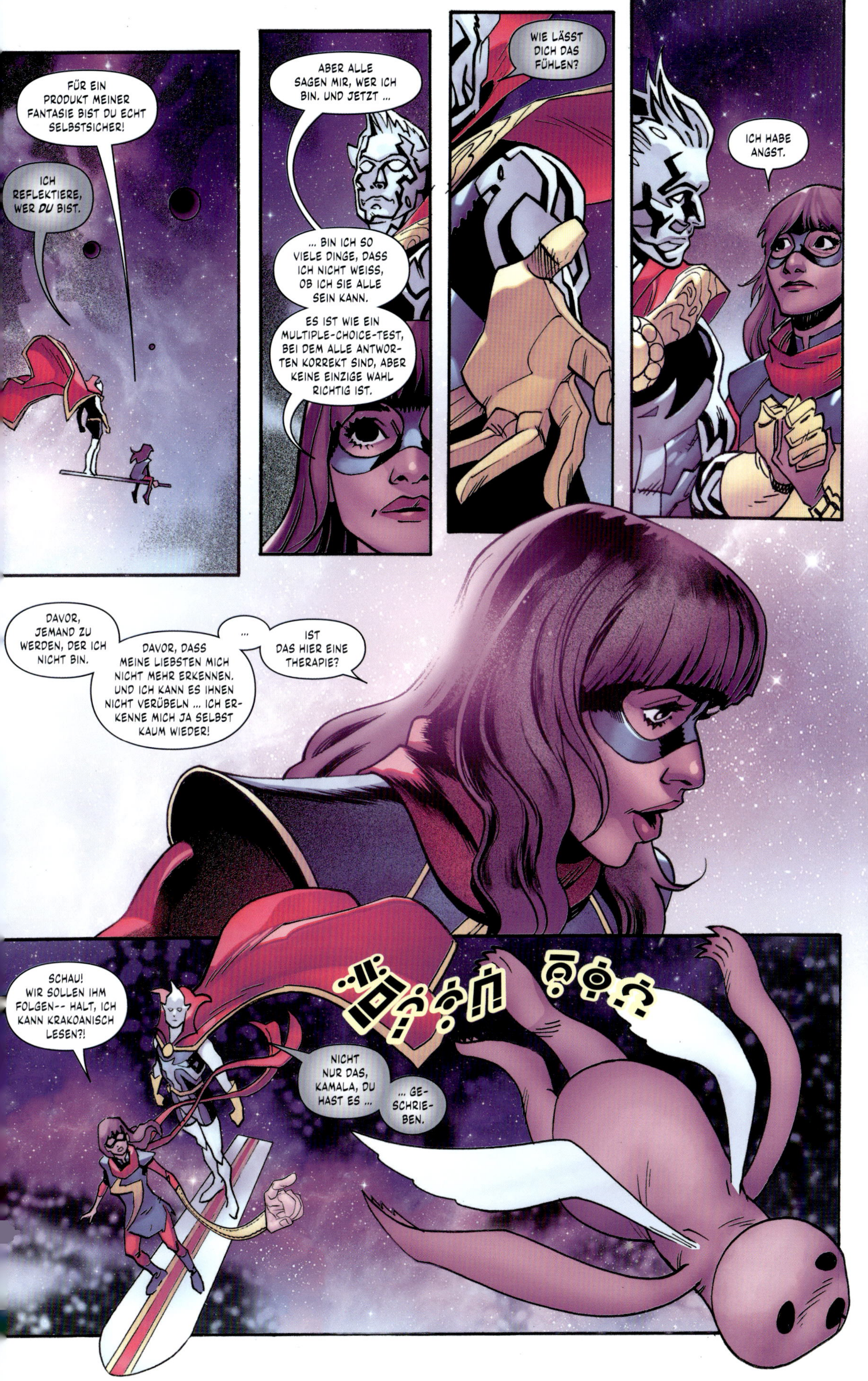
FÜR EIN PRODUKT MEINER FANTASIE BIST DU ECHT SELBSTSICHER!
ICH REFLEKTIERE, WER *DU* BIST.
ABER ALLE SAGEN MIR, WER ICH BIN. UND JETZT ...
... BIN ICH SO VIELE DINGE, DASS ICH NICHT WEISS, OB ICH SIE ALLE SEIN KANN.
ES IST WIE EIN MULTIPLE-CHOICE-TEST, BEI DEM ALLE ANTWORTEN KORREKT SIND, ABER KEINE EINZIGE WAHL RICHTIG IST.
WIE LÄSST DICH DAS FÜHLEN?
ICH HABE ANGST.
DAVOR, JEMAND ZU WERDEN, DER ICH NICHT BIN.
DAVOR, DASS MEINE LIEBSTEN MICH NICHT MEHR ERKENNEN. UND ICH KANN ES IHNEN NICHT VERÜBELN ... ICH ERKENNE MICH JA SELBST KAUM WIEDER!
...
IST DAS HIER EINE THERAPIE?
SCHAU! WIR SOLLEN IHM FOLGEN-- HALT, ICH KANN KRAKOANISCH LESEN?!
NICHT NUR DAS, KAMALA, DU HAST ES ...
... GESCHRIEBEN.

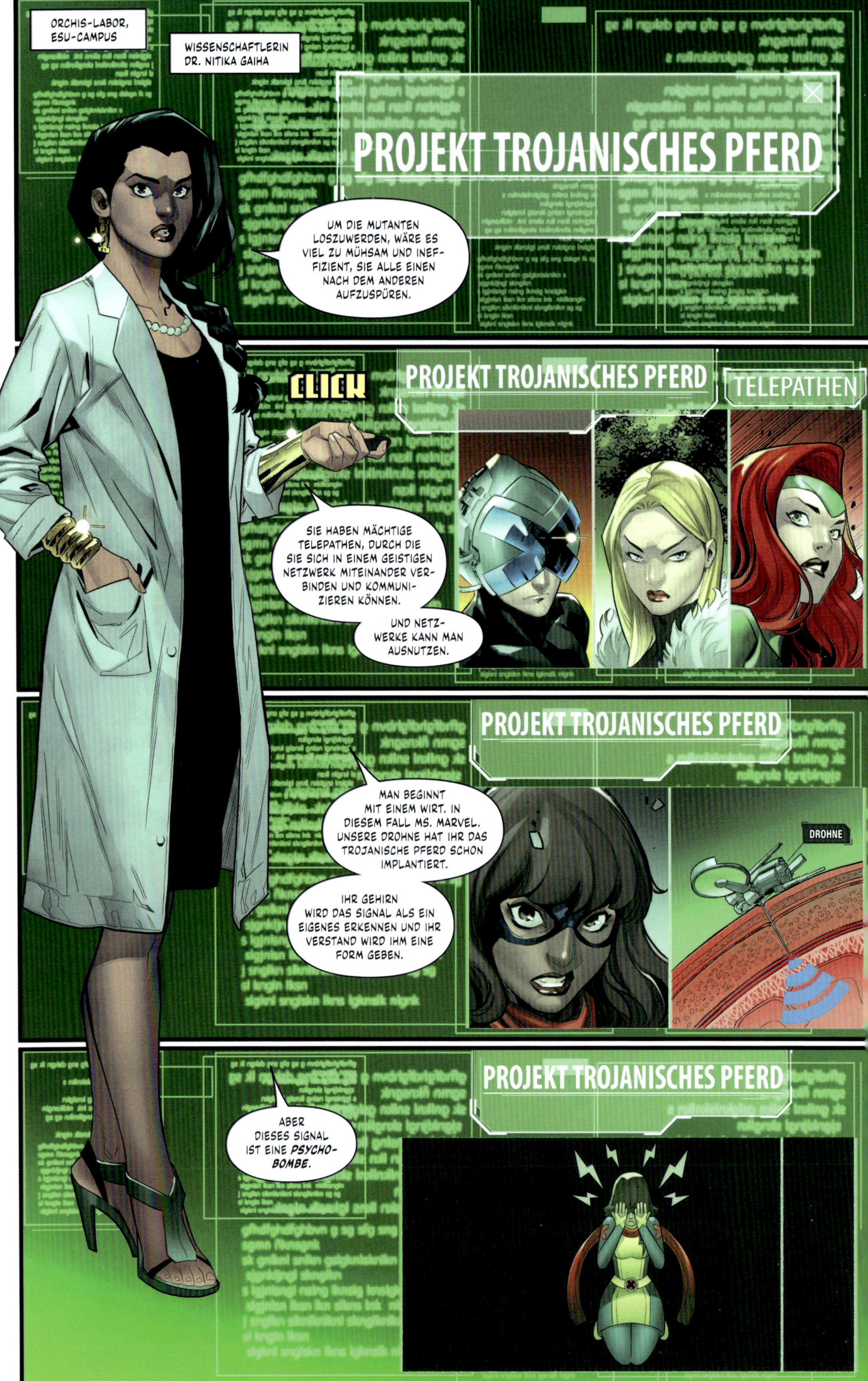
ORCHIS-LABOR, ESU-CAMPUS
WISSENSCHAFTLERIN DR. NITIKA GAIHA
PROJEKT TROJANISCHES PFERD
UM DIE MUTANTEN LOSZUWERDEN, WÄRE ES VIEL ZU MÜHSAM UND INEFFIZIENT, SIE ALLE EINEN NACH DEM ANDEREN AUFZUSPÜREN.
CLICK
PROJEKT TROJANISCHES PFERD
TELEPATHEN
SIE HABEN MÄCHTIGE TELEPATHEN, DURCH DIE SIE SICH IN EINEM GEISTIGEN NETZWERK MITEINANDER VERBINDEN UND KOMMUNIZIEREN KÖNNEN.
UND NETZWERKE KANN MAN AUSNUTZEN.
PROJEKT TROJANISCHES PFERD
MAN BEGINNT MIT EINEM WIRT. IN DIESEM FALL MS. MARVEL. UNSERE DROHNE HAT IHR DAS TROJANISCHE PFERD SCHON IMPLANTIERT.
DROHNE
IHR GEHIRN WIRD DAS SIGNAL ALS EIN EIGENES ERKENNEN UND IHR VERSTAND WIRD IHM EINE FORM GEBEN.
PROJEKT TROJANISCHES PFERD
ABER DIESES SIGNAL IST EINE *PSYCHOBOMBE*.

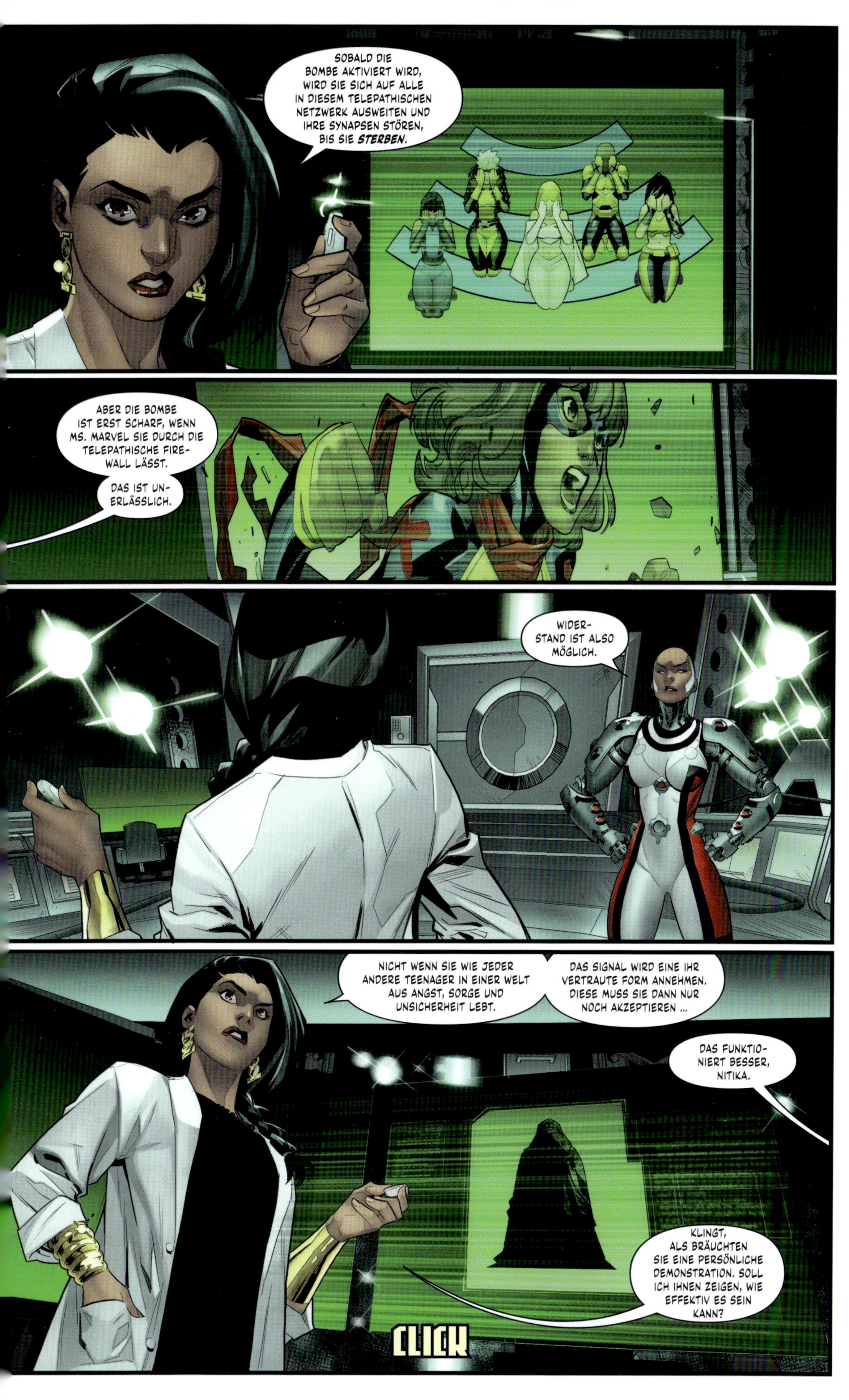
SOBALD DIE BOMBE AKTIVIERT WIRD, WIRD SIE SICH AUF ALLE IN DIESEM TELEPATHISCHEN NETZWERK AUSWEITEN UND IHRE SYNAPSEN STÖREN, BIS SIE *STERBEN*.
ABER DIE BOMBE IST ERST SCHARF, WENN MS. MARVEL SIE DURCH DIE TELEPATHISCHE FIRE-WALL LÄSST.
DAS IST UN-ERLÄSSLICH.
WIDER-STAND IST ALSO MÖGLICH.
NICHT WENN SIE WIE JEDER ANDERE TEENAGER IN EINER WELT AUS ANGST, SORGE UND UNSICHERHEIT LEBT.
DAS SIGNAL WIRD EINE IHR VERTRAUTE FORM ANNEHMEN. DIESE MUSS SIE DANN NUR NOCH AKZEPTIEREN ...
DAS FUNKTIO-NIERT BESSER, NITIKA.
KLINGT, ALS BRÄUCHTEN SIE EINE PERSÖNLICHE DEMONSTRATION. SOLL ICH IHNEN ZEIGEN, WIE EFFEKTIV ES SEIN KANN?
CLICK

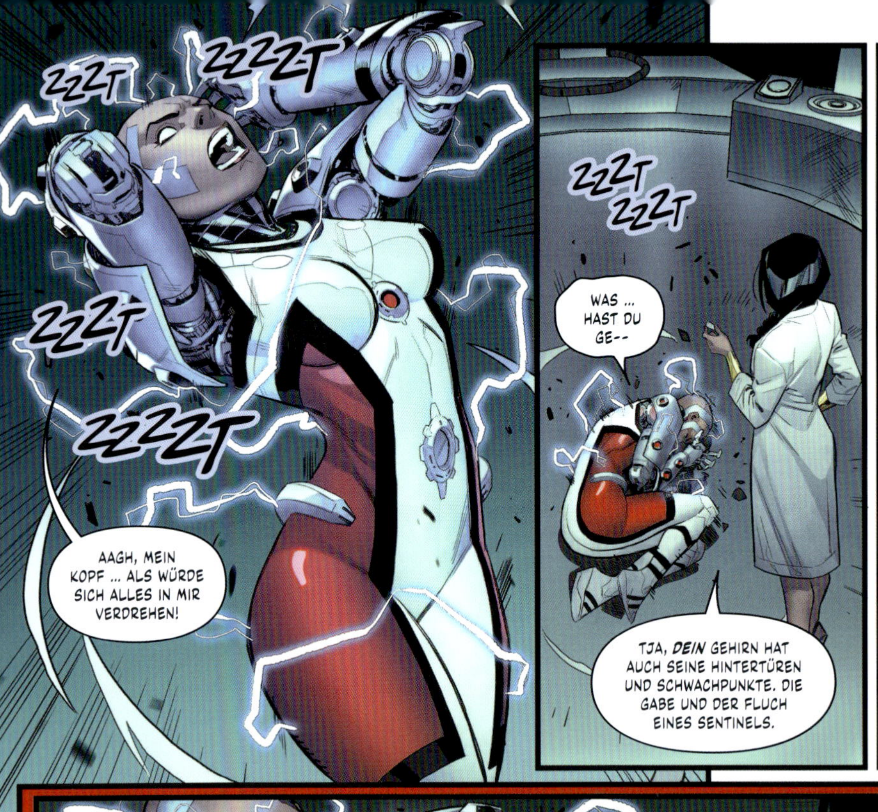
ZZZT
ZZZZT
ZZZT
ZZZZT
AAGH, MEIN KOPF ... ALS WÜRDE SICH ALLES IN MIR VERDREHEN!
ZZZT ZZZT
WAS ... HAST DU GE--
TJA, *DEIN* GEHIRN HAT AUCH SEINE HINTERTÜREN UND SCHWACHPUNKTE. DIE GABE UND DER FLUCH EINES SENTINELS.

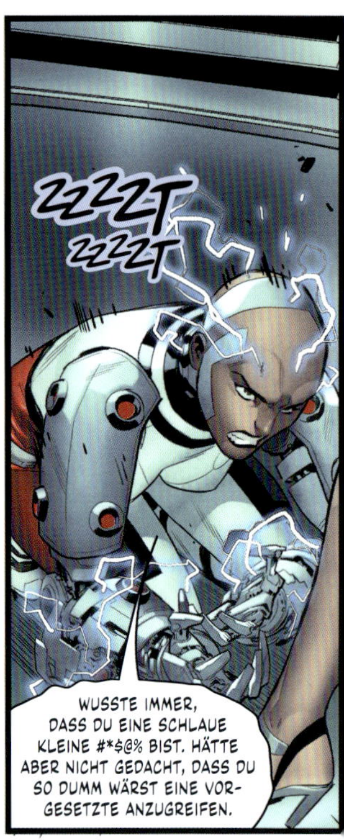
ZZZZT
ZZZT
WUSSTE IMMER, DASS DU EINE SCHLAUE KLEINE #*$@% BIST. HÄTTE ABER NICHT GEDACHT, DASS DU SO DUMM WÄRST EINE VORGESETZTE ANZUGREIFEN.

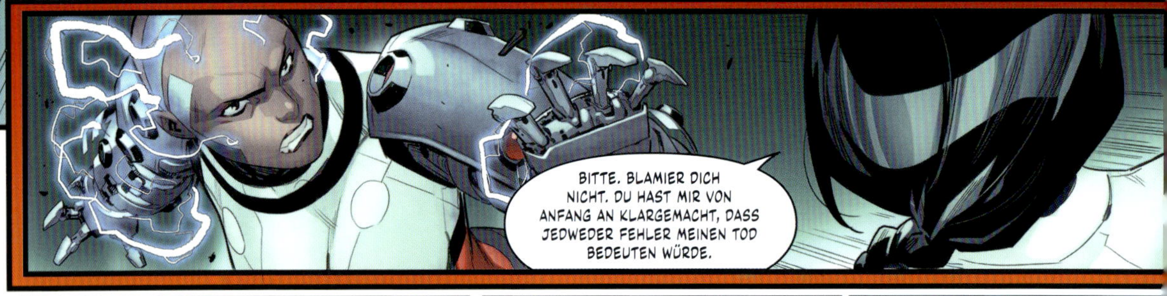
BITTE. BLAMIER DICH NICHT. DU HAST MIR VON ANFANG AN KLARGEMACHT, DASS JEDWEDER FEHLER MEINEN TOD BEDEUTEN WÜRDE.

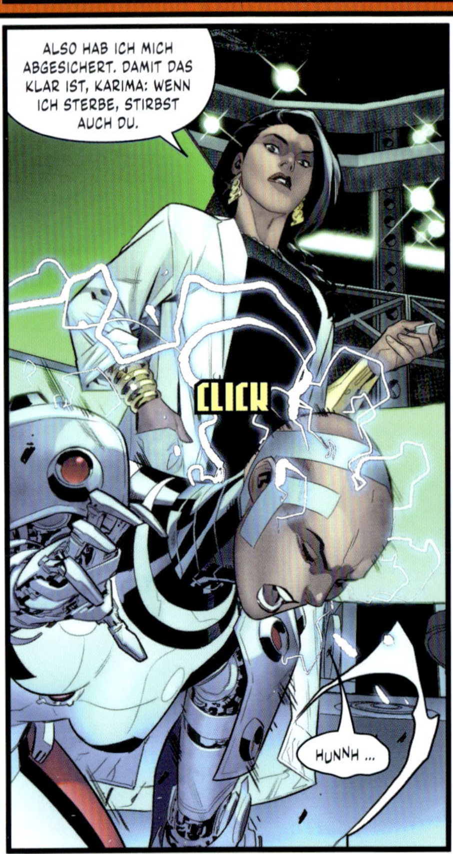
ALSO HAB ICH MICH ABGESICHERT. DAMIT DAS KLAR IST, KARIMA: WENN ICH STERBE, STIRBST AUCH DU.
CLICK
HUNNH ...

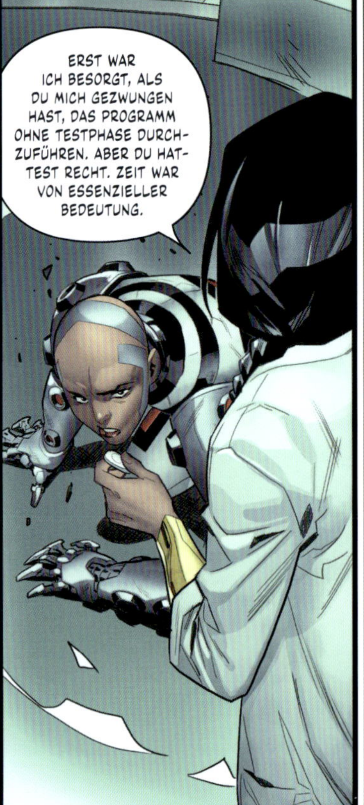
ERST WAR ICH BESORGT, ALS DU MICH GEZWUNGEN HAST, DAS PROGRAMM OHNE TESTPHASE DURCHZUFÜHREN. ABER DU HATTEST RECHT. ZEIT WAR VON ESSENZIELLER BEDEUTUNG.

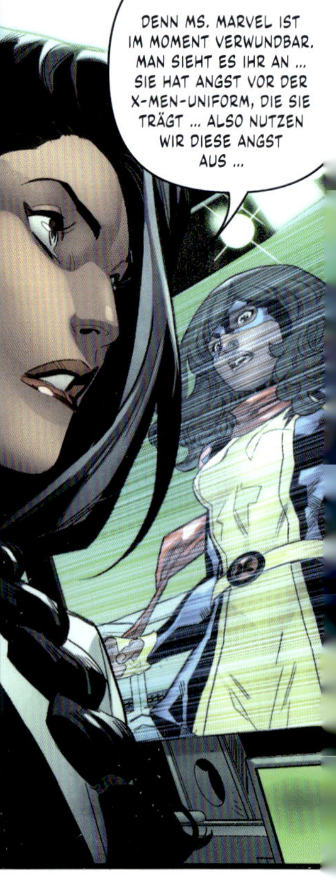
DENN MS. MARVEL IST IM MOMENT VERWUNDBAR. MAN SIEHT ES IHR AN ... SIE HAT ANGST VOR DER X-MEN-UNIFORM, DIE SIE TRÄGT ... ALSO NUTZEN WIR DIESE ANGST AUS ...

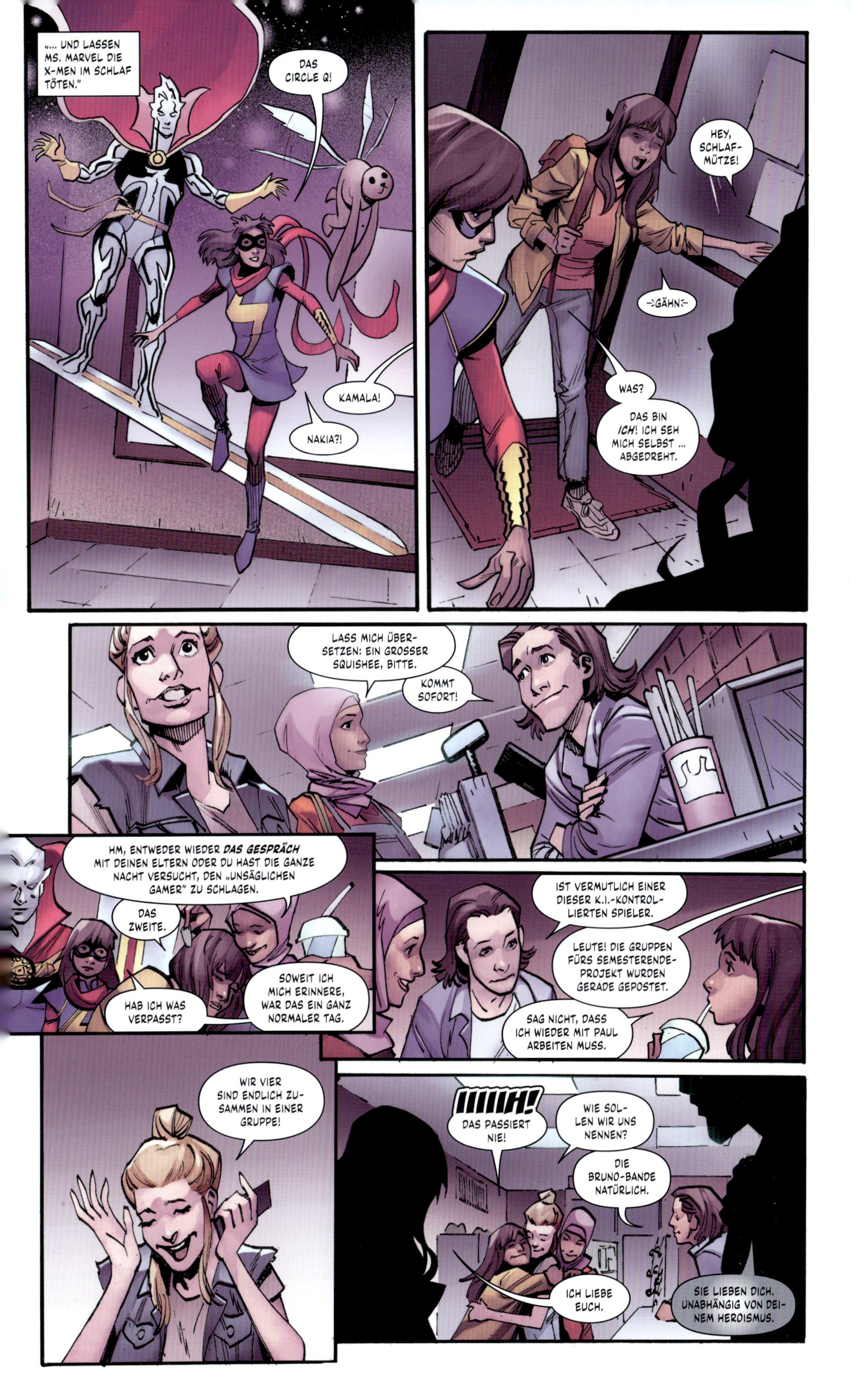

„... UND LASSEN MS. MARVEL DIE X-MEN IM SCHLAF TÖTEN."

DAS CIRCLE Q!

KAMALA!

NAKIA?!

HEY, SCHLAF-MÜTZE!

-GÄHN-

WAS?

DAS BIN *ICH*! ICH SEH MICH SELBST ... ABGEDREHT.

LASS MICH ÜBER-SETZEN: EIN GROSSER SQUISHEE, BITTE.

KOMMT SOFORT!

HM, ENTWEDER WIEDER ***DAS GESPRÄCH*** MIT DEINEN ELTERN ODER DU HAST DIE GANZE NACHT VERSUCHT, DEN „UNSÄGLICHEN GAMER" ZU SCHLAGEN.

DAS ZWEITE.

HAB ICH WAS VERPASST?

SOWEIT ICH MICH ERINNERE, WAR DAS EIN GANZ NORMALER TAG.

IST VERMUTLICH EINER DIESER K.I.-KONTROL-LIERTEN SPIELER.

LEUTE! DIE GRUPPEN FÜRS SEMESTERENDE-PROJEKT WURDEN GERADE GEPOSTET.

SAG NICHT, DASS ICH WIEDER MIT PAUL ARBEITEN MUSS.

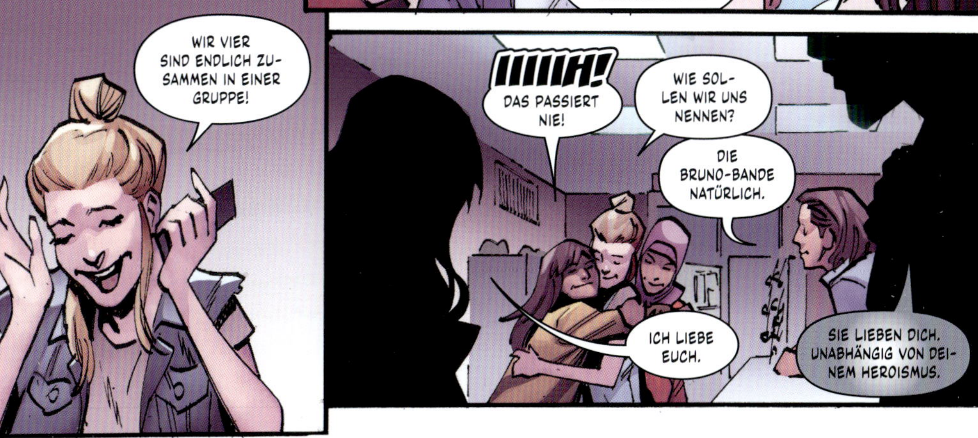

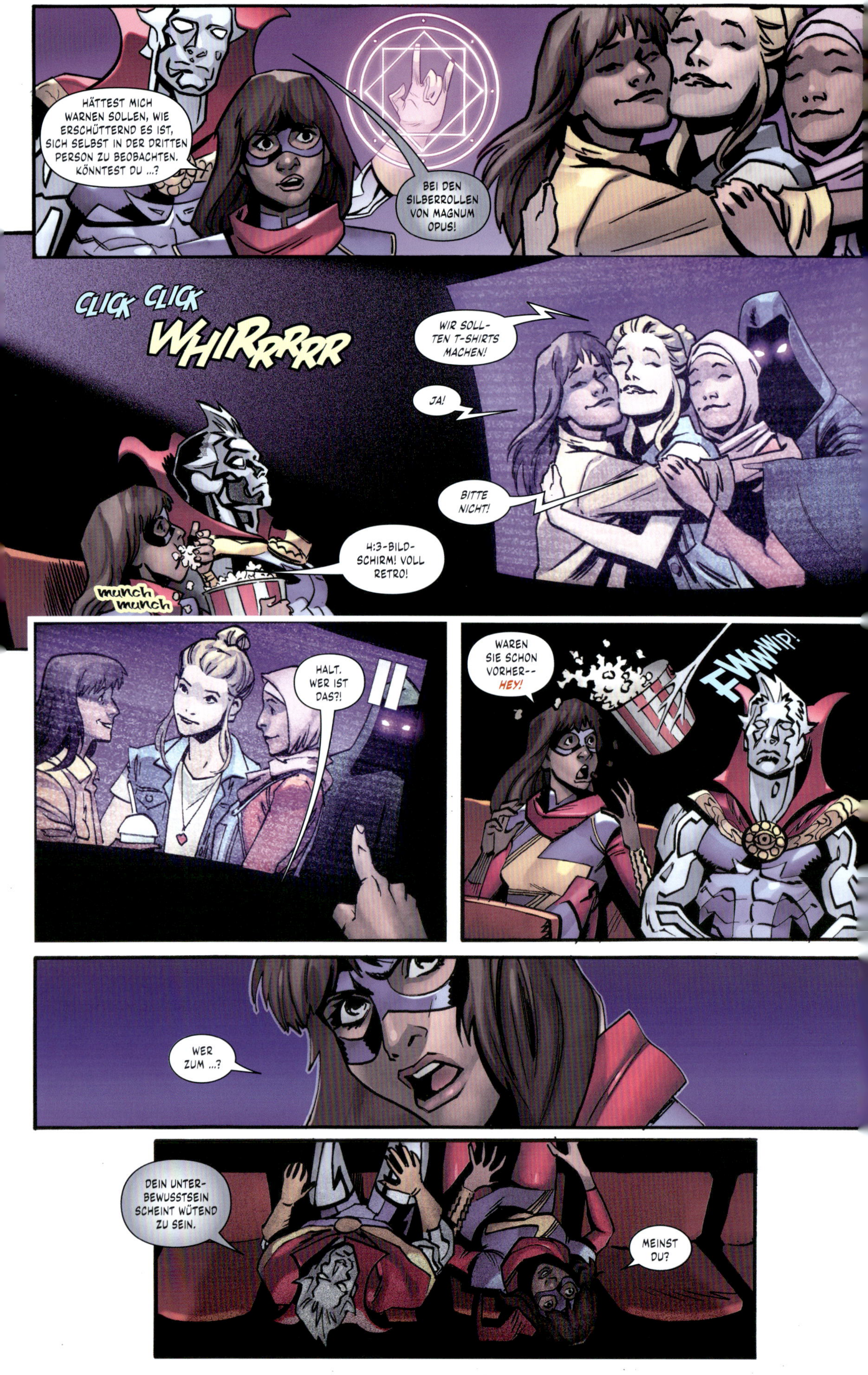

HÄTTEST MICH WARNEN SOLLEN, WIE ERSCHÜTTERND ES IST, SICH SELBST IN DER DRITTEN PERSON ZU BEOBACHTEN. KÖNNTEST DU ...?
BEI DEN SILBERROLLEN VON MAGNUM OPUS!

CLICK CLICK
WHIRRRRRR
WIR SOLLTEN T-SHIRTS MACHEN!
JA!
BITTE NICHT!
4:3-BILDSCHIRM! VOLL RETRO!
munch munch

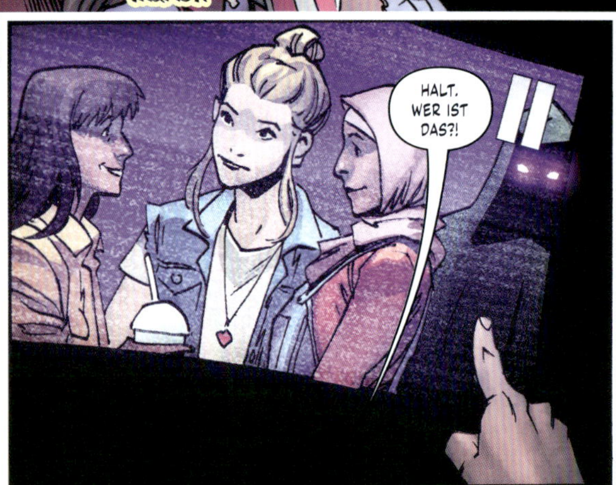

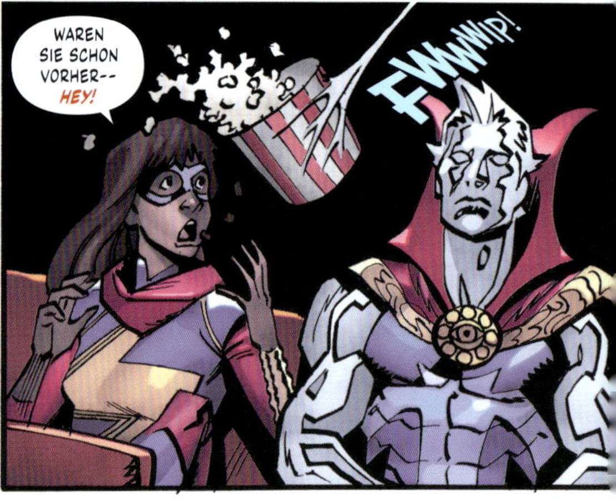

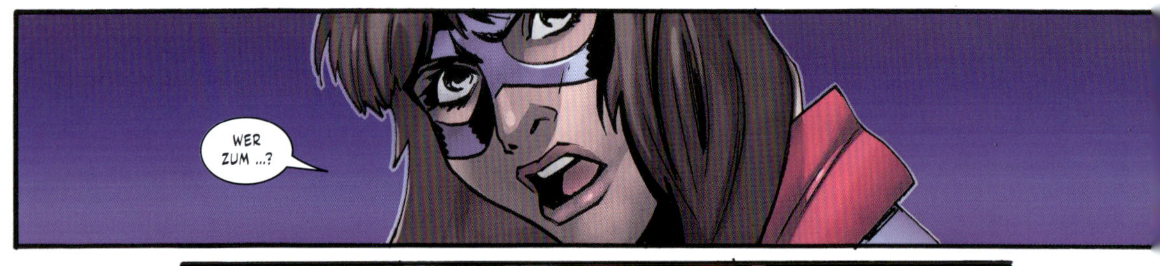

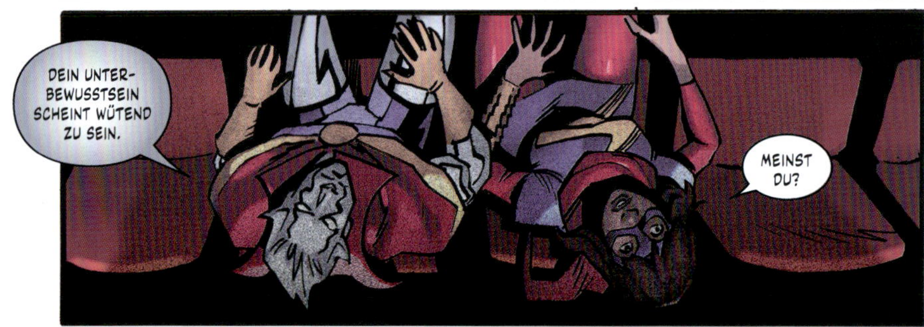

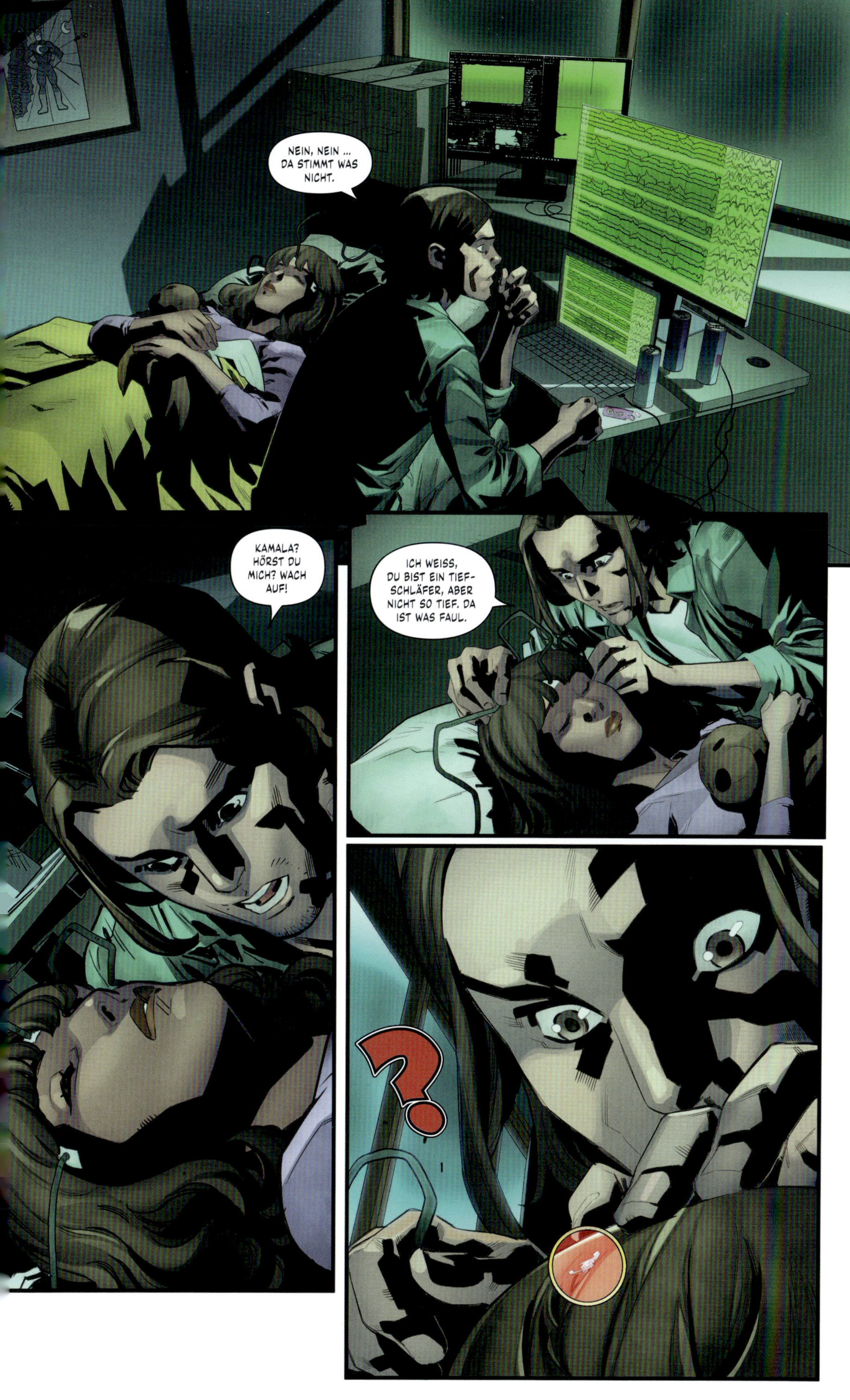
NEIN, NEIN ... DA STIMMT WAS NICHT.
KAMALA? HÖRST DU MICH? WACH AUF!
ICH WEISS, DU BIST EIN TIEF-SCHLÄFER, ABER NICHT SO TIEF. DA IST WAS FAUL.
?

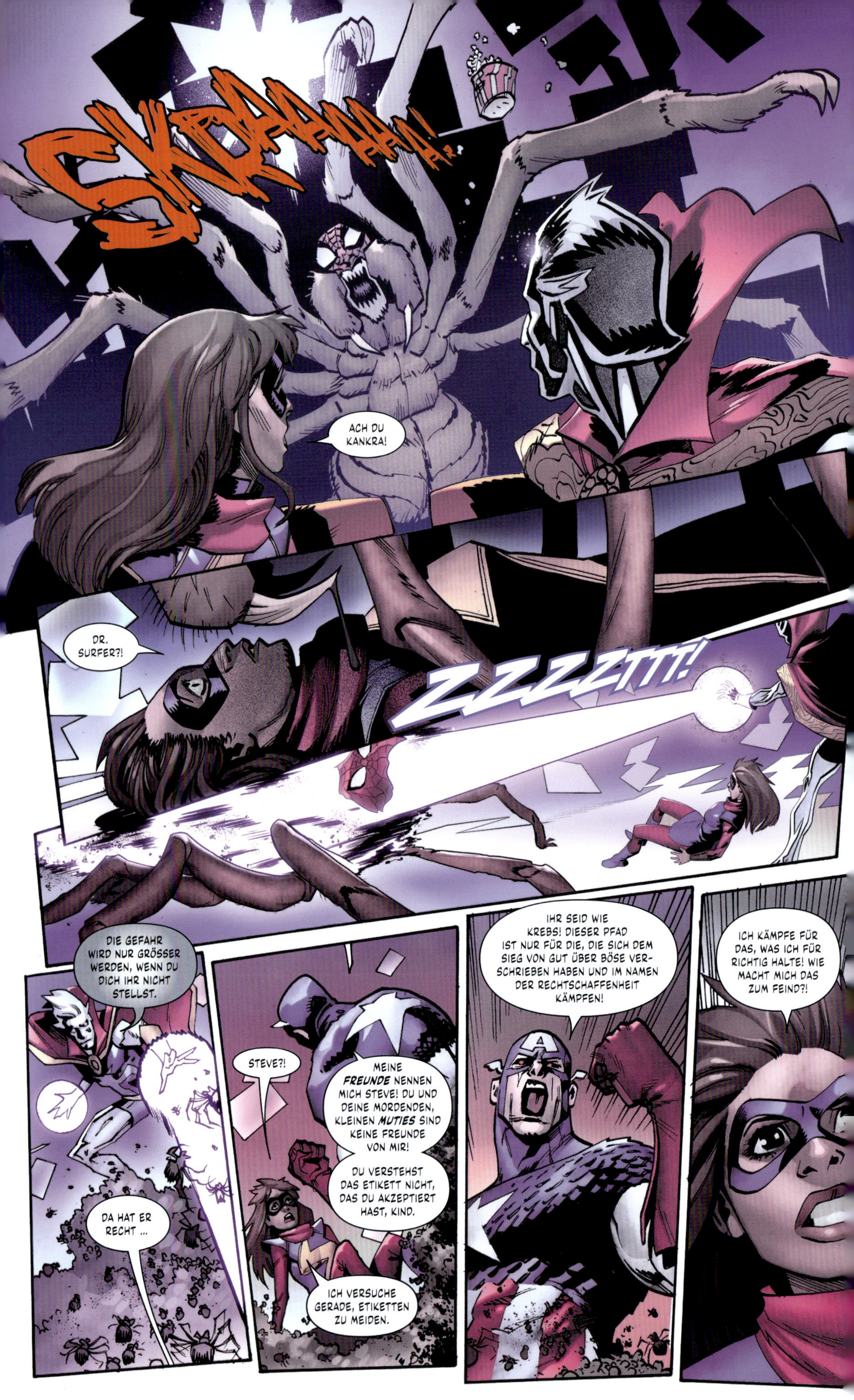
SKRAAAAA!
ACH DU KANKRA!
DR. SURFER?!
ZZZZTTT!
DIE GEFAHR WIRD NUR GRÖSSER WERDEN, WENN DU DICH IHR NICHT STELLST.
DA HAT ER RECHT ...
STEVE?!
MEINE *FREUNDE* NENNEN MICH STEVE! DU UND DEINE MORDENDEN, KLEINEN *MUTIES* SIND KEINE FREUNDE VON MIR!
DU VERSTEHST DAS ETIKETT NICHT, DAS DU AKZEPTIERT HAST, KIND.
ICH VERSUCHE GERADE, ETIKETTEN ZU MEIDEN.
IHR SEID WIE KREBS! DIESER PFAD IST NUR FÜR DIE, DIE SICH DEM SIEG VON GUT ÜBER BÖSE VERSCHRIEBEN HABEN UND IM NAMEN DER RECHTSCHAFFENHEIT KÄMPFEN!
ICH KÄMPFE FÜR DAS, WAS ICH FÜR RICHTIG HALTE! WIE MACHT MICH DAS ZUM FEIND?!

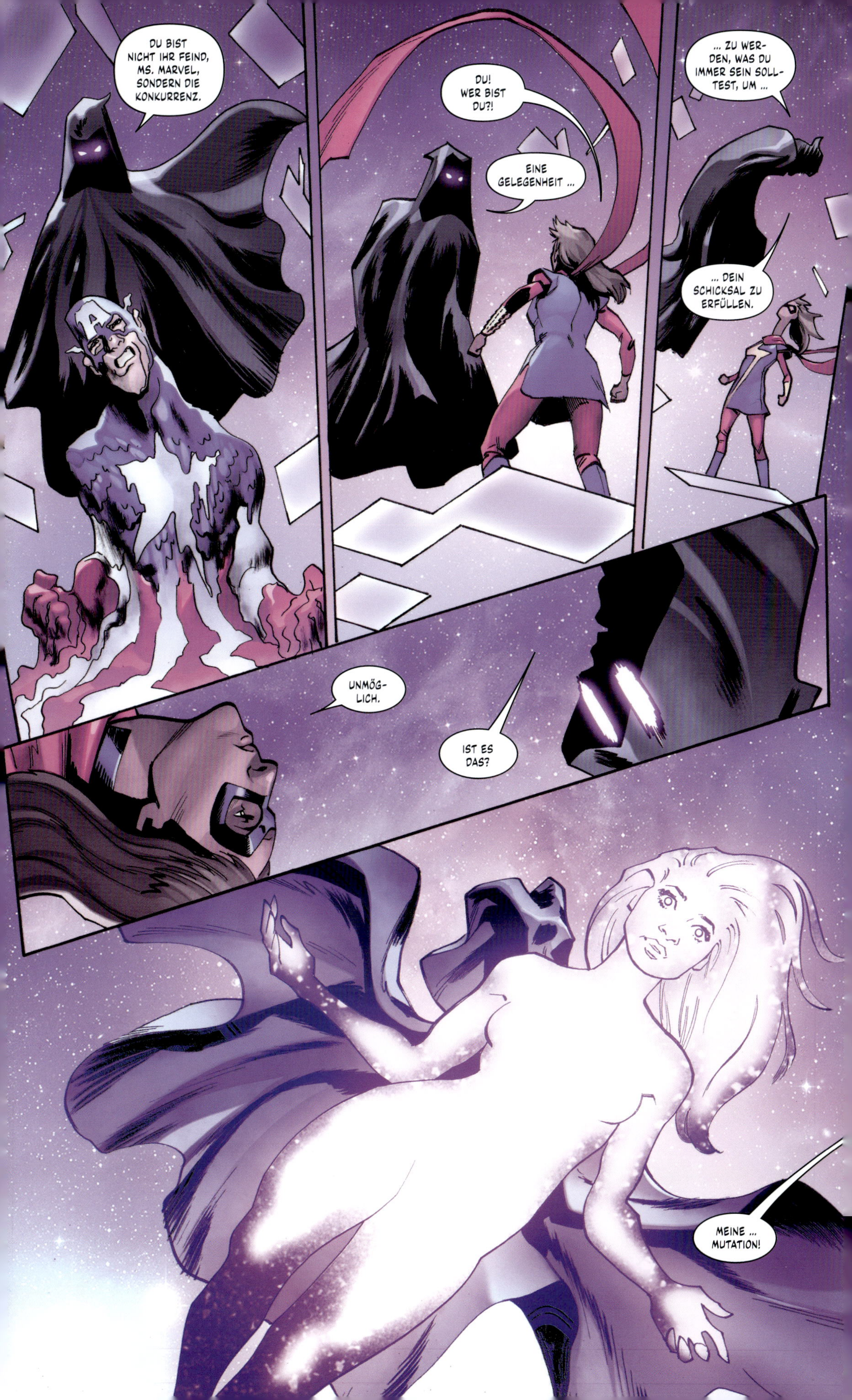
DU BIST NICHT IHR FEIND, MS. MARVEL, SONDERN DIE KONKURRENZ.
DU! WER BIST DU?!
EINE GELEGENHEIT ...
... ZU WERDEN, WAS DU IMMER SEIN SOLLTEST, UM ...
... DEIN SCHICKSAL ZU ERFÜLLEN.
UNMÖGLICH.
IST ES DAS?
MEINE ... MUTATION!

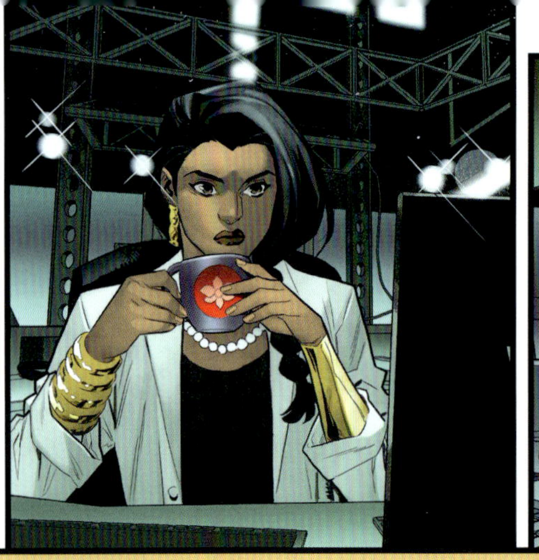
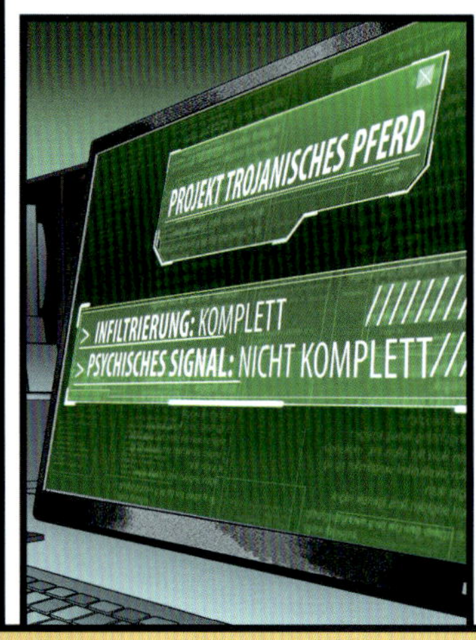
PROJEKT TROJANISCHES PFERD
> INFILTRIERUNG: KOMPLETT
> PSYCHISCHES SIGNAL: NICHT KOMPLETT
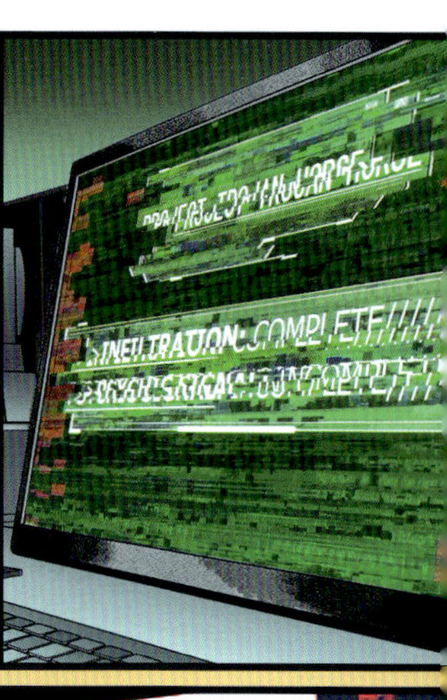
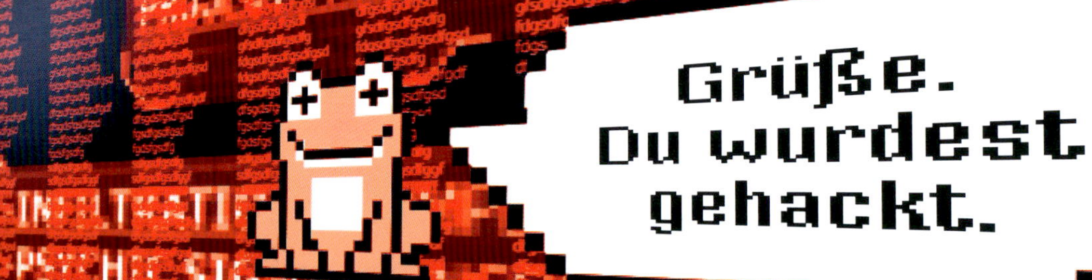
Grüße. Du wurdest gehackt.
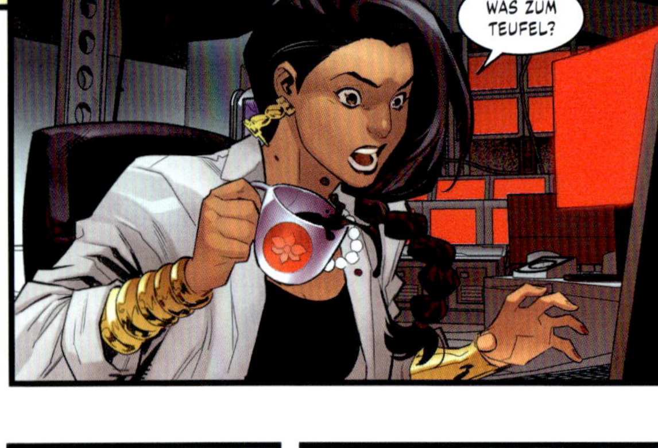
WAS ZUM TEUFEL?
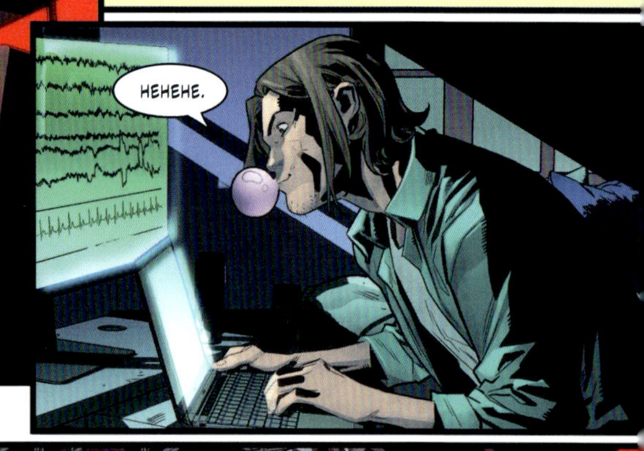
HEHEHE.
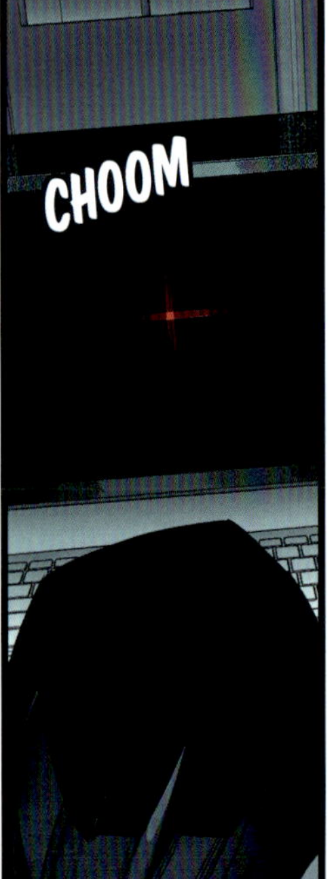
CHOOM
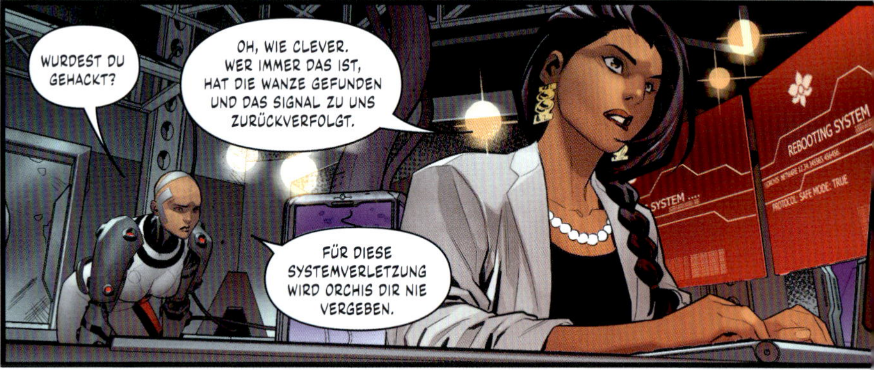
WURDEST DU GEHACKT?
OH, WIE CLEVER. WER IMMER DAS IST, HAT DIE WANZE GEFUNDEN UND DAS SIGNAL ZU UNS ZURÜCKVERFOLGT.
FÜR DIESE SYSTEMVERLETZUNG WIRD ORCHIS DIR NIE VERGEBEN.
REBOOTING SYSTEM
PROTOCOL: SAFE MODE: TRUE
DAS ERFÄHRT NIEMAND. DER HACKER HAT NUR EINE KLEINE ZEILE QUELLCODE GEKRIEGT. PRAKTISCH NUTZLOS. ABER ER HAT DIE TÜR GEÖFFNET, DAMIT ICH IHN AUFSPÜREN KANN. NICHT DASS ES WICHTIG WÄRE, WAS WIR DA DRAUSSEN IN DER REALEN WELT MACHEN. DENN DER WAHRE KAMPF ...

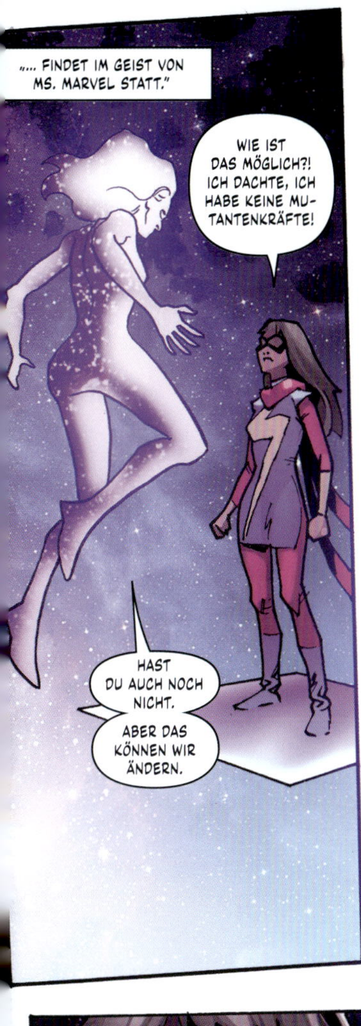
„... FINDET IM GEIST VON MS. MARVEL STATT."
WIE IST DAS MÖGLICH?! ICH DACHTE, ICH HABE KEINE MU-TANTENKRÄFTE!
HAST DU AUCH NOCH NICHT.
ABER DAS KÖNNEN WIR ÄNDERN.
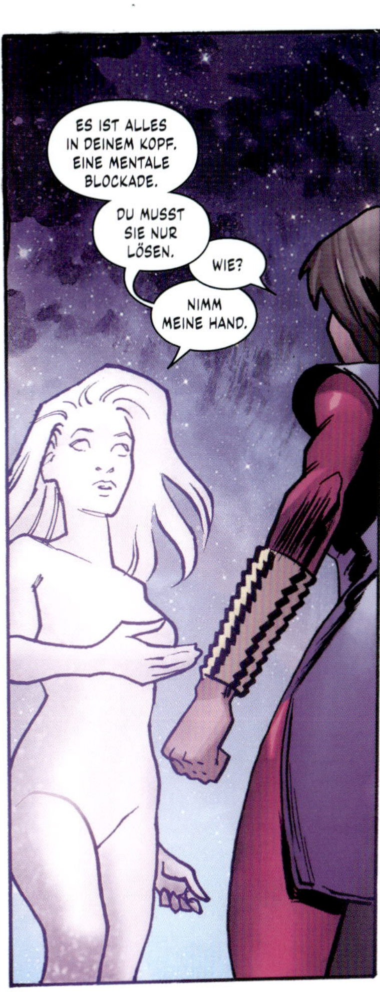
ES IST ALLES IN DEINEM KOPF. EINE MENTALE BLOCKADE.
DU MUSST SIE NUR LÖSEN.
WIE?
NIMM MEINE HAND.
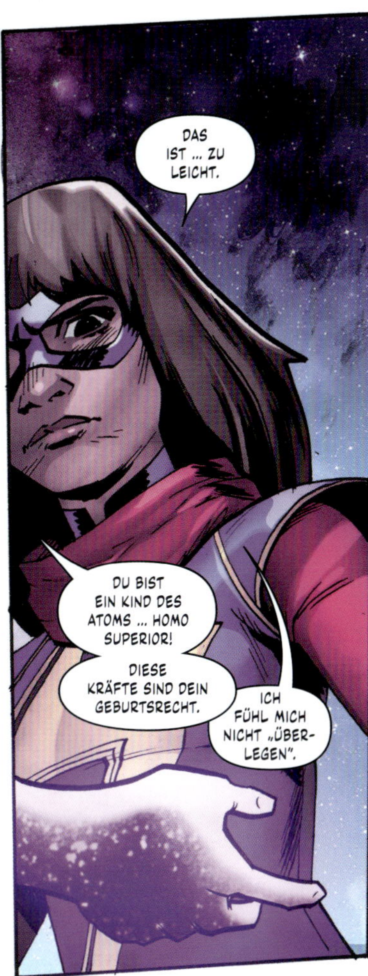
DAS IST ... ZU LEICHT.
DU BIST EIN KIND DES ATOMS ... HOMO SUPERIOR!
DIESE KRÄFTE SIND DEIN GEBURTSRECHT.
ICH FÜHL MICH NICHT „ÜBER-LEGEN".
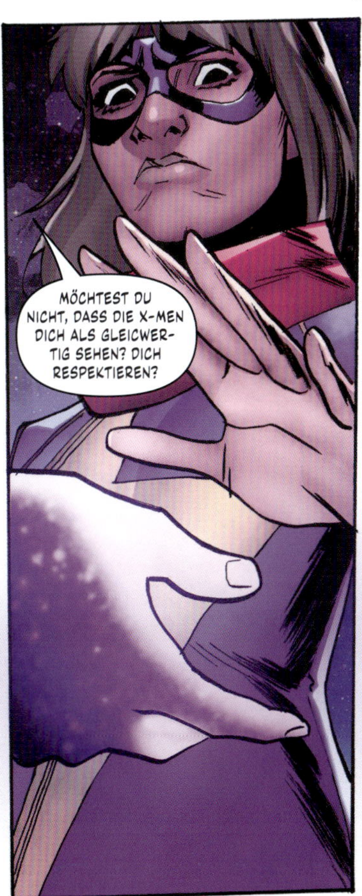
MÖCHTEST DU NICHT, DASS DIE X-MEN DICH ALS GLEICWER-TIG SEHEN? DICH RESPEKTIEREN?
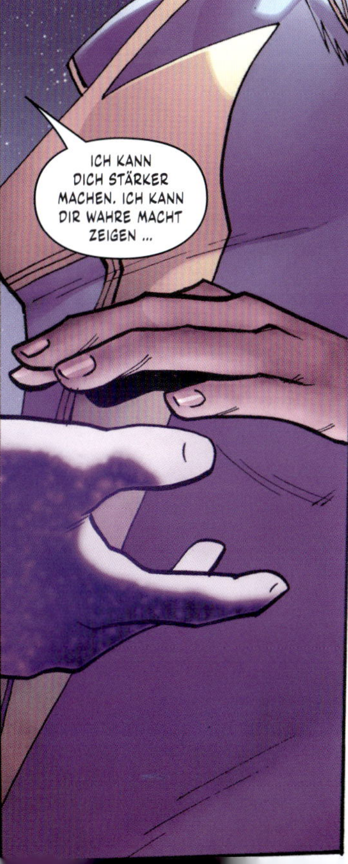
ICH KANN DICH STÄRKER MACHEN. ICH KANN DIR WAHRE MACHT ZEIGEN ...
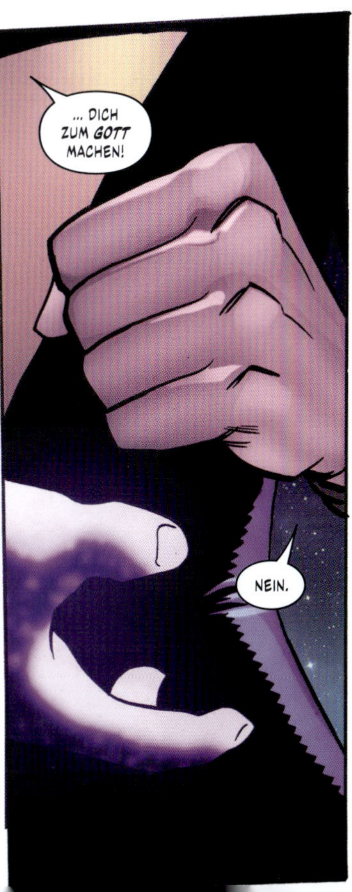
... DICH ZUM *GOTT* MACHEN!
NEIN.

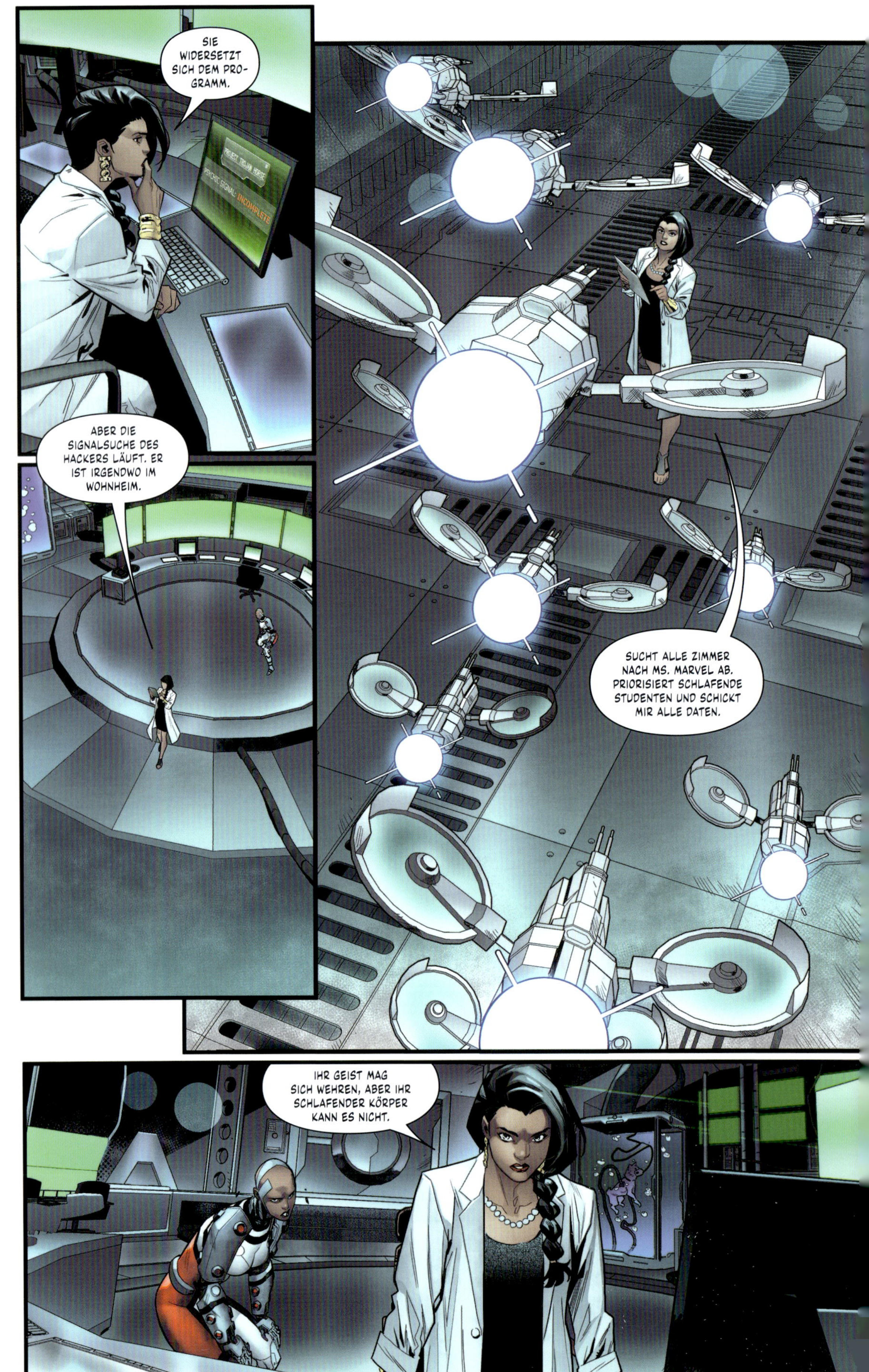
SIE WIDERSETZT SICH DEM PRO-GRAMM.
PROJEKT TROJAN HORSE
PSYCHIC SIGNAL: INCOMPLETE
ABER DIE SIGNALSUCHE DES HACKERS LÄUFT. ER IST IRGENDWO IM WOHNHEIM.
SUCHT ALLE ZIMMER NACH MS. MARVEL AB. PRIORISIERT SCHLAFENDE STUDENTEN UND SCHICKT MIR ALLE DATEN.
IHR GEIST MAG SICH WEHREN, ABER IHR SCHLAFENDER KÖRPER KANN ES NICHT.

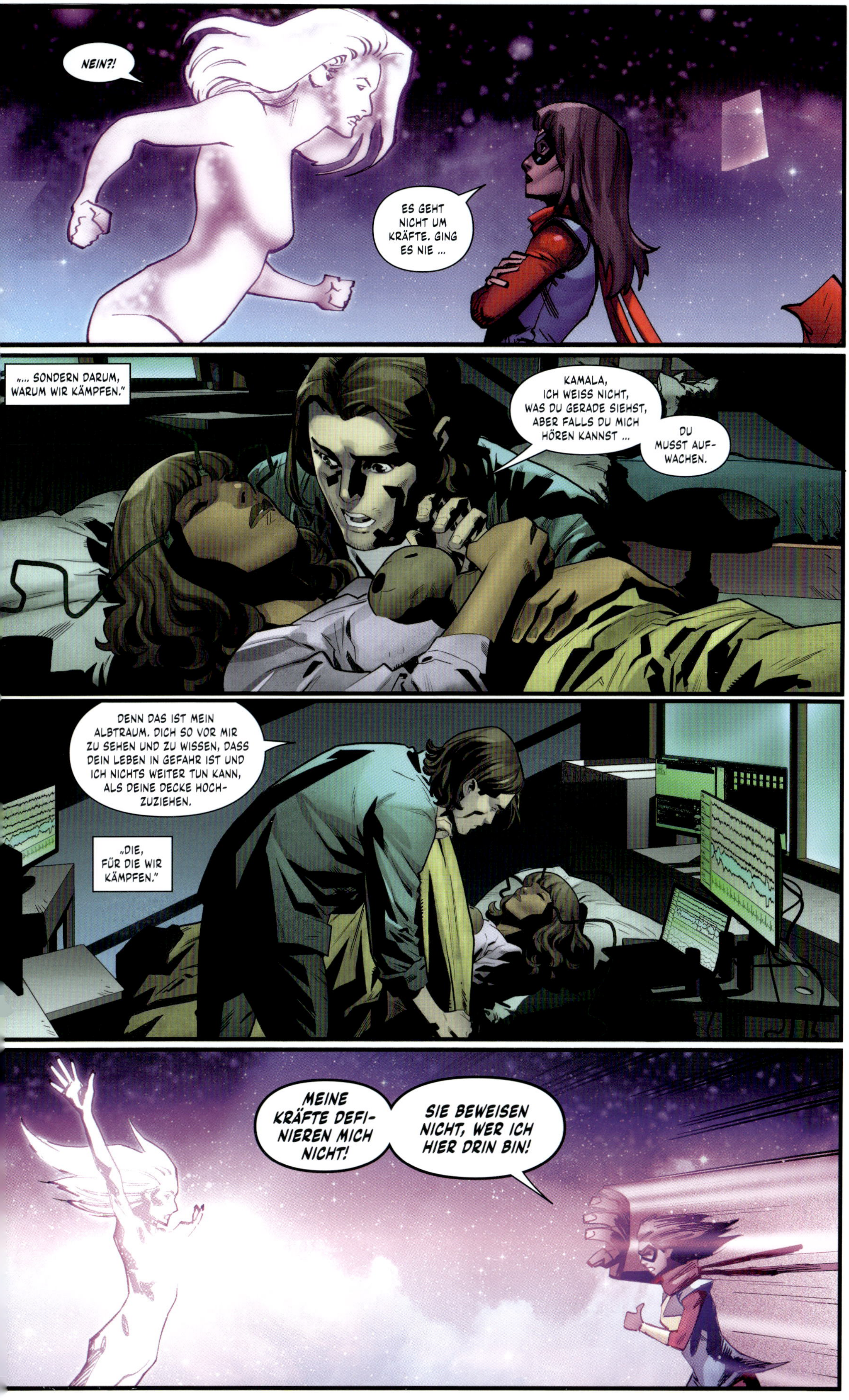

NEIN?!

ES GEHT NICHT UM KRÄFTE. GING ES NIE ...

„... SONDERN DARUM, WARUM WIR KÄMPFEN."

KAMALA, ICH WEISS NICHT, WAS DU GERADE SIEHST, ABER FALLS DU MICH HÖREN KANNST ...

DU MUSST AUFWACHEN.

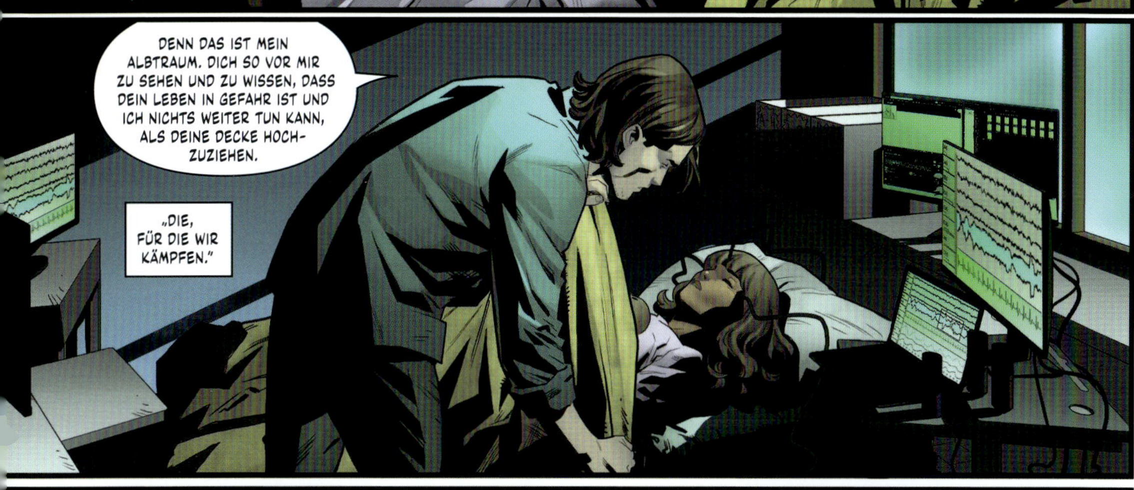

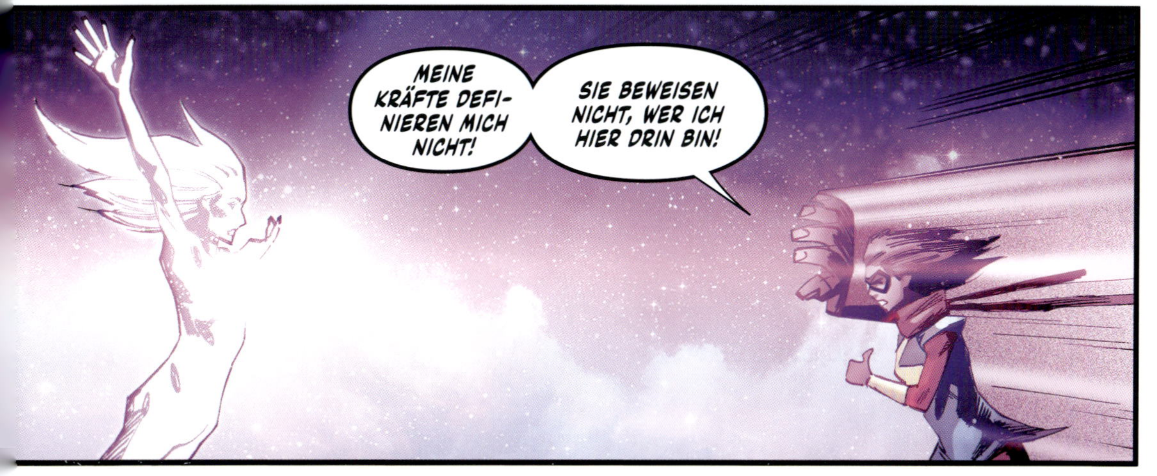

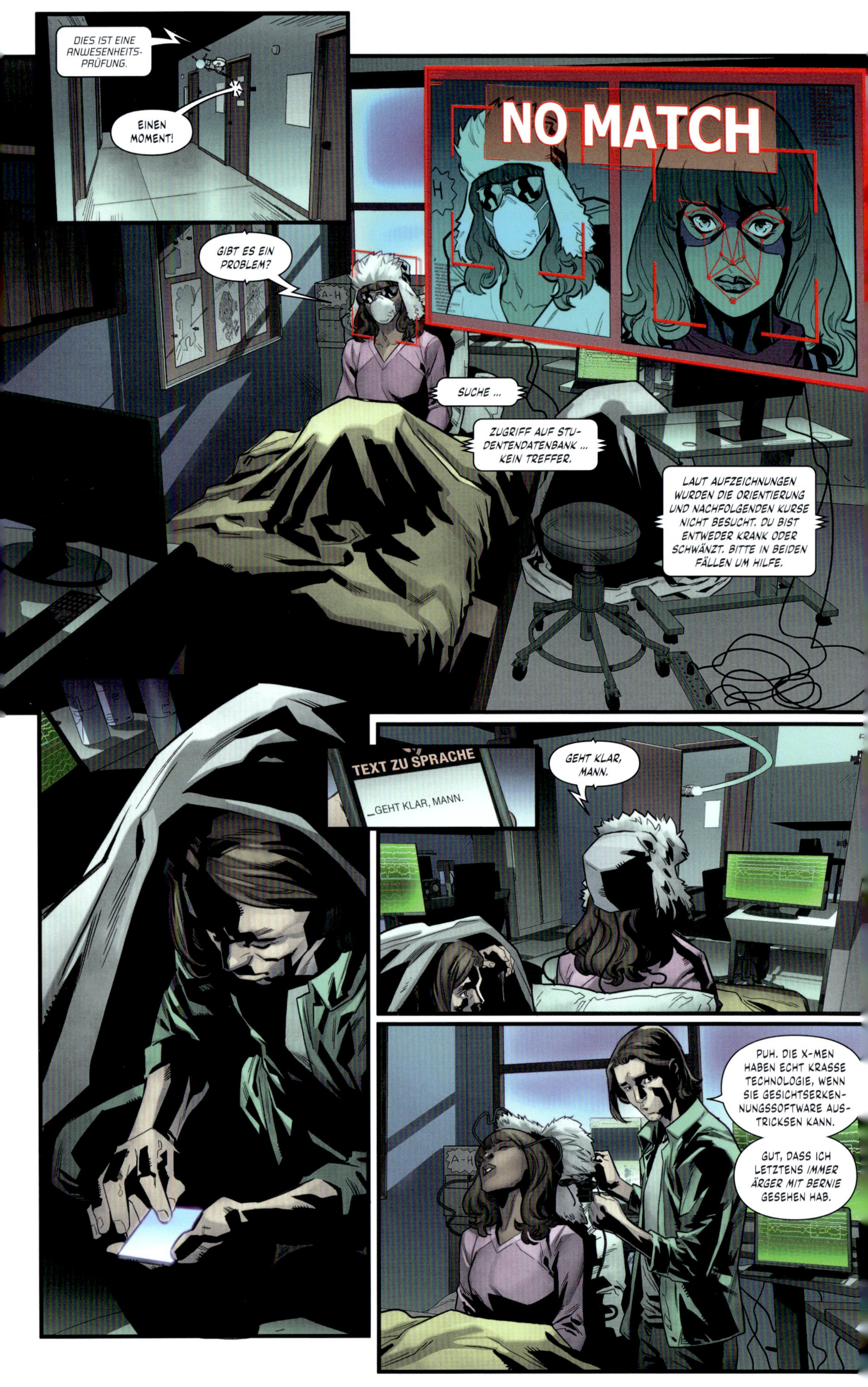
DIES IST EINE ANWESENHEITS-PRÜFUNG.
EINEN MOMENT!
NO MATCH
GIBT ES EIN PROBLEM?
SUCHE ...
ZUGRIFF AUF STU-DENTENDATENBANK ... KEIN TREFFER.
LAUT AUFZEICHNUNGEN WURDEN DIE ORIENTIERUNG UND NACHFOLGENDEN KURSE NICHT BESUCHT. DU BIST ENTWEDER KRANK ODER SCHWÄNZT. BITTE IN BEIDEN FÄLLEN UM HILFE.
TEXT ZU SPRACHE
_GEHT KLAR, MANN.
GEHT KLAR, MANN.
PUH. DIE X-MEN HABEN ECHT KRASSE TECHNOLOGIE, WENN SIE GESICHTSERKEN-NUNGSSOFTWARE AUS-TRICKSEN KANN.
GUT, DASS ICH LETZTENS IMMER ÄRGER MIT BERNIE GESEHEN HAB.

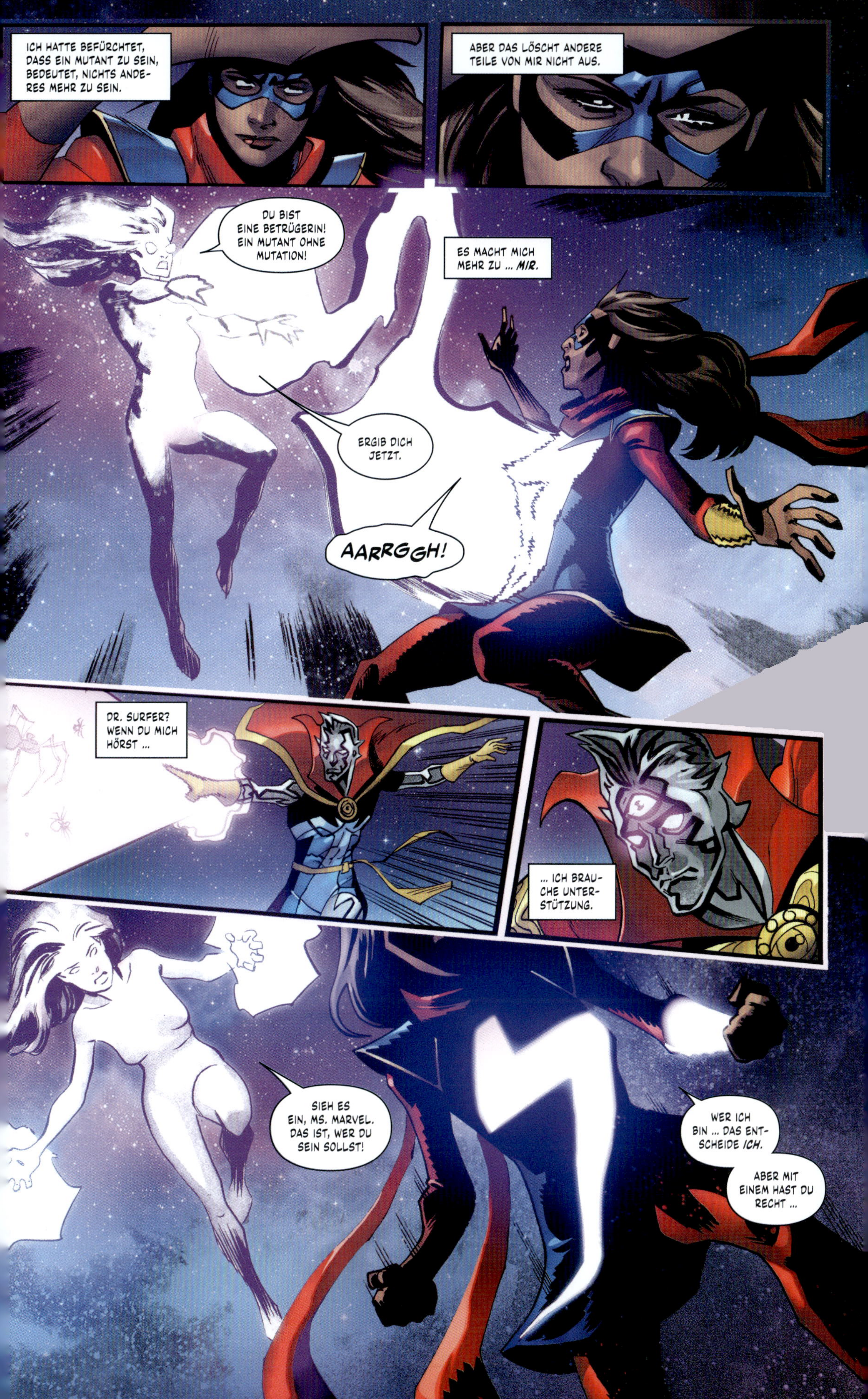
ICH HATTE BEFÜRCHTET, DASS EIN MUTANT ZU SEIN, BEDEUTET, NICHTS ANDERES MEHR ZU SEIN.
ABER DAS LÖSCHT ANDERE TEILE VON MIR NICHT AUS.
DU BIST EINE BETRÜGERIN! EIN MUTANT OHNE MUTATION!
ES MACHT MICH MEHR ZU ... MIR.
ERGIB DICH JETZT.
AARRGGH!
DR. SURFER? WENN DU MICH HÖRST ...
... ICH BRAUCHE UNTERSTÜTZUNG.
SIEH ES EIN, MS. MARVEL. DAS IST, WER DU SEIN SOLLST!
WER ICH BIN ... DAS ENTSCHEIDE ICH.
ABER MIT EINEM HAST DU RECHT ...

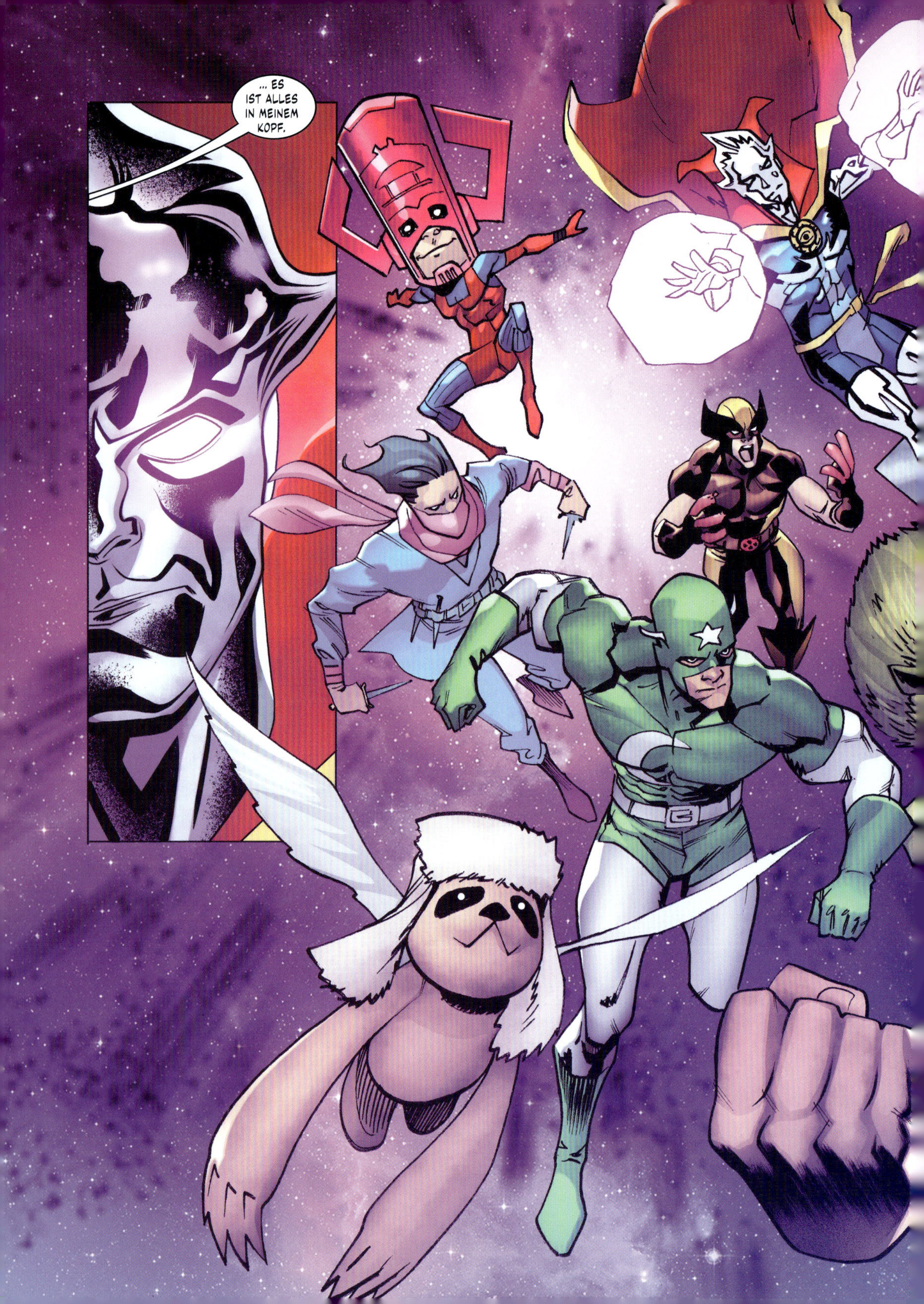
... ES IST ALLES IN MEINEM KOPF.

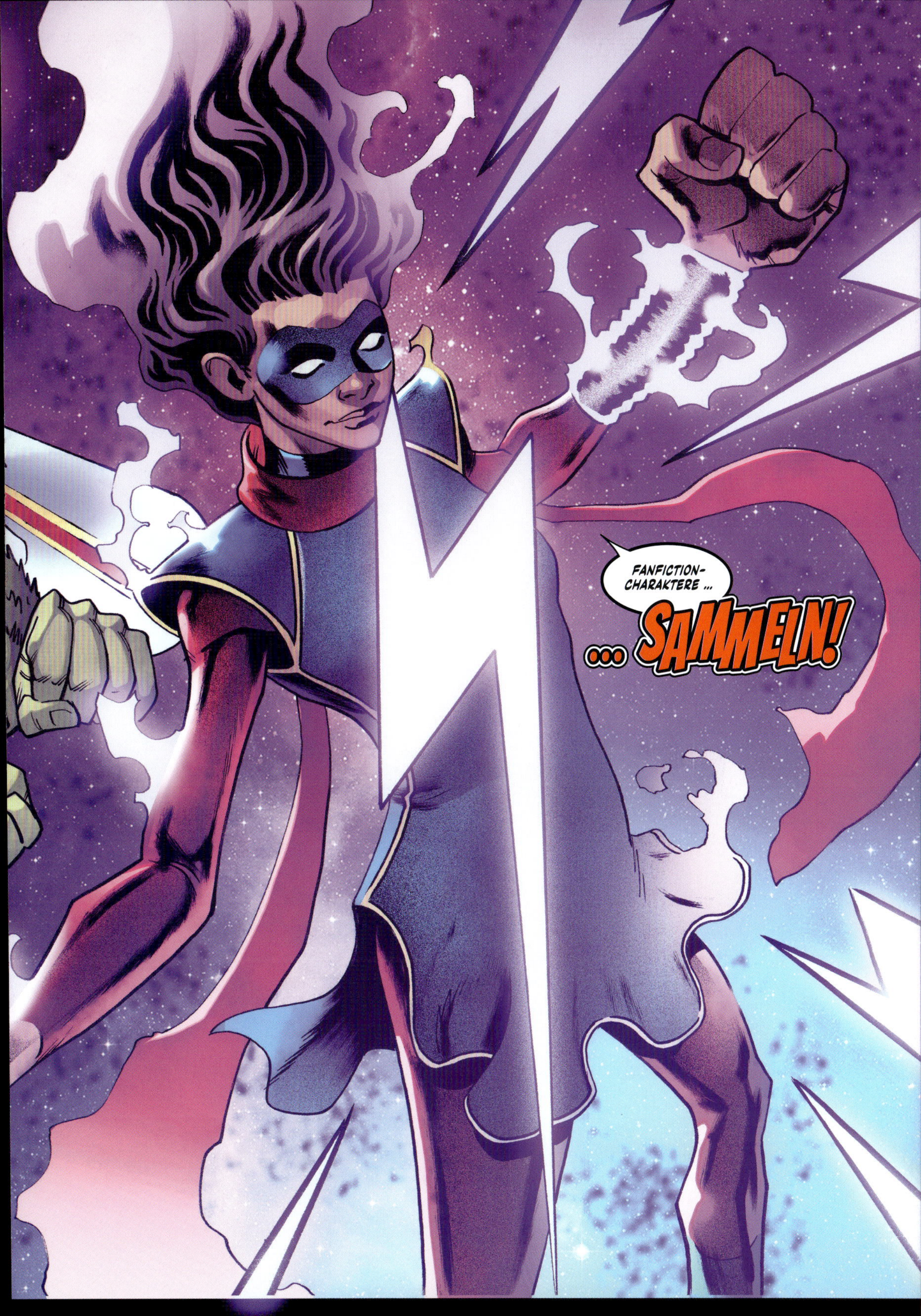

FANFICTION-CHARAKTERE ...
... SAMMELN!

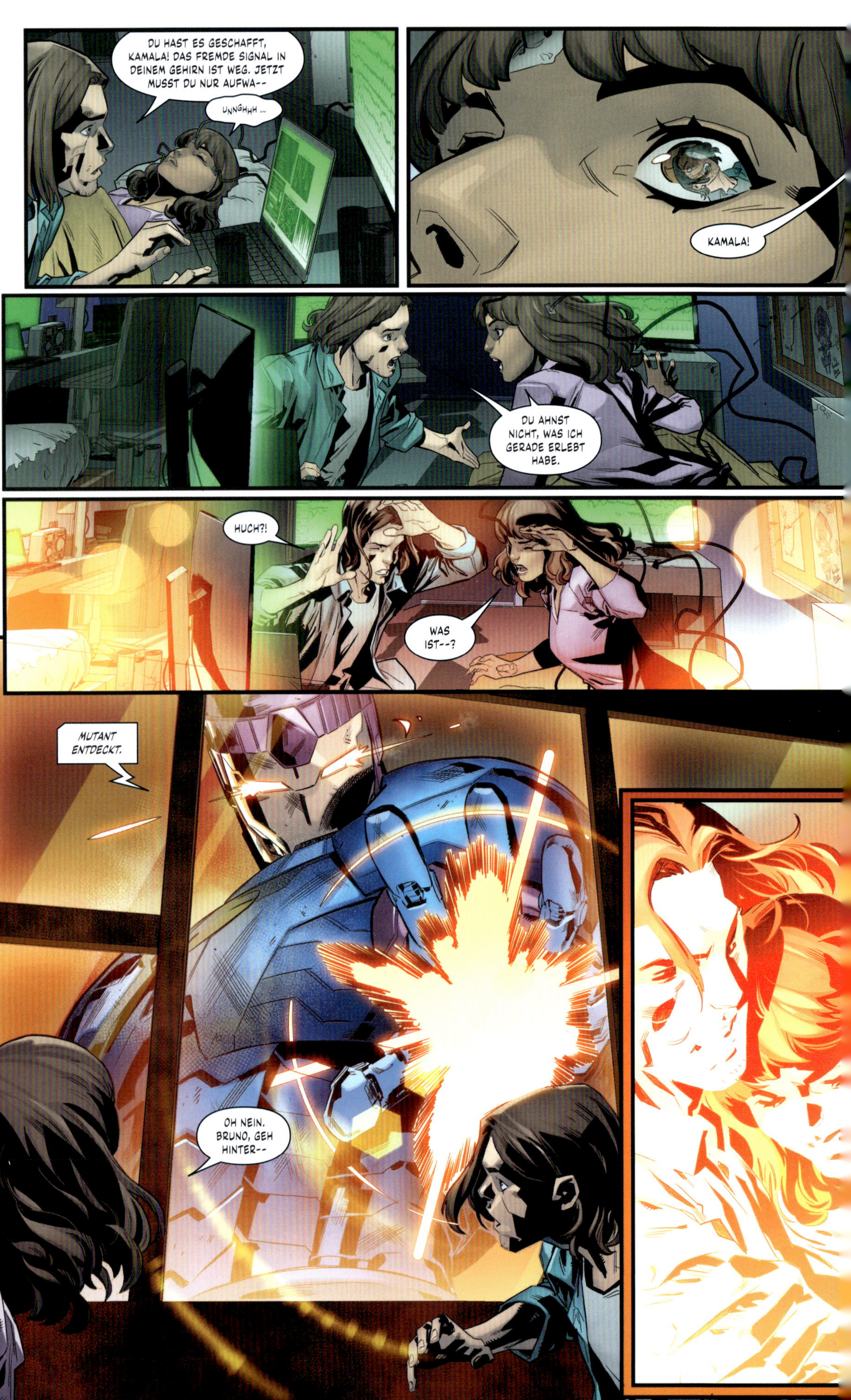
DU HAST ES GESCHAFFT, KAMALA! DAS FREMDE SIGNAL IN DEINEM GEHIRN IST WEG. JETZT MUSST DU NUR AUFWA--
UNNGHHH ...
KAMALA!
DU AHNST NICHT, WAS ICH GERADE ERLEBT HABE.
HUCH?!
WAS IST--?
MUTANT ENTDECKT.
OH NEIN. BRUNO, GEH HINTER--

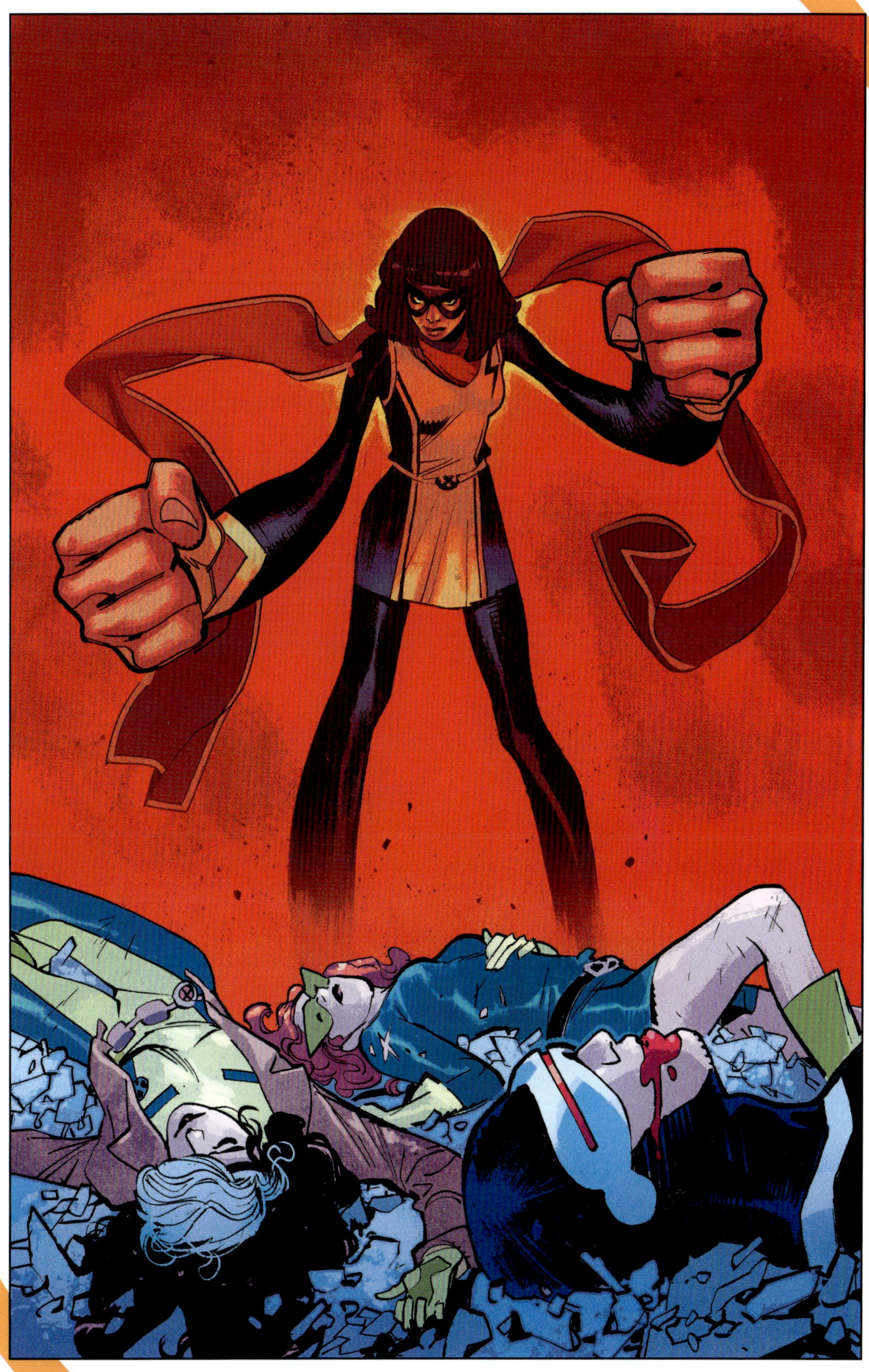

Ms. Marvel: The New Mutant (2023) 4
Cover von **SARA PICHELLI**

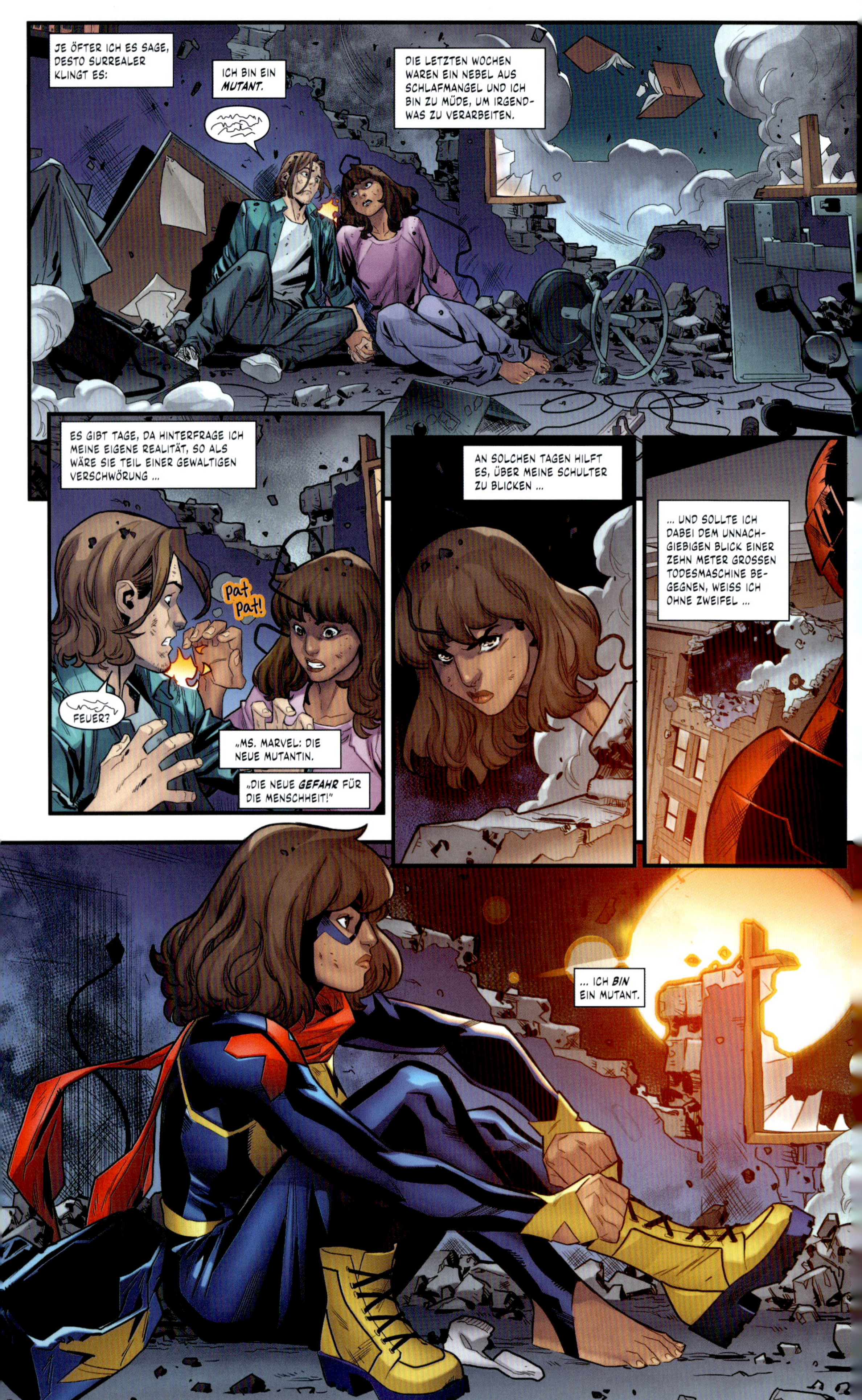

JE ÖFTER ICH ES SAGE, DESTO SURREALER KLINGT ES:
ICH BIN EIN *MUTANT.*
DIE LETZTEN WOCHEN WAREN EIN NEBEL AUS SCHLAFMANGEL UND ICH BIN ZU MÜDE, UM IRGEND-WAS ZU VERARBEITEN.
ES GIBT TAGE, DA HINTERFRAGE ICH MEINE EIGENE REALITÄT, SO ALS WÄRE SIE TEIL EINER GEWALTIGEN VERSCHWÖRUNG ...
Pat pat!
FEUER?
„MS. MARVEL: DIE NEUE MUTANTIN.
„DIE NEUE *GEFAHR* FÜR DIE MENSCHHEIT!"
AN SOLCHEN TAGEN HILFT ES, ÜBER MEINE SCHULTER ZU BLICKEN ...
... UND SOLLTE ICH DABEI DEM UNNACH-GIEBIGEN BLICK EINER ZEHN METER GROSSEN TODESMASCHINE BE-GEGNEN, WEISS ICH OHNE ZWEIFEL ...
... ICH *BIN* EIN MUTANT.

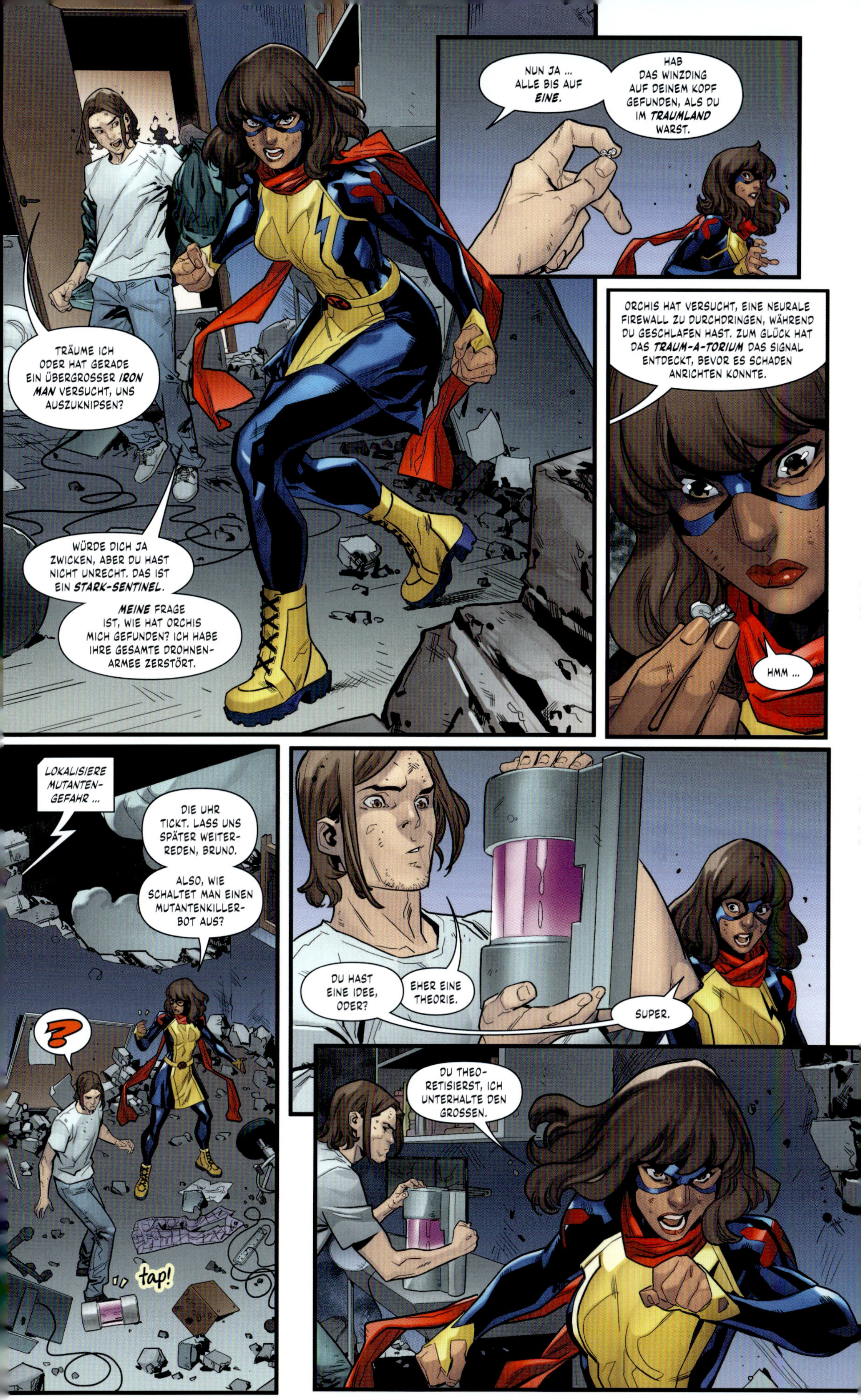

TRÄUME ICH ODER HAT GERADE EIN ÜBERGROSSER *IRON MAN* VERSUCHT, UNS AUSZUKNIPSEN?

WÜRDE DICH JA ZWICKEN, ABER DU HAST NICHT UNRECHT. DAS IST EIN ***STARK-SENTINEL.***

MEINE FRAGE IST, WIE HAT ORCHIS MICH GEFUNDEN? ICH HABE IHRE GESAMTE DROHNEN-ARMEE ZERSTÖRT.

NUN JA ... ALLE BIS AUF *EINE.*

HAB DAS WINZDING AUF DEINEM KOPF GEFUNDEN, ALS DU IM ***TRAUMLAND*** WARST.

ORCHIS HAT VERSUCHT, EINE NEURALE FIREWALL ZU DURCHDRINGEN, WÄHREND DU GESCHLAFEN HAST. ZUM GLÜCK HAT DAS ***TRAUM-A-TORIUM*** DAS SIGNAL ENTDECKT, BEVOR ES SCHADEN ANRICHTEN KONNTE.

HMM ...

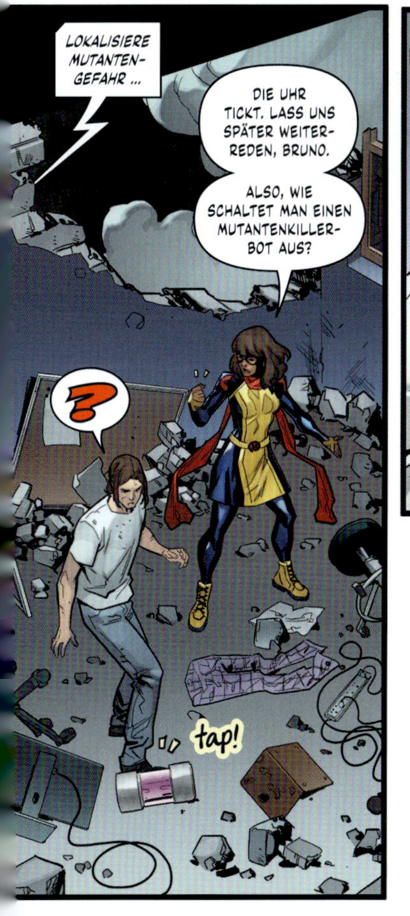

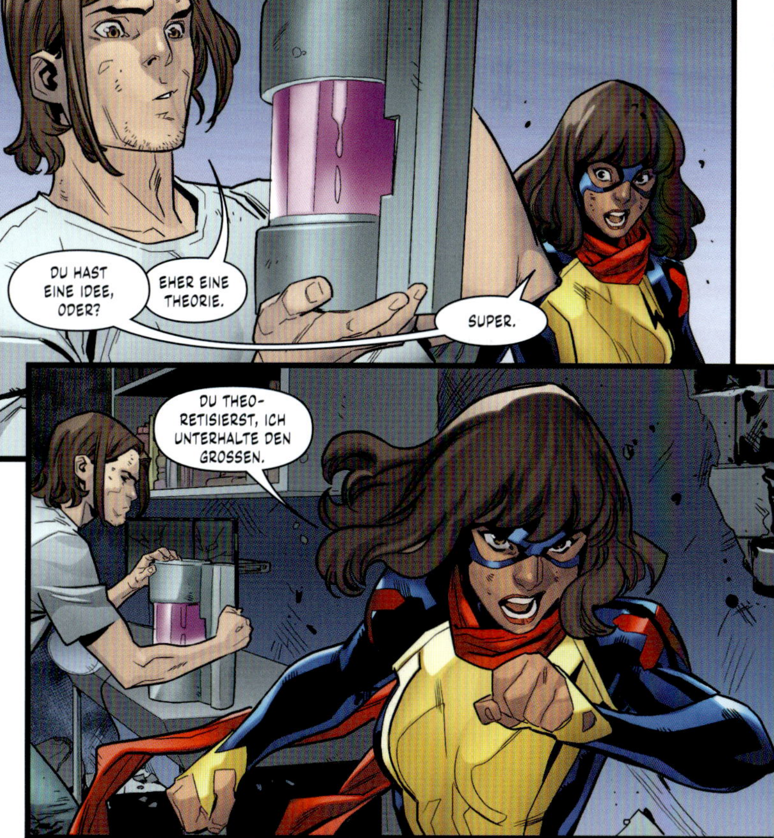

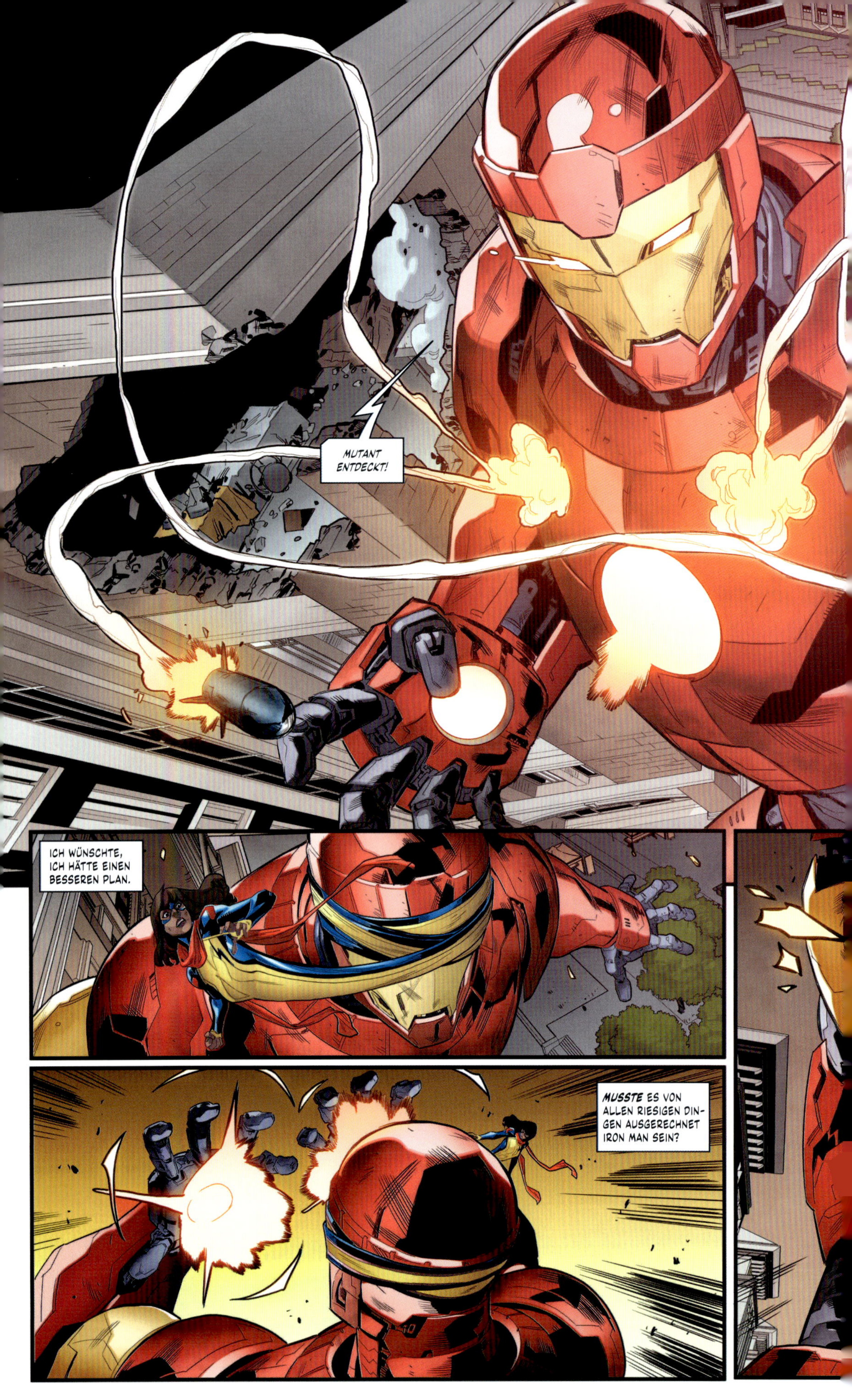
MUTANT ENTDECKT!
ICH WÜNSCHTE, ICH HÄTTE EINEN BESSEREN PLAN.
MUSSTE ES VON ALLEN RIESIGEN DINGEN AUSGERECHNET IRON MAN SEIN?

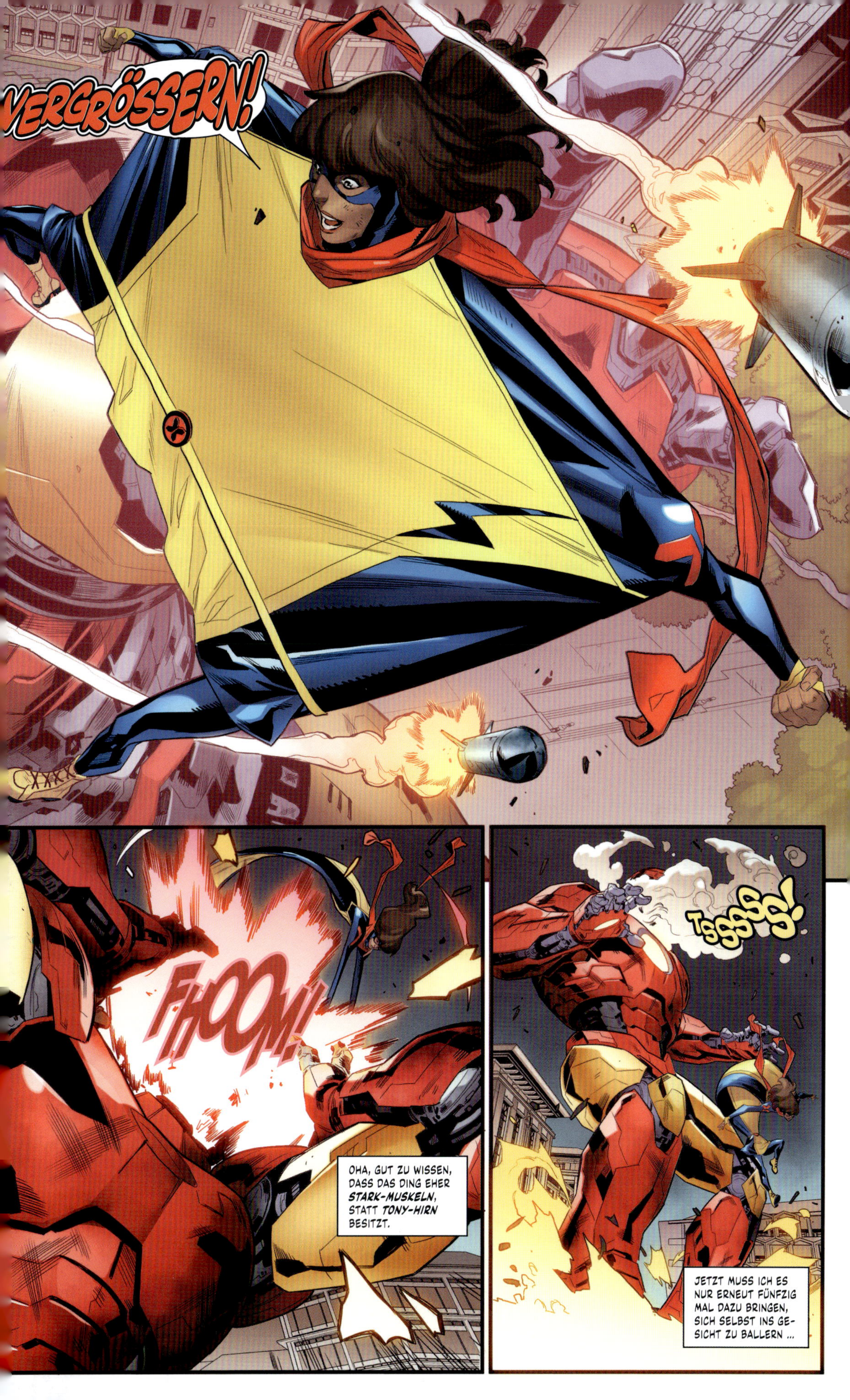
VERGRÖSSERN!
FHOOM!
OHA, GUT ZU WISSEN, DASS DAS DING EHER STARK-MUSKELN, STATT TONY-HIRN BESITZT.
TSSSSS!
JETZT MUSS ICH ES NUR ERNEUT FÜNFZIG MAL DAZU BRINGEN, SICH SELBST INS GESICHT ZU BALLERN ...

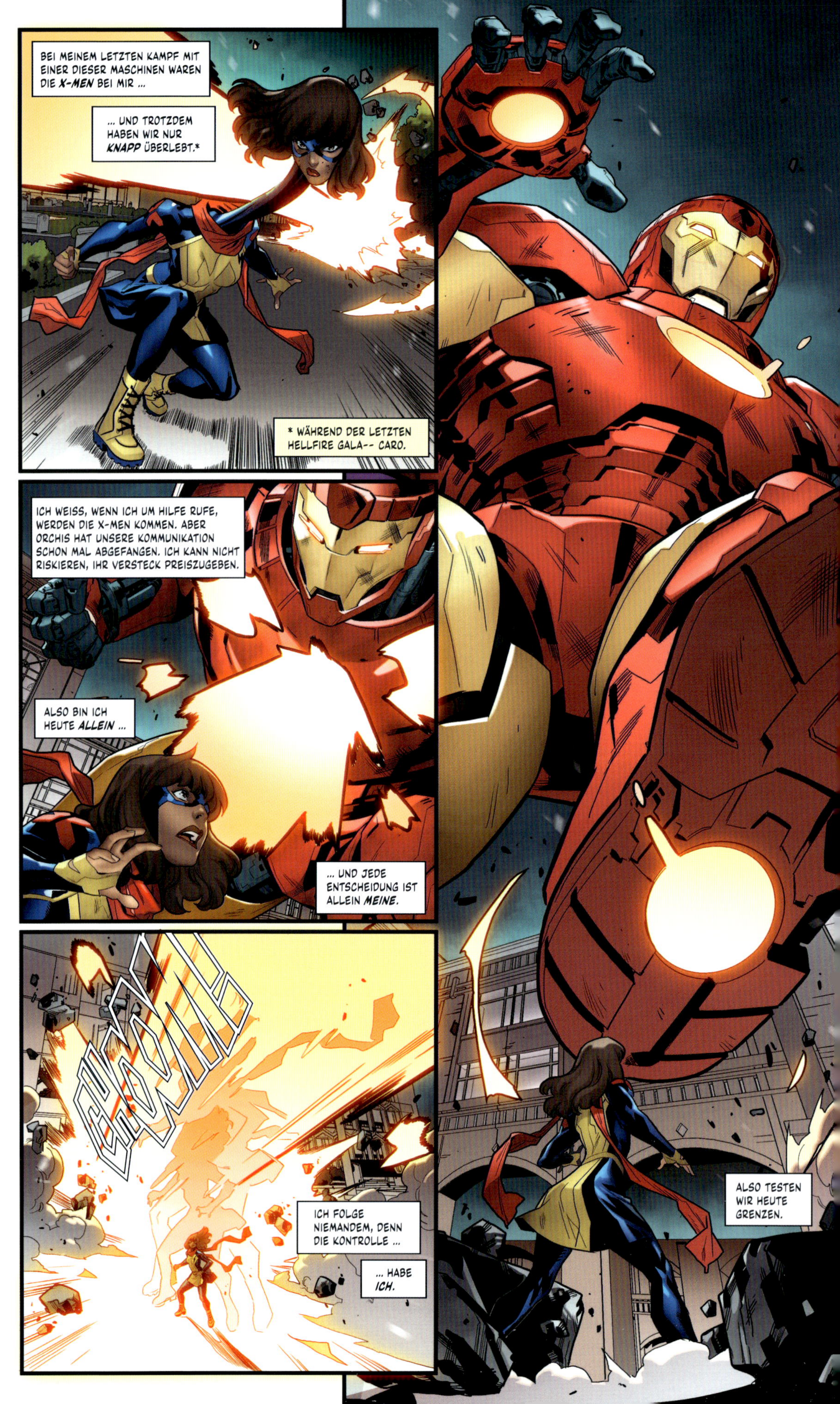
BEI MEINEM LETZTEN KAMPF MIT EINER DIESER MASCHINEN WAREN DIE X-MEN BEI MIR ...
... UND TROTZDEM HABEN WIR NUR KNAPP ÜBERLEBT.*
* WÄHREND DER LETZTEN HELLFIRE GALA-- CARO.
ICH WEISS, WENN ICH UM HILFE RUFE, WERDEN DIE X-MEN KOMMEN. ABER ORCHIS HAT UNSERE KOMMUNIKATION SCHON MAL ABGEFANGEN. ICH KANN NICHT RISKIEREN, IHR VERSTECK PREISZUGEBEN.
ALSO BIN ICH HEUTE ALLEIN ...
... UND JEDE ENTSCHEIDUNG IST ALLEIN MEINE.
ICH FOLGE NIEMANDEM, DENN DIE KONTROLLE ...
... HABE ICH.
ALSO TESTEN WIR HEUTE GRENZEN.

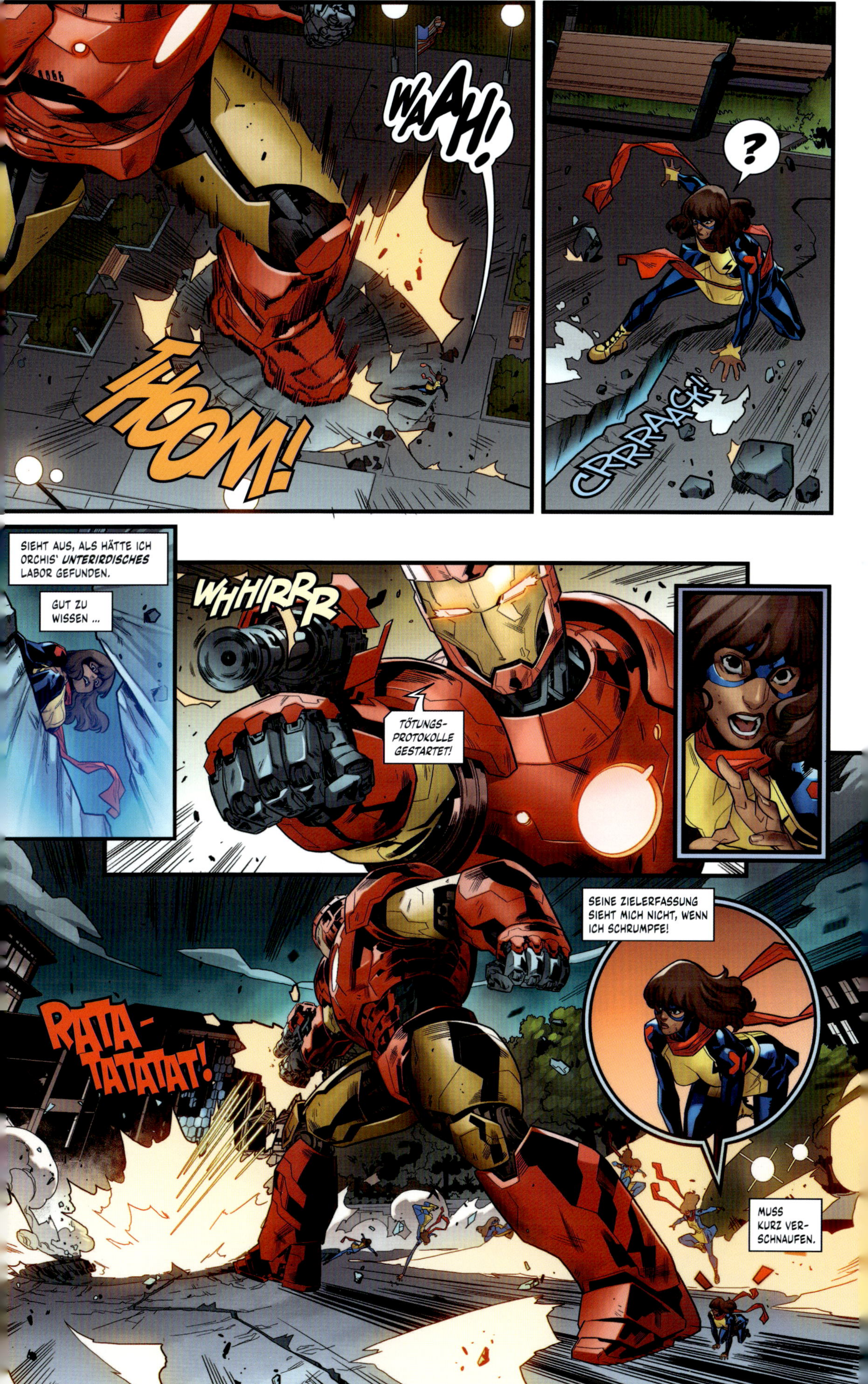
WAAH!
THOOM!
?
CRRRACK!
SIEHT AUS, ALS HÄTTE ICH ORCHIS' *UNTERIRDISCHES* LABOR GEFUNDEN.
GUT ZU WISSEN ...
WHHIRRR
TÖTUNGS-PROTOKOLLE GESTARTET!
SEINE ZIELERFASSUNG SIEHT MICH NICHT, WENN ICH SCHRUMPFE!
RATA-TATATAT!
MUSS KURZ VER-SCHNAUFEN.

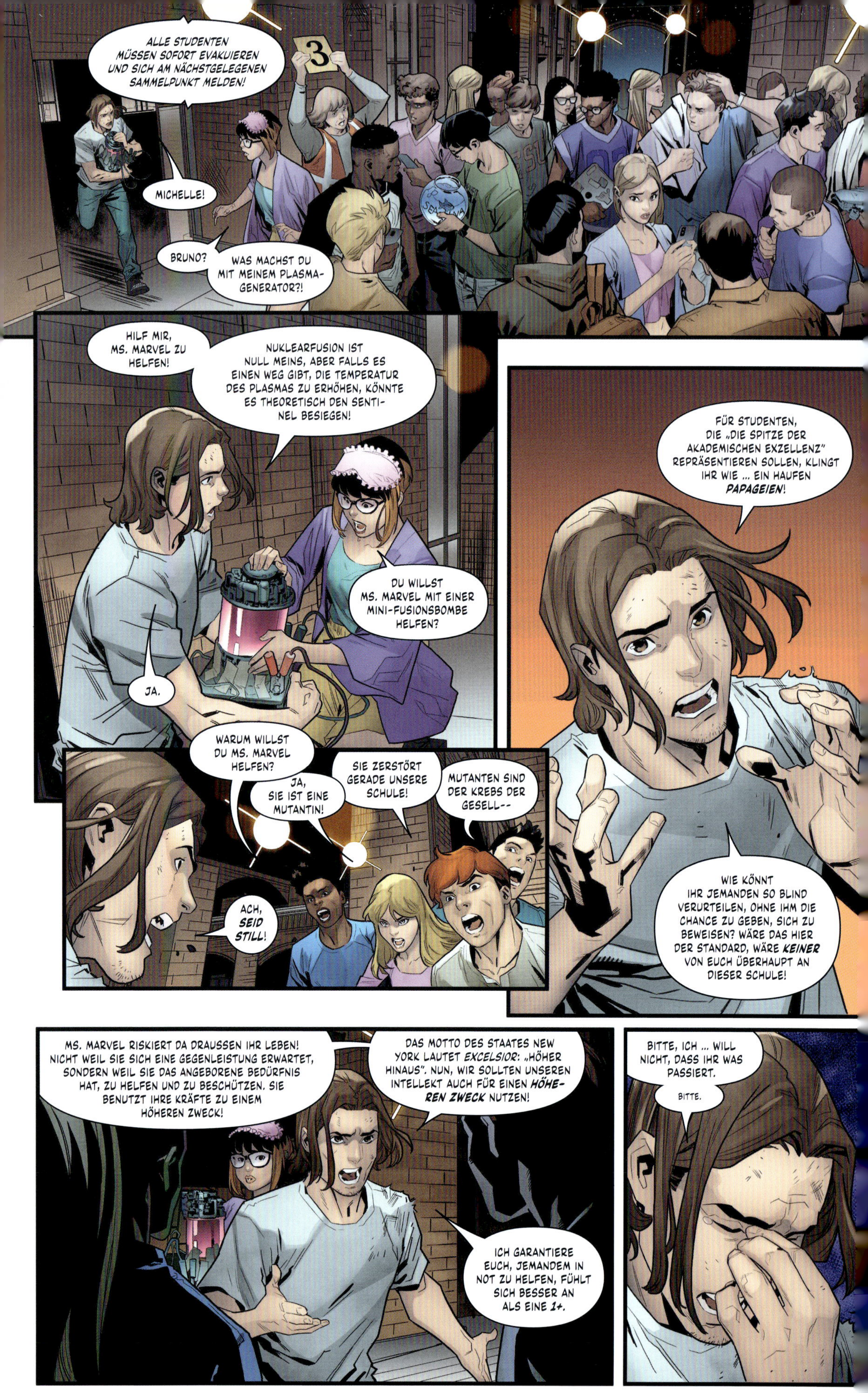

ALLE STUDENTEN MÜSSEN SOFORT EVAKUIEREN UND SICH AM NÄCHSTGELEGENEN SAMMELPUNKT MELDEN!
3
MICHELLE!
BRUNO?
WAS MACHST DU MIT MEINEM PLASMA-GENERATOR?!
HILF MIR, MS. MARVEL ZU HELFEN!
NUKLEARFUSION IST NULL MEINS, ABER FALLS ES EINEN WEG GIBT, DIE TEMPERATUR DES PLASMAS ZU ERHÖHEN, KÖNNTE ES THEORETISCH DEN SENTINEL BESIEGEN!
DU WILLST MS. MARVEL MIT EINER MINI-FUSIONSBOMBE HELFEN?
JA.
WARUM WILLST DU MS. MARVEL HELFEN?
JA, SIE IST EINE MUTANTIN!
SIE ZERSTÖRT GERADE UNSERE SCHULE!
MUTANTEN SIND DER KREBS DER GESELL--
ACH, *SEID STILL*!
FÜR STUDENTEN, DIE „DIE SPITZE DER AKADEMISCHEN EXZELLENZ" REPRÄSENTIEREN SOLLEN, KLINGT IHR WIE ... EIN HAUFEN *PAPAGEIEN*!
WIE KÖNNT IHR JEMANDEN SO BLIND VERURTEILEN, OHNE IHM DIE CHANCE ZU GEBEN, SICH ZU BEWEISEN? WÄRE DAS HIER DER STANDARD, WÄRE *KEINER* VON EUCH ÜBERHAUPT AN DIESER SCHULE!

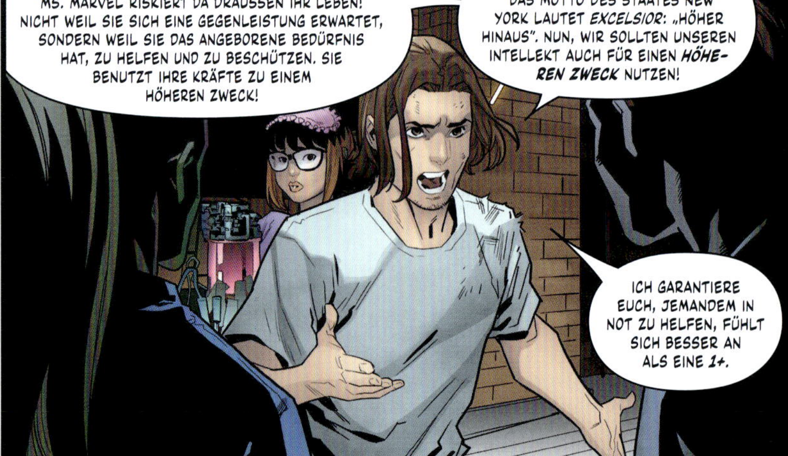
MS. MARVEL RISKIERT DA DRAUSSEN IHR LEBEN! NICHT WEIL SIE SICH EINE GEGENLEISTUNG ERWARTET, SONDERN WEIL SIE DAS ANGEBORENE BEDÜRFNIS HAT, ZU HELFEN UND ZU BESCHÜTZEN. SIE BENUTZT IHRE KRÄFTE ZU EINEM HÖHEREN ZWECK!
DAS MOTTO DES STAATES NEW YORK LAUTET *EXCELSIOR*: „HÖHER HINAUS". NUN, WIR SOLLTEN UNSEREN INTELLEKT AUCH FÜR EINEN *HÖHEREN ZWECK* NUTZEN!
ICH GARANTIERE EUCH, JEMANDEM IN NOT ZU HELFEN, FÜHLT SICH BESSER AN ALS EINE *1+*.

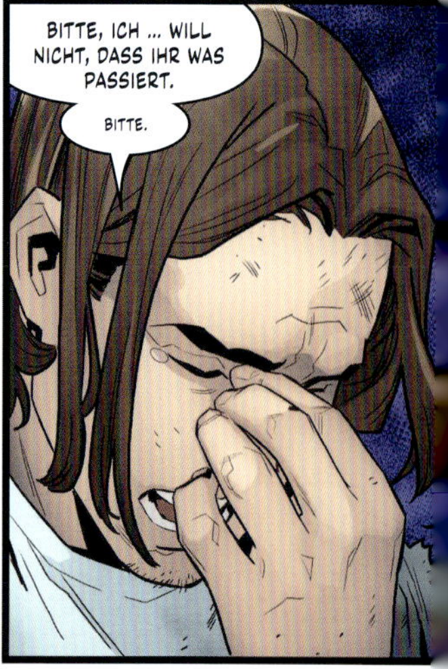
BITTE, ICH ... WILL NICHT, DASS IHR WAS PASSIERT.
BITTE.

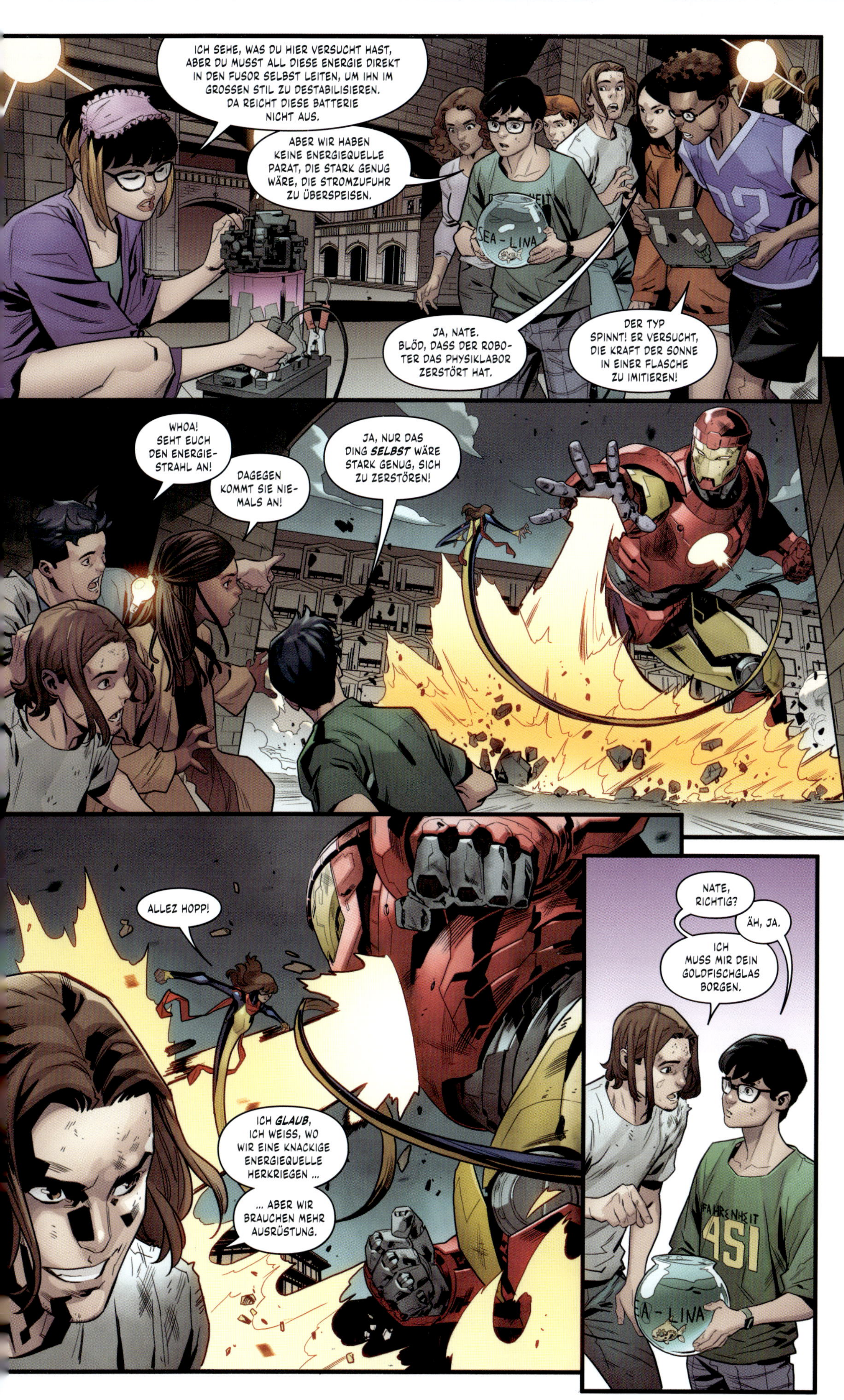
ICH SEHE, WAS DU HIER VERSUCHT HAST, ABER DU MUSST ALL DIESE ENERGIE DIREKT IN DEN FUSOR SELBST LEITEN, UM IHN IM GROSSEN STIL ZU DESTABILISIEREN. DA REICHT DIESE BATTERIE NICHT AUS.
ABER WIR HABEN KEINE ENERGIEQUELLE PARAT, DIE STARK GENUG WÄRE, DIE STROMZUFUHR ZU ÜBERSPEISEN.
JA, NATE. BLÖD, DASS DER ROBOTER DAS PHYSIKLABOR ZERSTÖRT HAT.
DER TYP SPINNT! ER VERSUCHT, DIE KRAFT DER SONNE IN EINER FLASCHE ZU IMITIEREN!
WHOA! SEHT EUCH DEN ENERGIESTRAHL AN!
DAGEGEN KOMMT SIE NIEMALS AN!
JA, NUR DAS DING *SELBST* WÄRE STARK GENUG, SICH ZU ZERSTÖREN!
ALLEZ HOPP!
ICH *GLAUB*, ICH WEISS, WO WIR EINE KNACKIGE ENERGIEQUELLE HERKRIEGEN ...
... ABER WIR BRAUCHEN MEHR AUSRÜSTUNG.
NATE, RICHTIG?
ÄH, JA.
ICH MUSS MIR DEIN GOLDFISCHGLAS BORGEN.

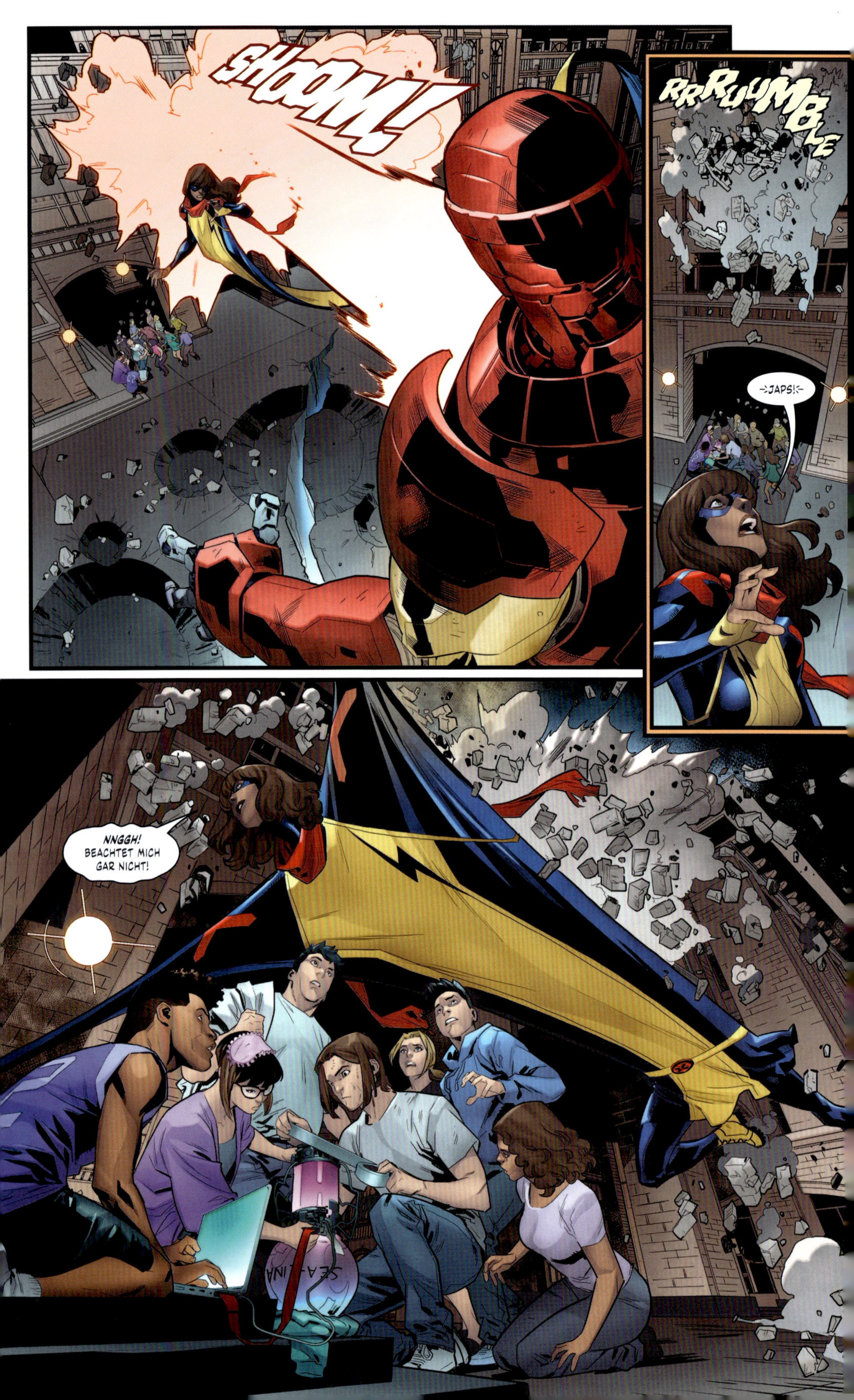
SHOOOM!
RRRUUMBLE
-JAPS!-
NNGGH! BEACHTET MICH GAR NICHT!

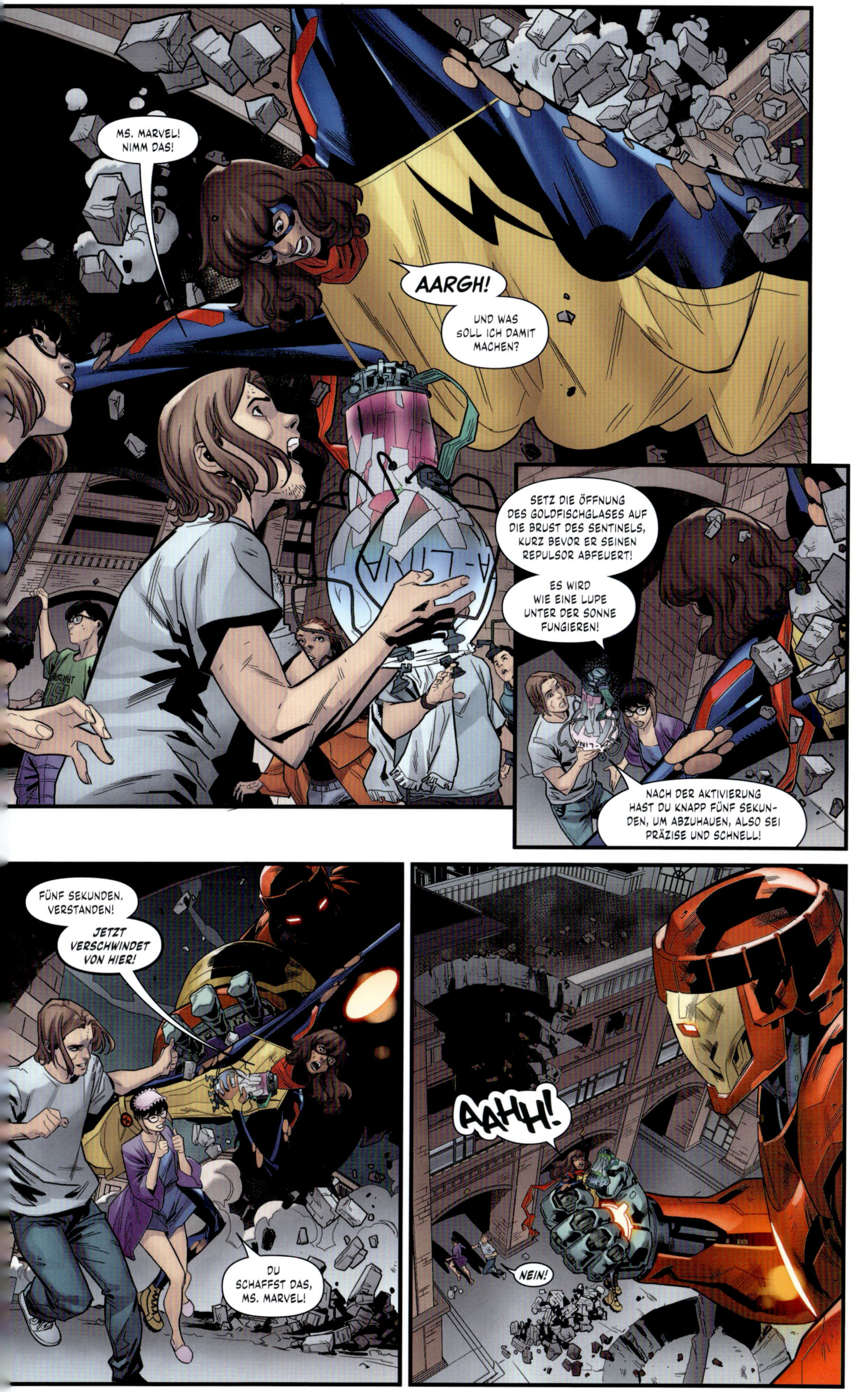

MS. MARVEL! NIMM DAS!
AARGH!
UND WAS SOLL ICH DAMIT MACHEN?
SETZ DIE ÖFFNUNG DES GOLDFISCHGLASES AUF DIE BRUST DES SENTINELS, KURZ BEVOR ER SEINEN REPULSOR ABFEUERT!
ES WIRD WIE EINE LUPE UNTER DER SONNE FUNGIEREN!
NACH DER AKTIVIERUNG HAST DU KNAPP FÜNF SEKUNDEN, UM ABZUHAUEN, ALSO SEI PRÄZISE UND SCHNELL!

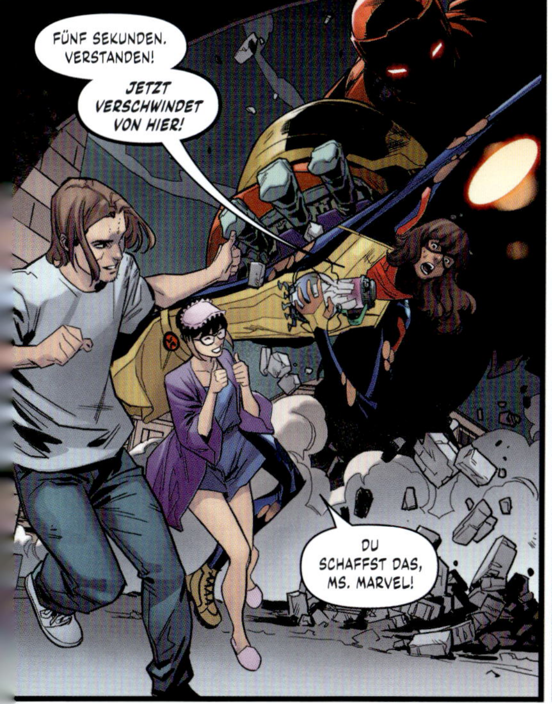
FÜNF SEKUNDEN. VERSTANDEN!
JETZT VERSCHWINDET VON HIER!
DU SCHAFFST DAS, MS. MARVEL!

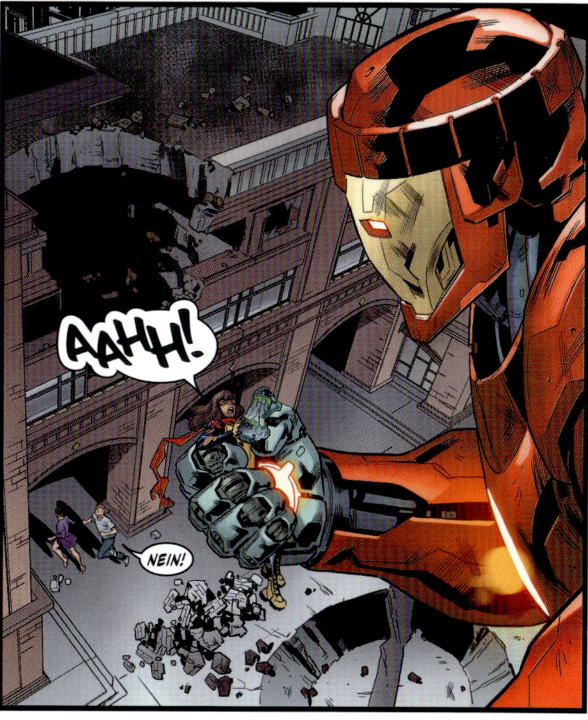
AAHH!
NEIN!

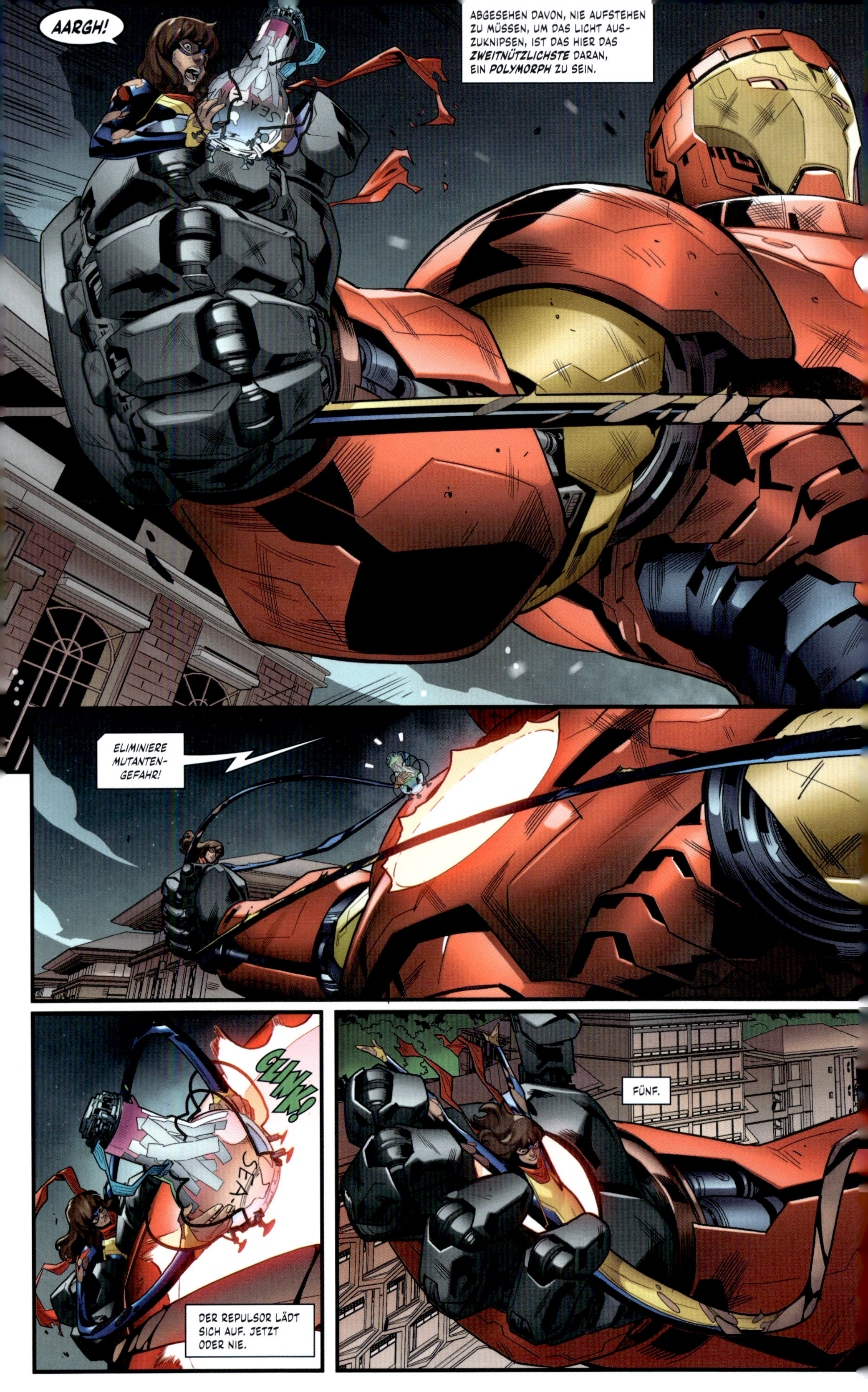

AARGH!

ABGESEHEN DAVON, NIE AUFSTEHEN ZU MÜSSEN, UM DAS LICHT AUSZUKNIPSEN, IST DAS HIER DAS ***ZWEITNÜTZLICHSTE*** DARAN, EIN ***POLYMORPH*** ZU SEIN.

ELIMINIERE MUTANTEN-GEFAHR!

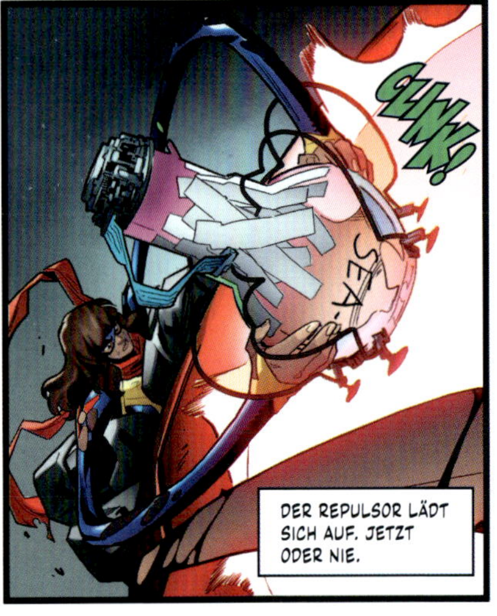

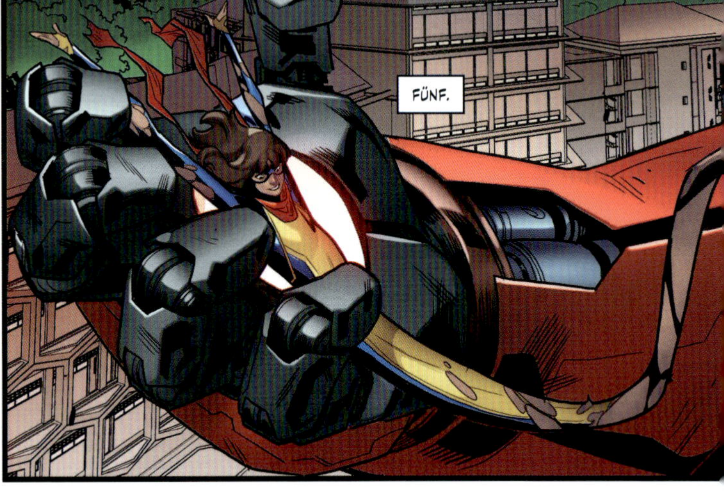

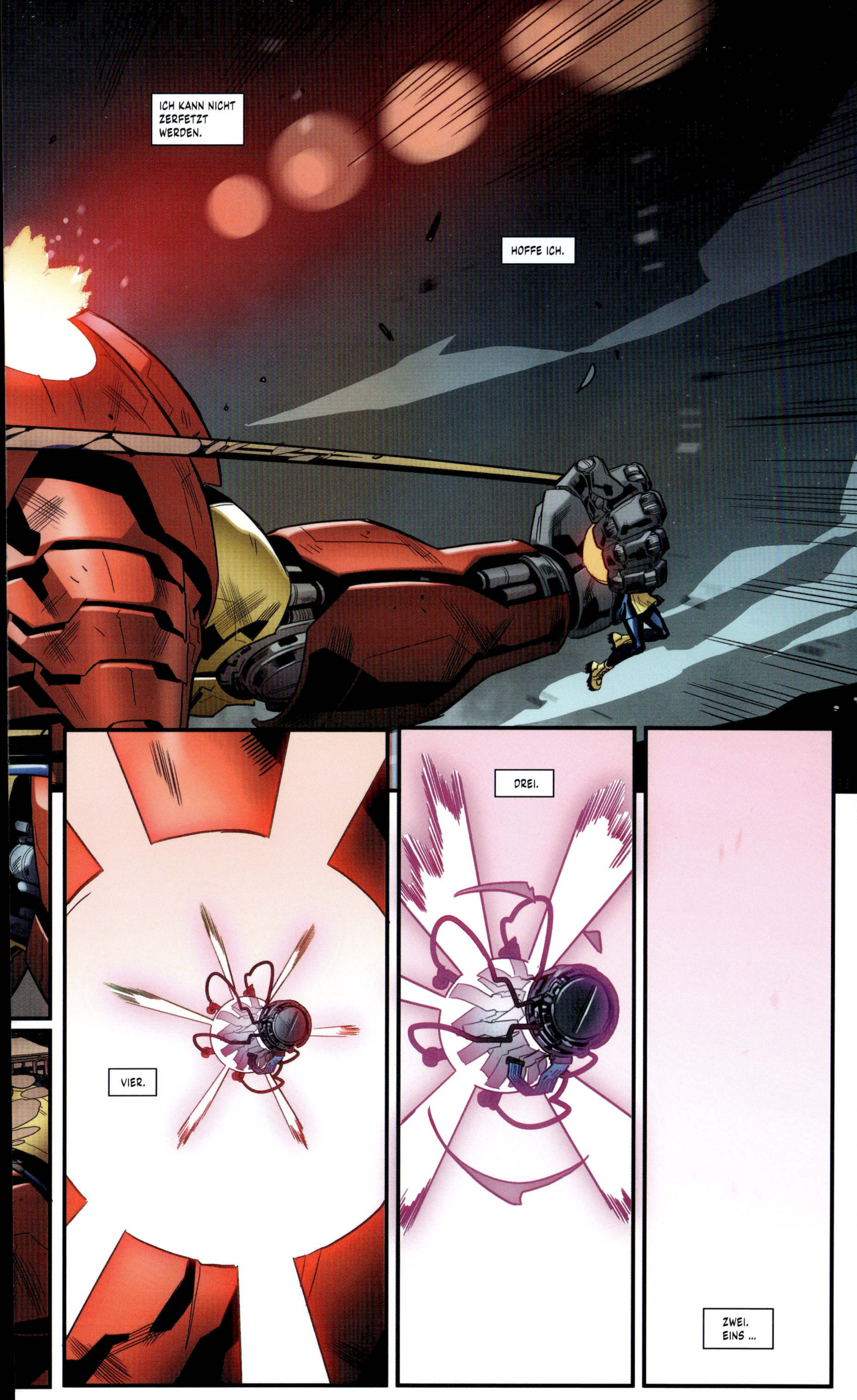
ICH KANN NICHT ZERFETZT WERDEN.
HOFFE ICH.
VIER.
DREI.
ZWEI. EINS ...

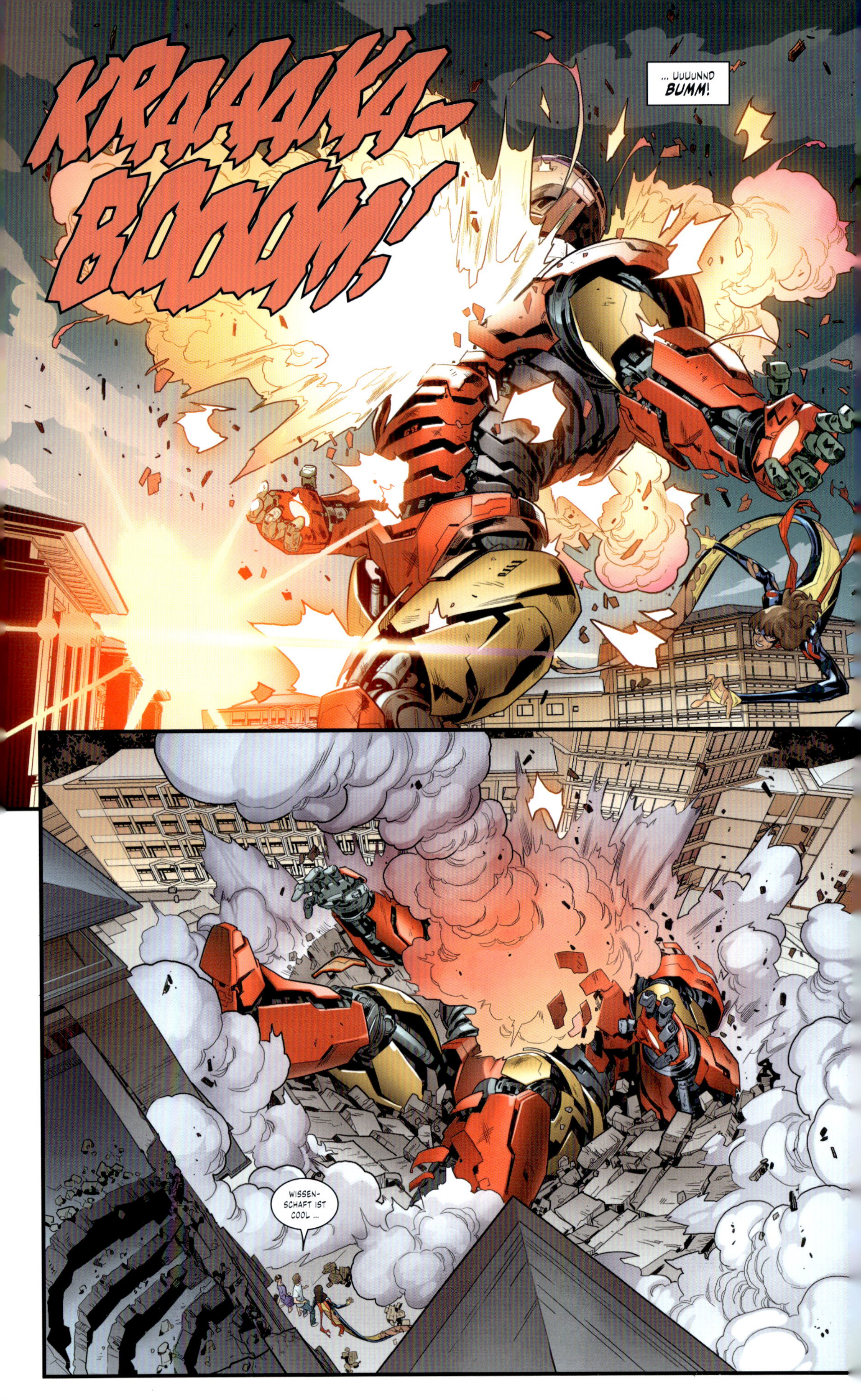
KRAAAKA-BOOOM!
... UUUUNND BUMM!
WISSEN-SCHAFT IST COOL ...

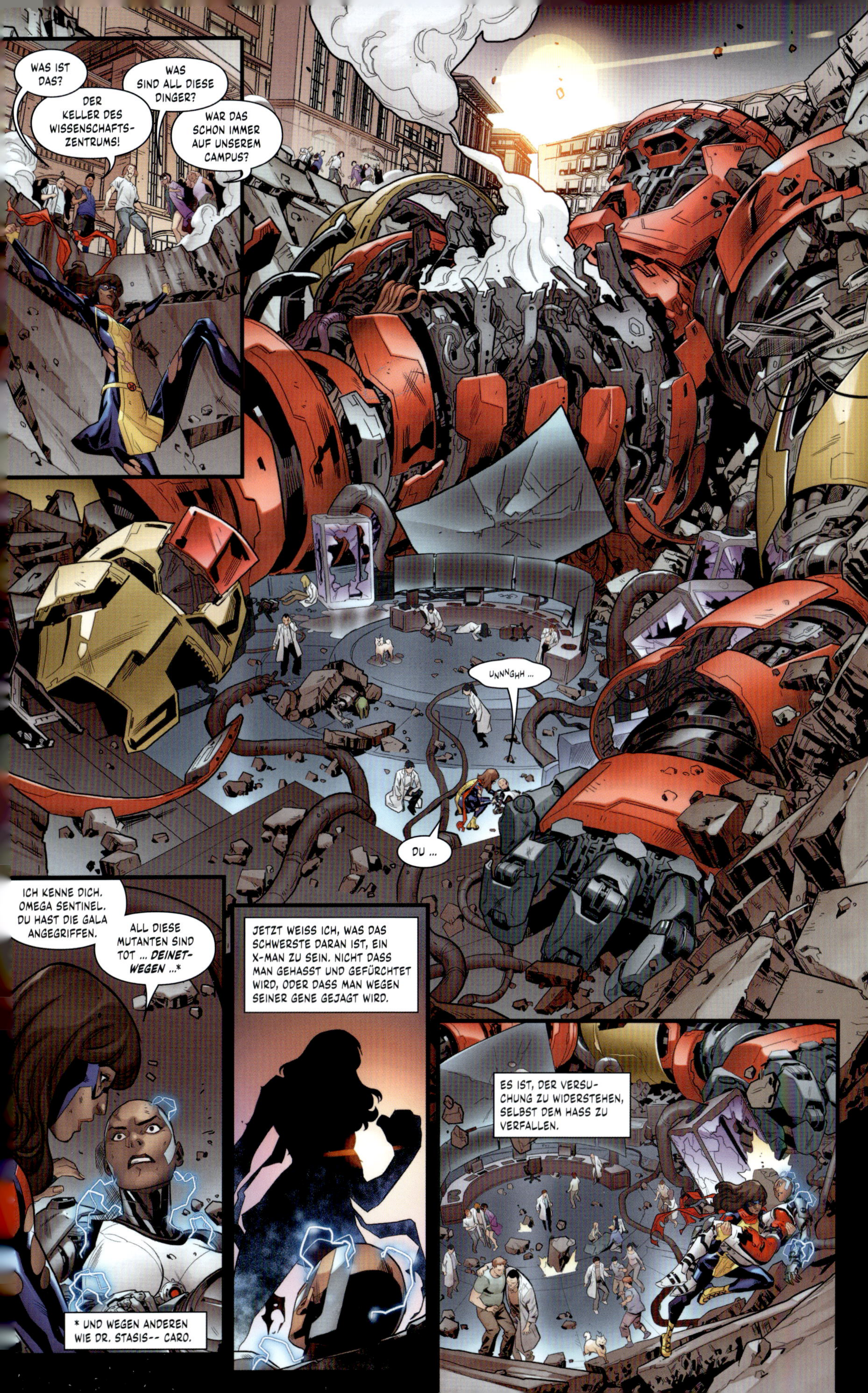
WAS IST DAS?
WAS SIND ALL DIESE DINGER?
DER KELLER DES WISSENSCHAFTS-ZENTRUMS!
WAR DAS SCHON IMMER AUF UNSEREM CAMPUS?
UNNNGHH ...
DU ...
ICH KENNE DICH. OMEGA SENTINEL. DU HAST DIE GALA ANGEGRIFFEN.
ALL DIESE MUTANTEN SIND TOT ... DEINETWEGEN ...*
* UND WEGEN ANDEREN WIE DR. STASIS-- CARO.
JETZT WEISS ICH, WAS DAS SCHWERSTE DARAN IST, EIN X-MAN ZU SEIN. NICHT DASS MAN GEHASST UND GEFÜRCHTET WIRD, ODER DASS MAN WEGEN SEINER GENE GEJAGT WIRD.
ES IST, DER VERSUCHUNG ZU WIDERSTEHEN, SELBST DEM HASS ZU VERFALLEN.

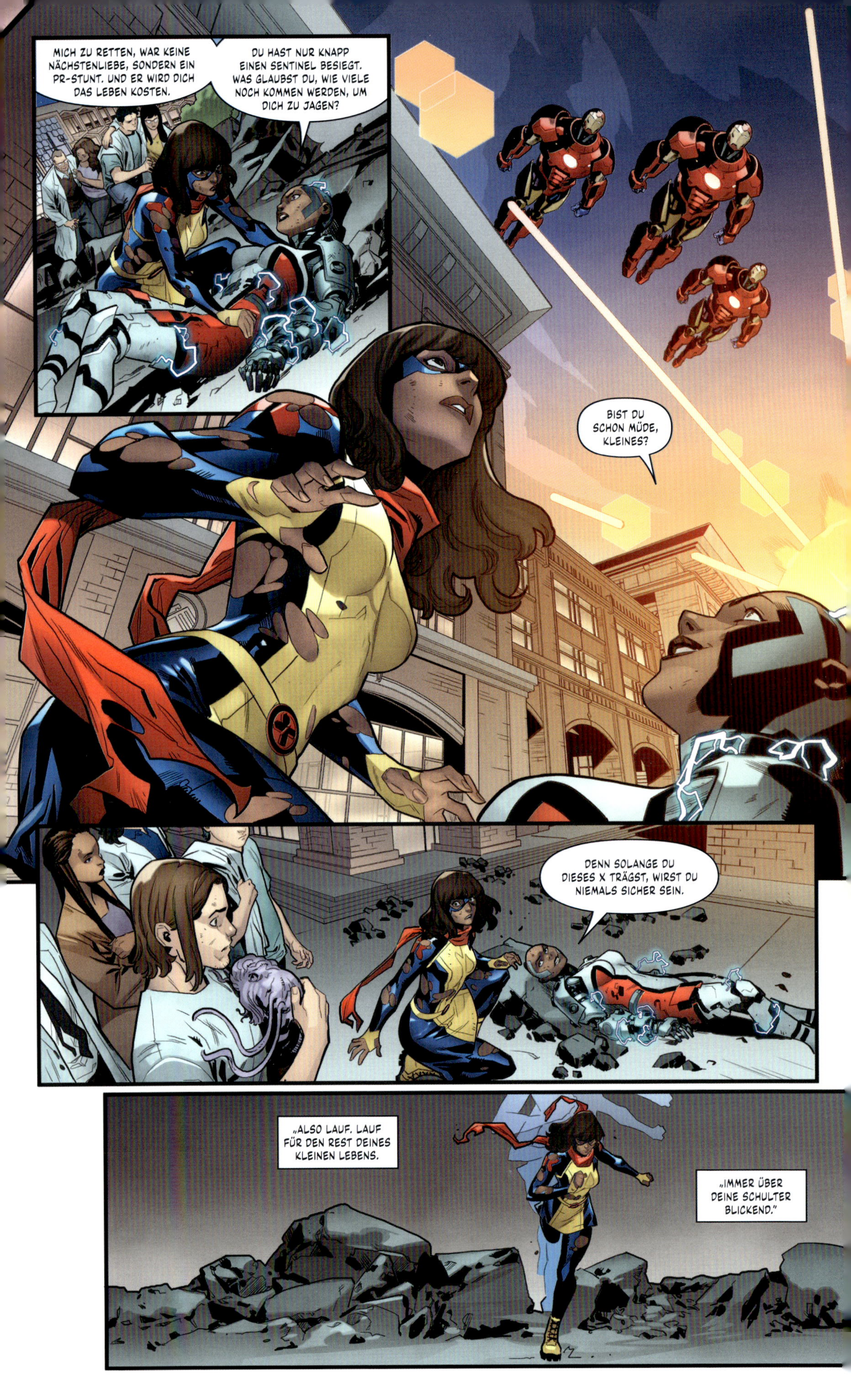

MICH ZU RETTEN, WAR KEINE NÄCHSTENLIEBE, SONDERN EIN PR-STUNT. UND ER WIRD DICH DAS LEBEN KOSTEN.

DU HAST NUR KNAPP EINEN SENTINEL BESIEGT. WAS GLAUBST DU, WIE VIELE NOCH KOMMEN WERDEN, UM DICH ZU JAGEN?

BIST DU SCHON MÜDE, KLEINES?

DENN SOLANGE DU DIESES X TRÄGST, WIRST DU NIEMALS SICHER SEIN.

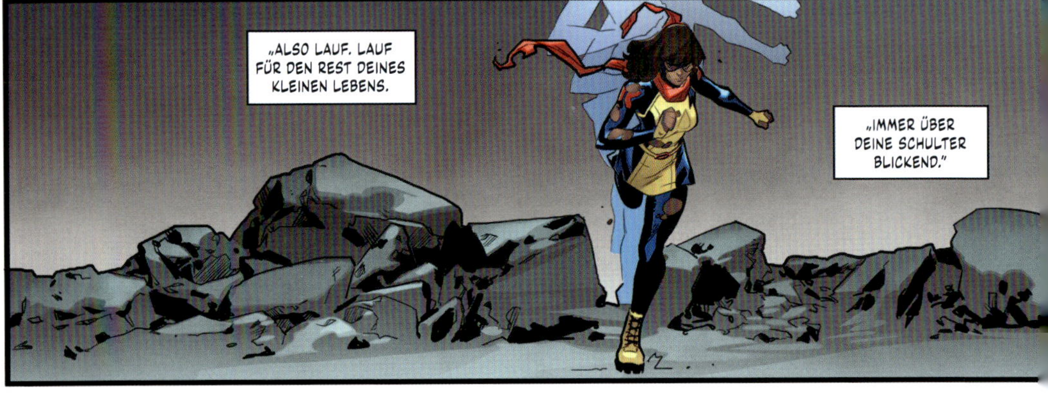

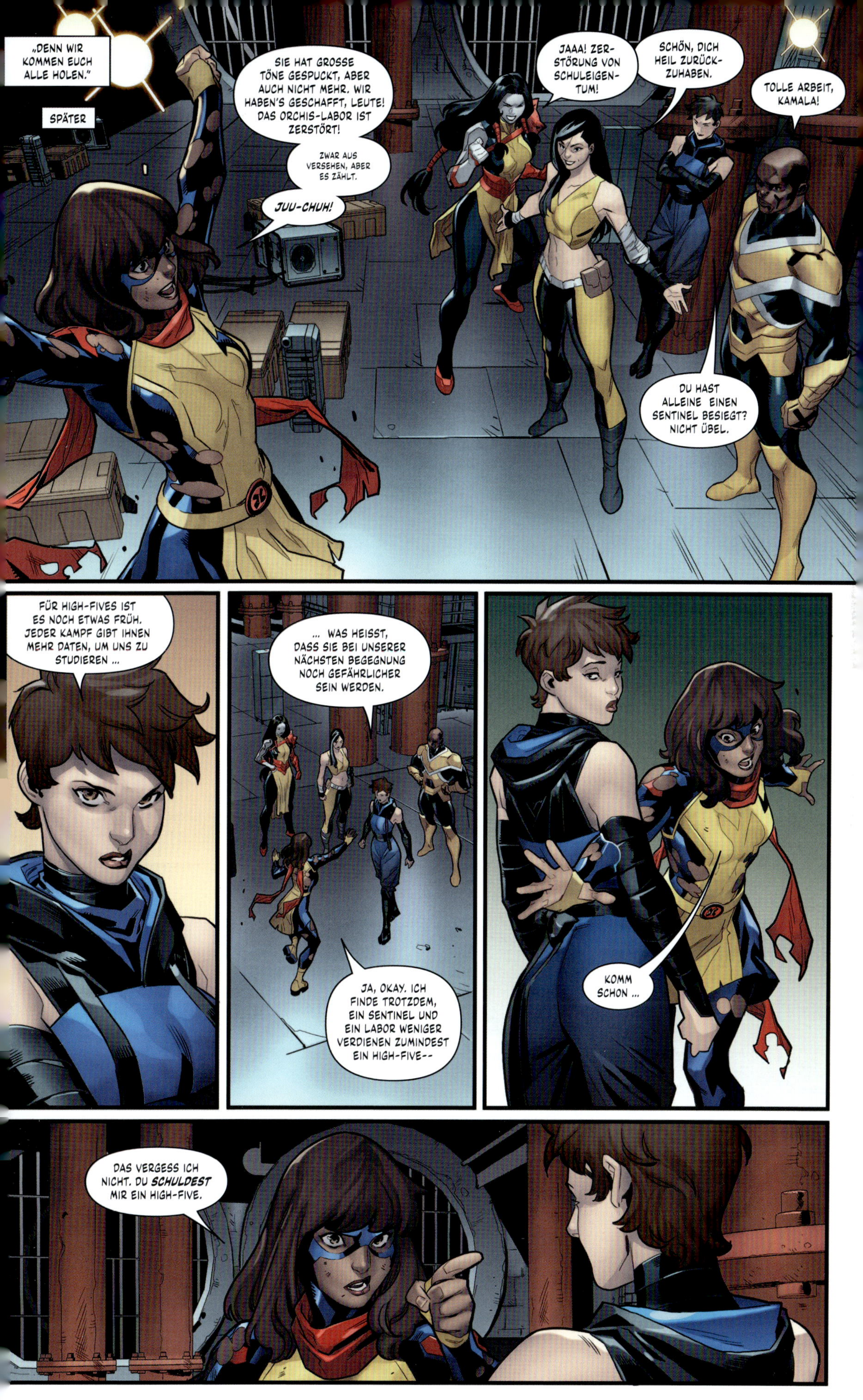

„DENN WIR KOMMEN EUCH ALLE HOLEN."

SPÄTER

SIE HAT GROSSE TÖNE GESPUCKT, ABER AUCH NICHT MEHR. WIR HABEN'S GESCHAFFT, LEUTE! DAS ORCHIS-LABOR IST ZERSTÖRT!

ZWAR AUS VERSEHEN, ABER ES ZÄHLT.

JUU-CHUH!

JAAA! ZERSTÖRUNG VON SCHULEIGENTUM!

SCHÖN, DICH HEIL ZURÜCKZUHABEN.

TOLLE ARBEIT, KAMALA!

DU HAST ALLEINE EINEN SENTINEL BESIEGT? NICHT ÜBEL.

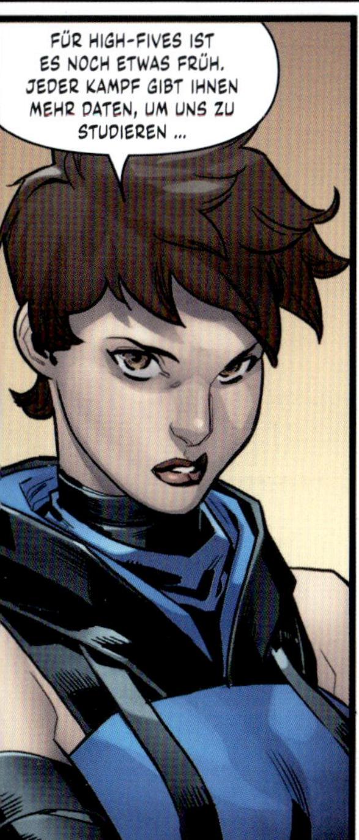

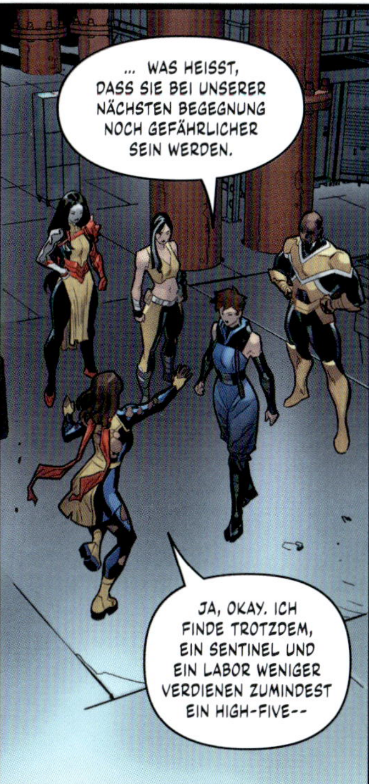

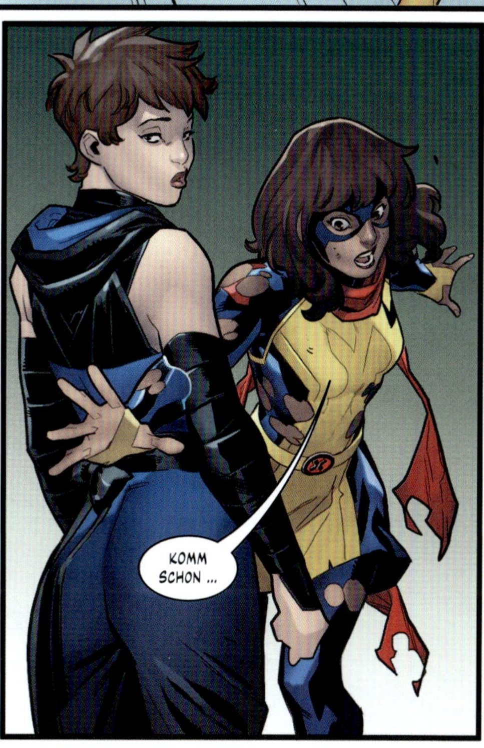

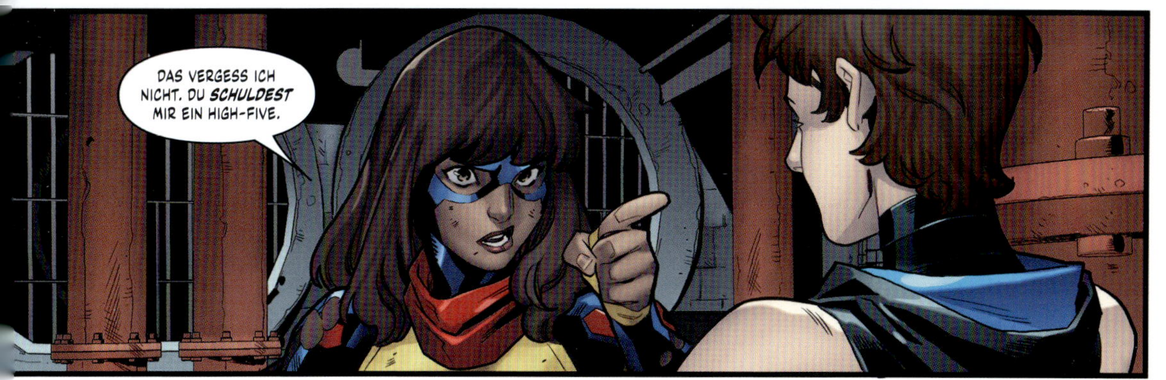

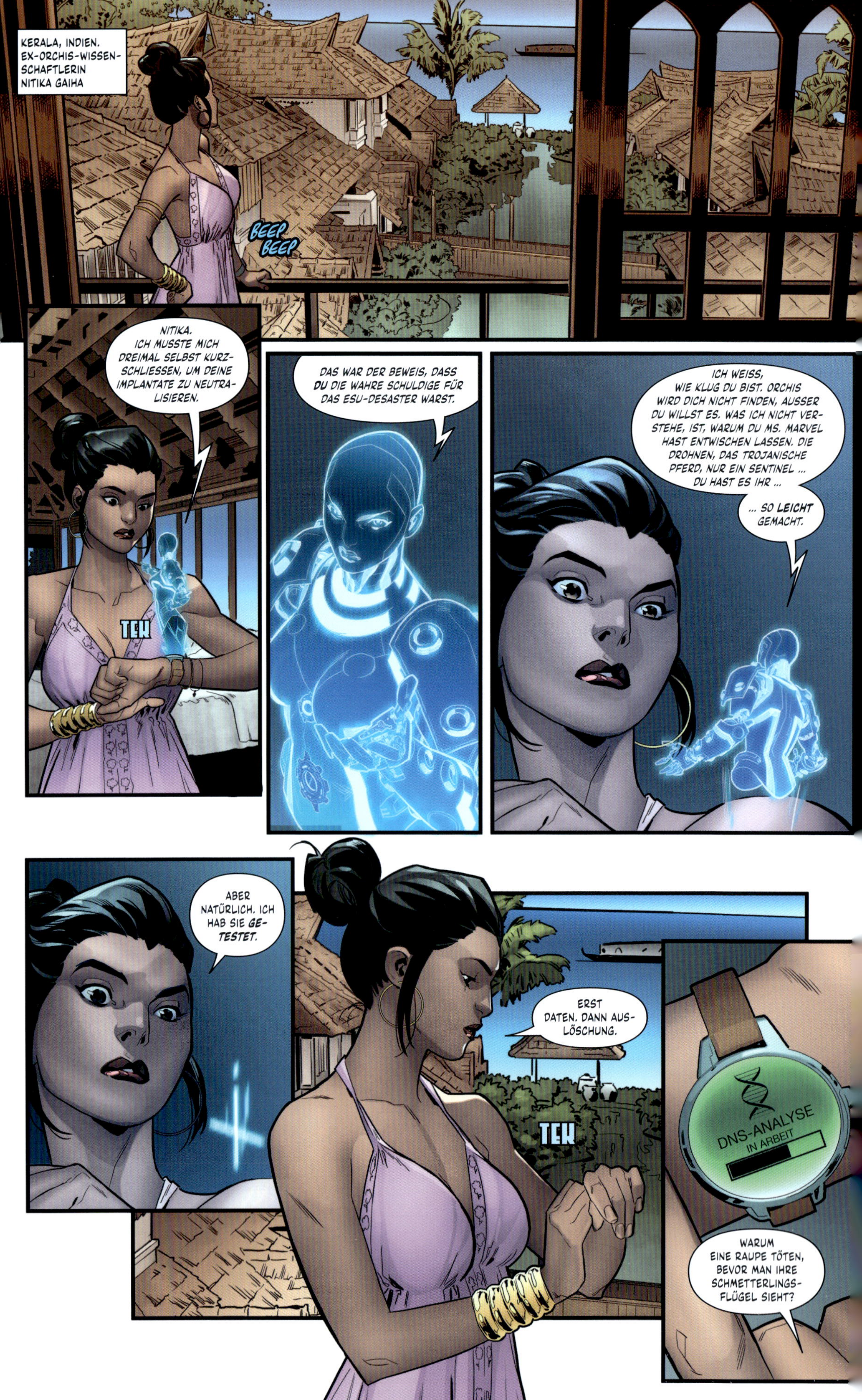
KERALA, INDIEN. EX-ORCHIS-WISSEN-SCHAFTLERIN NITIKA GAIHA
BEEP BEEP
NITIKA. ICH MUSSTE MICH DREIMAL SELBST KURZ-SCHLIESSEN, UM DEINE IMPLANTATE ZU NEUTRA-LISIEREN.
TEK
DAS WAR DER BEWEIS, DASS DU DIE WAHRE SCHULDIGE FÜR DAS ESU-DESASTER WARST.
ICH WEISS, WIE KLUG DU BIST. ORCHIS WIRD DICH NICHT FINDEN, AUSSER DU WILLST ES. WAS ICH NICHT VER-STEHE, IST, WARUM DU MS. MARVEL HAST ENTWISCHEN LASSEN. DIE DROHNEN, DAS TROJANISCHE PFERD, NUR EIN SENTINEL ... DU HAST ES IHR ...
... SO LEICHT GEMACHT.
ABER NATÜRLICH. ICH HAB SIE GE-TESTET.
ERST DATEN. DANN AUS-LÖSCHUNG.
TEK
DNS-ANALYSE
IN ARBEIT
WARUM EINE RAUPE TÖTEN, BEVOR MAN IHRE SCHMETTERLINGS-FLÜGEL SIEHT?

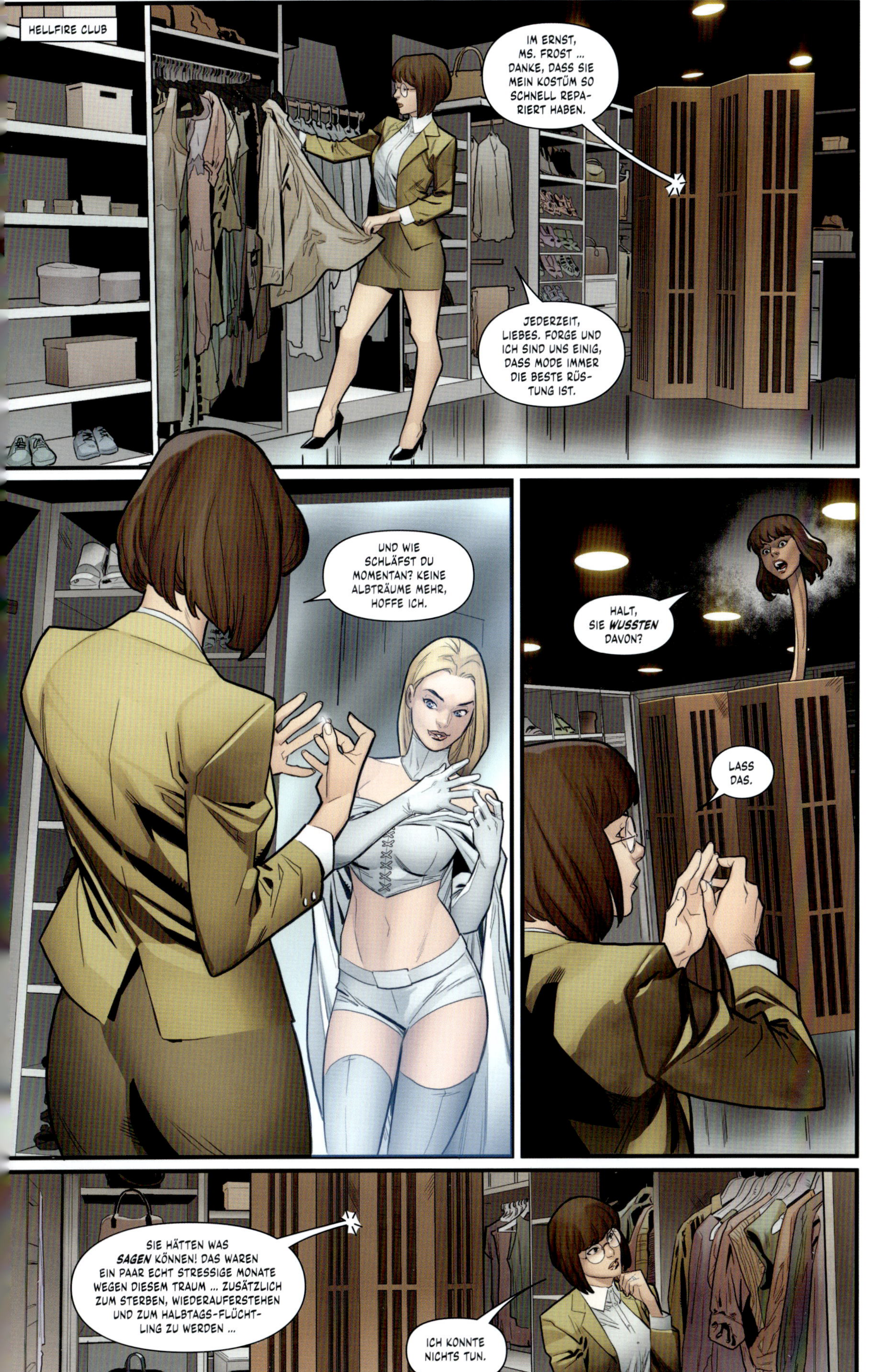
HELLFIRE CLUB
IM ERNST, MS. FROST ... DANKE, DASS SIE MEIN KOSTÜM SO SCHNELL REPA-RIERT HABEN.
JEDERZEIT, LIEBES. FORGE UND ICH SIND UNS EINIG, DASS MODE IMMER DIE BESTE RÜS-TUNG IST.
UND WIE SCHLÄFST DU MOMENTAN? KEINE ALBTRÄUME MEHR, HOFFE ICH.
HALT, SIE *WUSSTEN* DAVON?
LASS DAS.
SIE HÄTTEN WAS *SAGEN* KÖNNEN! DAS WAREN EIN PAAR ECHT STRESSIGE MONATE WEGEN DIESEM TRAUM ... ZUSÄTZLICH ZUM STERBEN, WIEDERAUFERSTEHEN UND ZUM HALBTAGS-FLÜCHT-LING ZU WERDEN ...
ICH KONNTE NICHTS TUN.

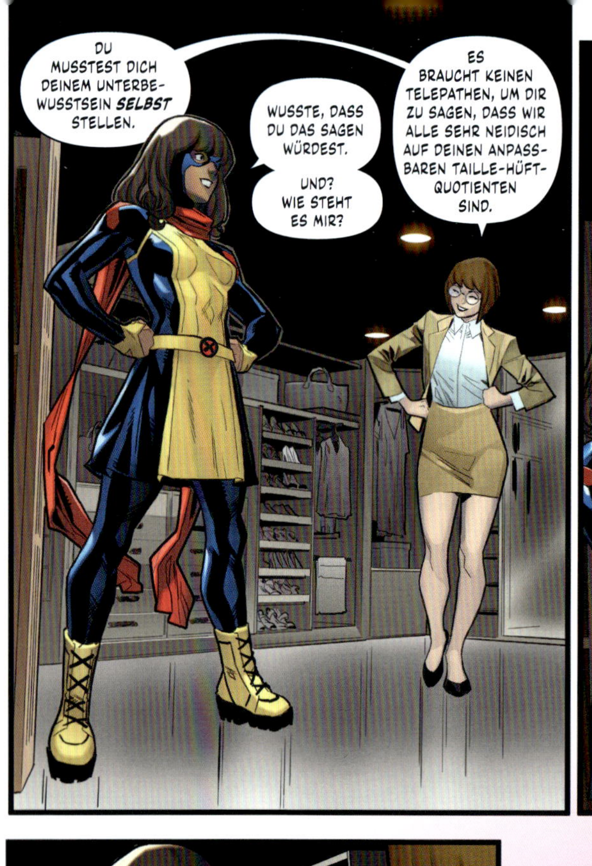
DU MUSSTEST DICH DEINEM UNTERBEWUSSTSEIN *SELBST* STELLEN.
WUSSTE, DASS DU DAS SAGEN WÜRDEST.
UND? WIE STEHT ES MIR?
ES BRAUCHT KEINEN TELEPATHEN, UM DIR ZU SAGEN, DASS WIR ALLE SEHR NEIDISCH AUF DEINEN ANPASSBAREN TAILLE-HÜFT-QUOTIENTEN SIND.

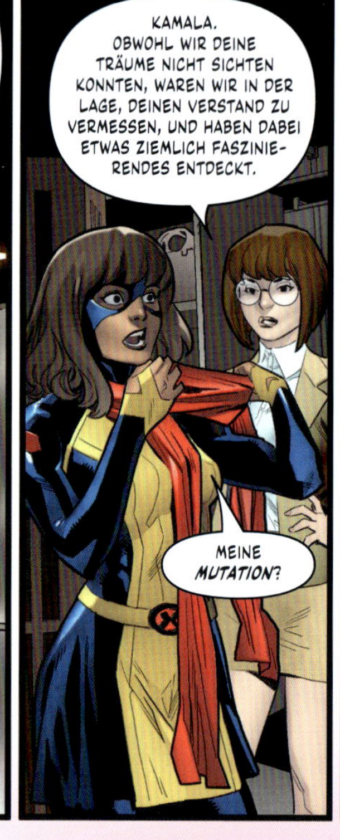
KAMALA. OBWOHL WIR DEINE TRÄUME NICHT SICHTEN KONNTEN, WAREN WIR IN DER LAGE, DEINEN VERSTAND ZU VERMESSEN, UND HABEN DABEI ETWAS ZIEMLICH FASZINIERENDES ENTDECKT.
MEINE *MUTATION*?

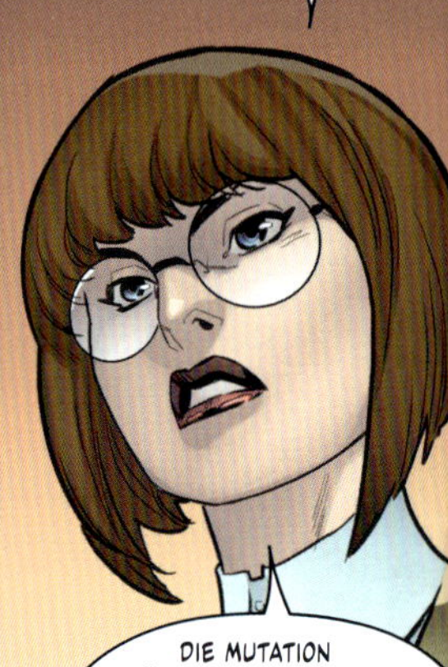
KORREKT. STELL DIR DEINE MUTATION WIE EINE BLUME KURZ VOR DER BLÜTE VOR ... ABER SIE KRIEGT NIE DIE CHANCE, WEIL DER AST ABBRICHT. DAS IST PASSIERT, ALS DU DEM TERRIGEN-NEBEL AUSGESETZT WURDEST. ABER SEITDEM IST DIR EIN *NEUER* AST GEWACHSEN. ER BRAUCHT NUR ETWAS PFLEGE.
DIE MUTATION KÖNNTE GETRENNT VON DEINEN BEREITS EXISTIERENDEN INHUMAN-KRÄFTEN WIRKEN. ABER ES IST AUCH MÖGLICH, DASS SIE SIE KOMPLETT *ERSETZT*. DAS IST DEINE ENTSCHEIDUNG.

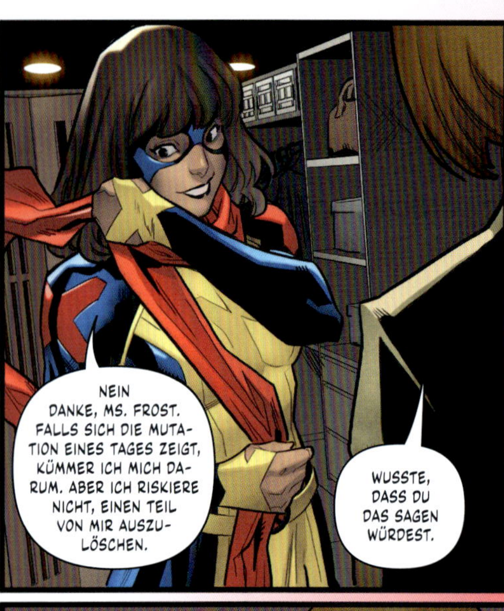
NEIN DANKE, MS. FROST. FALLS SICH DIE MUTATION EINES TAGES ZEIGT, KÜMMER ICH MICH DARUM. ABER ICH RISKIERE NICHT, EINEN TEIL VON MIR AUSZULÖSCHEN.
WUSSTE, DASS DU DAS SAGEN WÜRDEST.

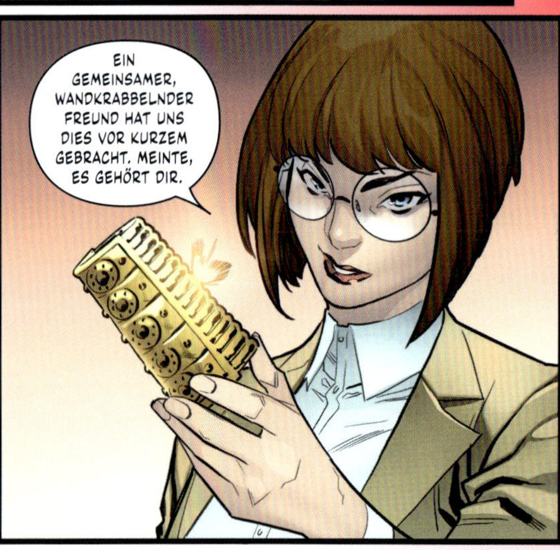
EIN GEMEINSAMER, WANDKRABBELNDER FREUND HAT UNS DIES VOR KURZEM GEBRACHT. MEINTE, ES GEHÖRT DIR.

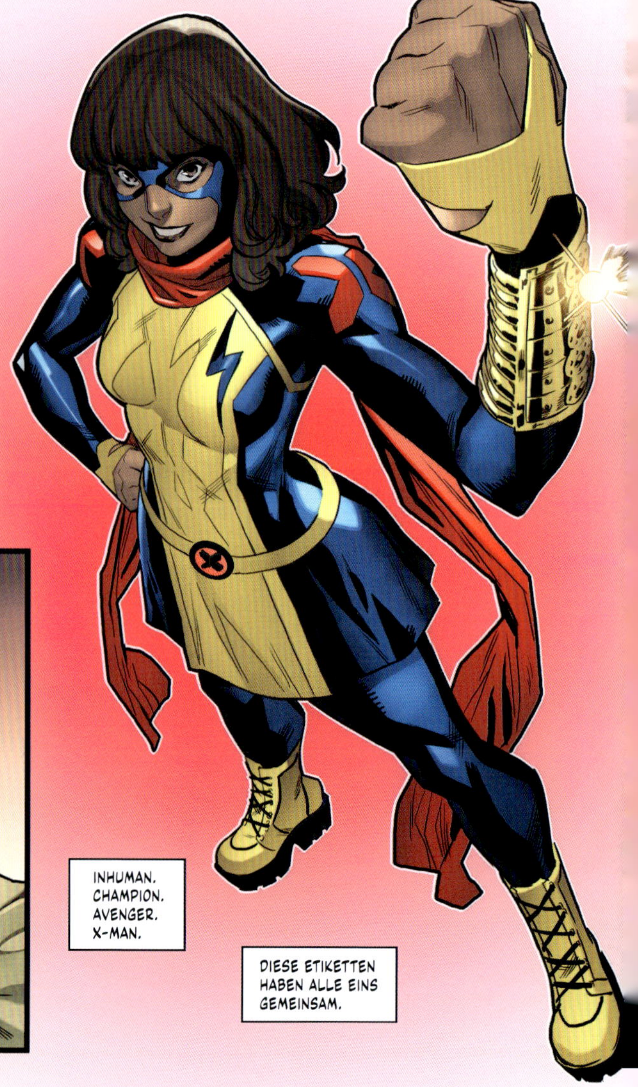
INHUMAN. CHAMPION. AVENGER. X-MAN.
DIESE ETIKETTEN HABEN ALLE EINS GEMEINSAM.

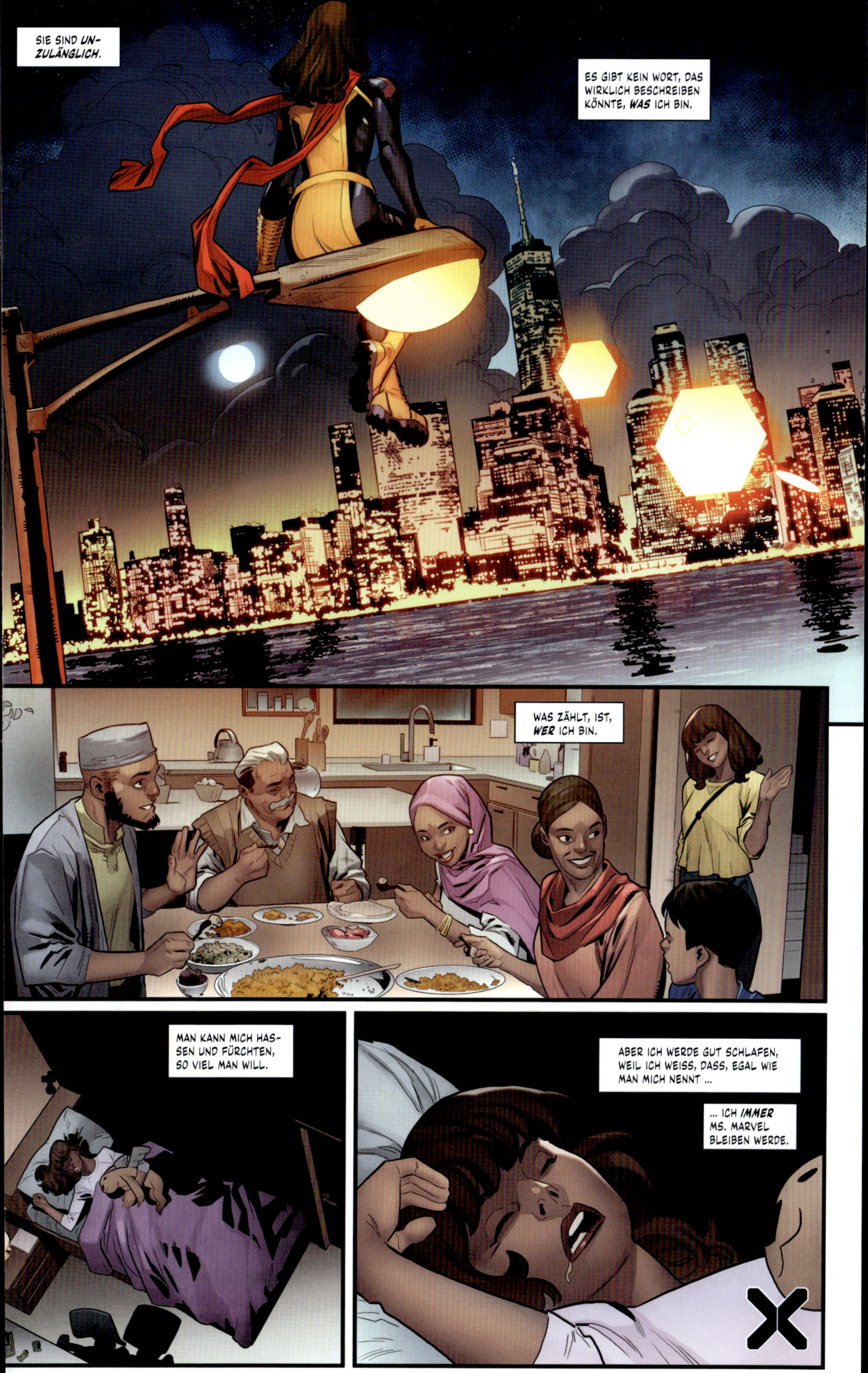

SIE SIND *UN-ZULÄNGLICH*.

ES GIBT KEIN WORT, DAS WIRKLICH BESCHREIBEN KÖNNTE, *WAS* ICH BIN.

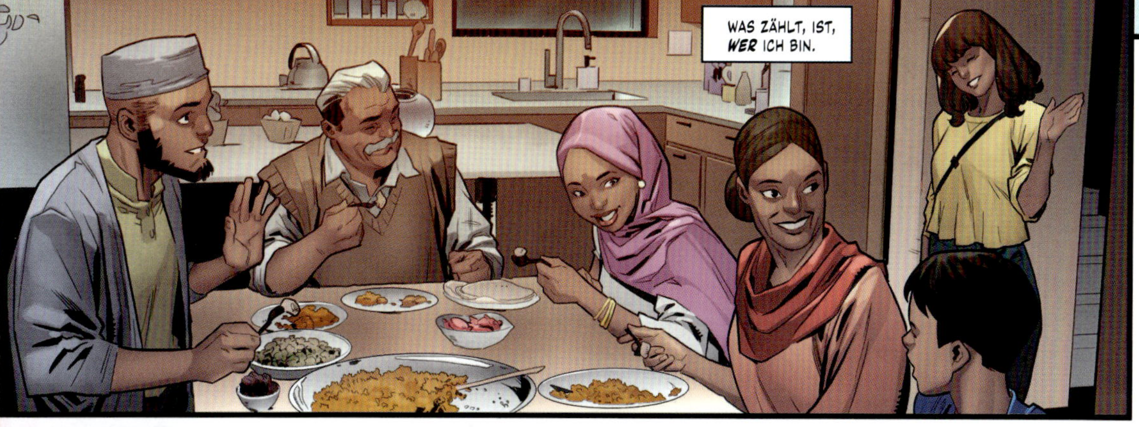

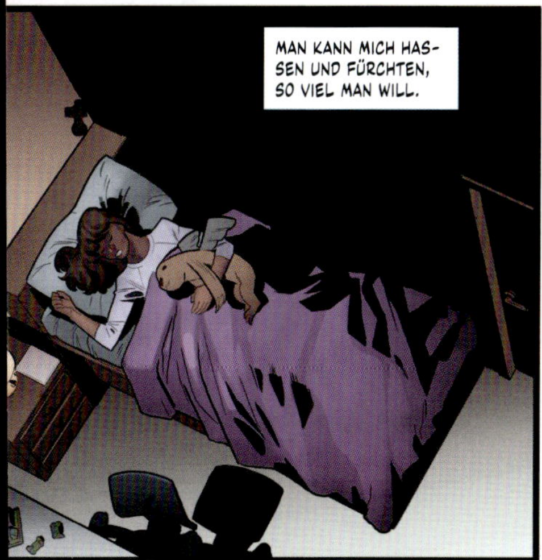

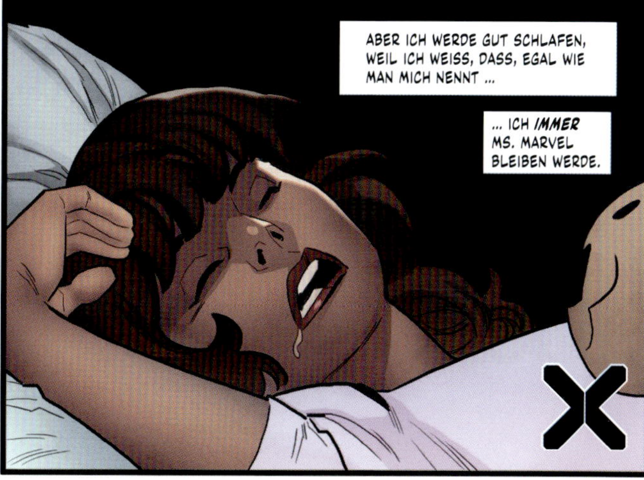

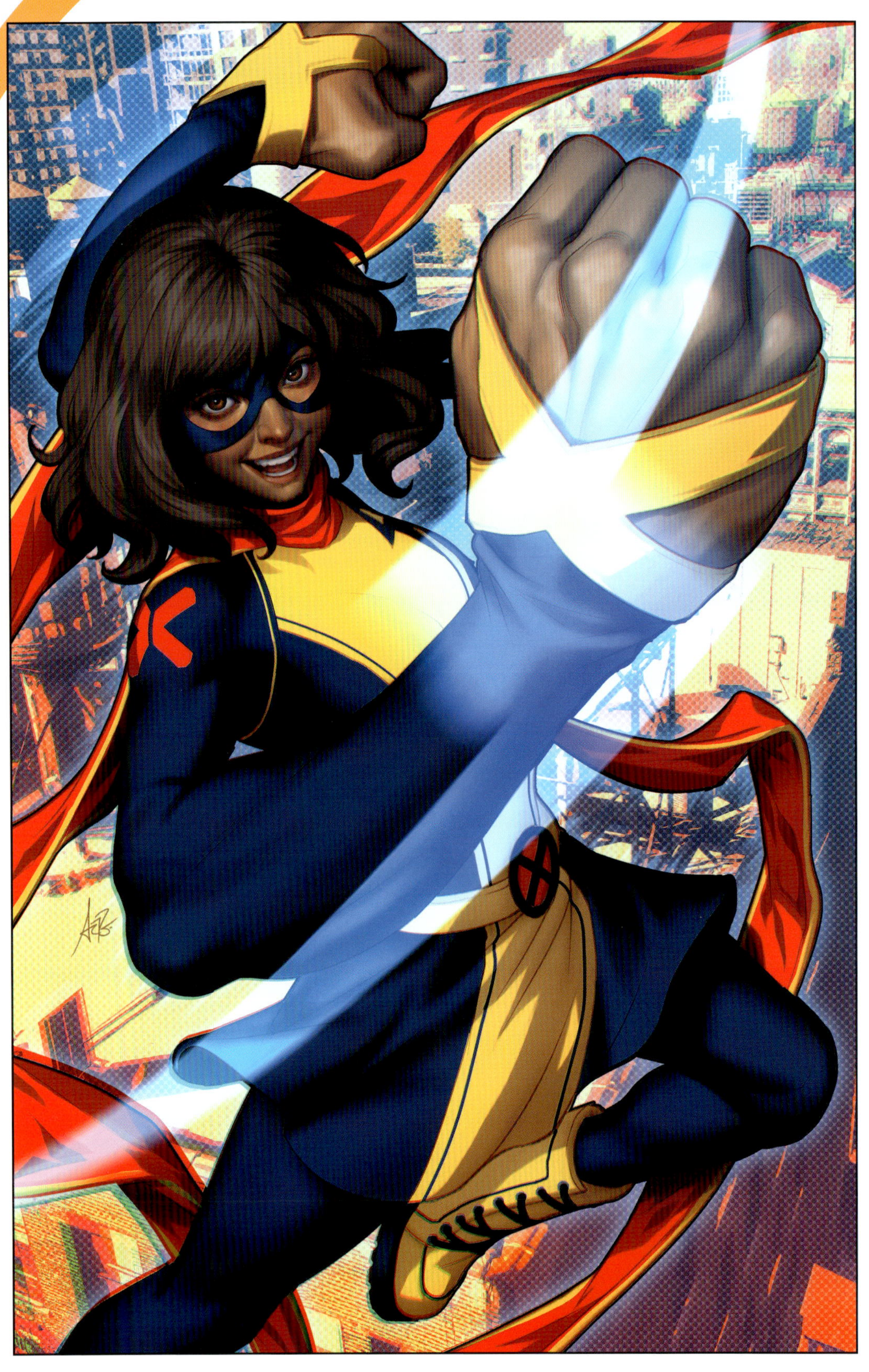

Ms. Marvel: The New Mutant (2023) 1
Variant-Cover von **ARTGERM**

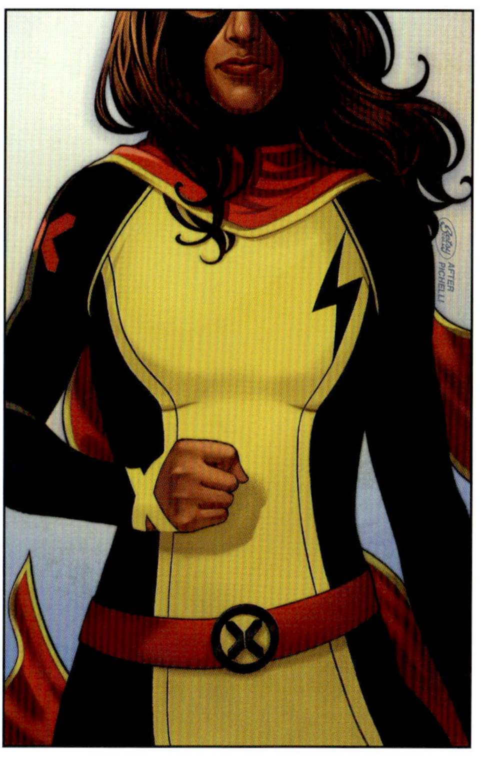

Ms. Marvel: The New Mutant (2023) 1
Variant-Cover von **BETSY COLA**

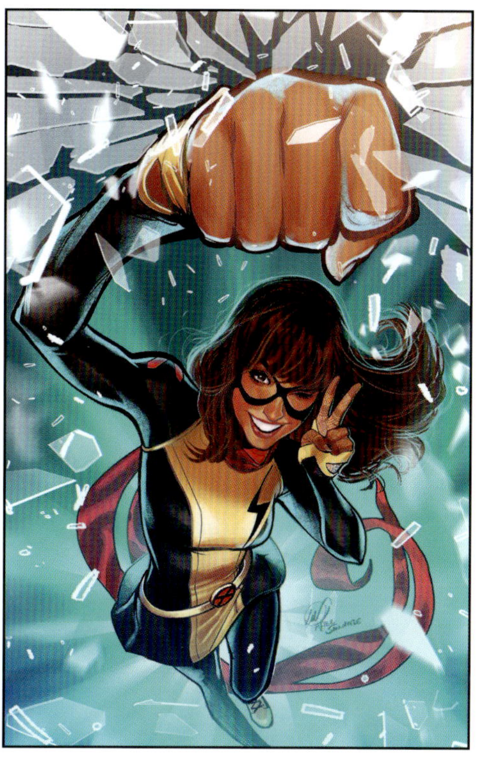

Ms. Marvel: The New Mutant (2023) 1
Variant-Cover von **LUCAS WERNECK**

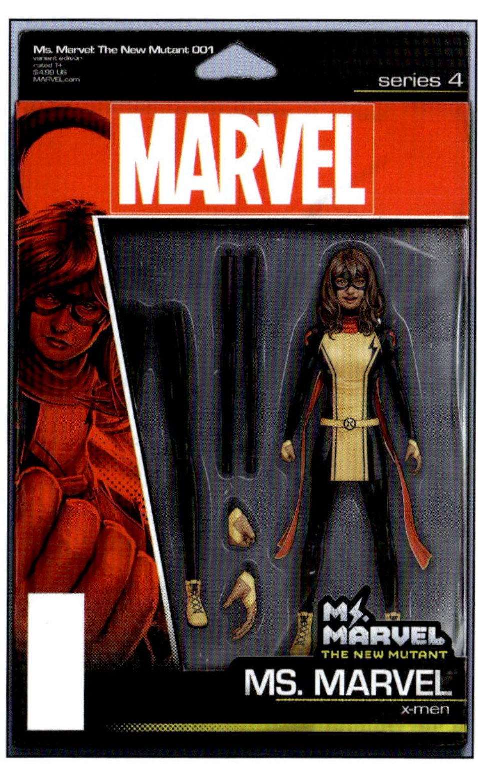

Ms. Marvel: The New Mutant (2023) 1
Variant-Cover von **JOHN TYLER CHRISTOPHER**

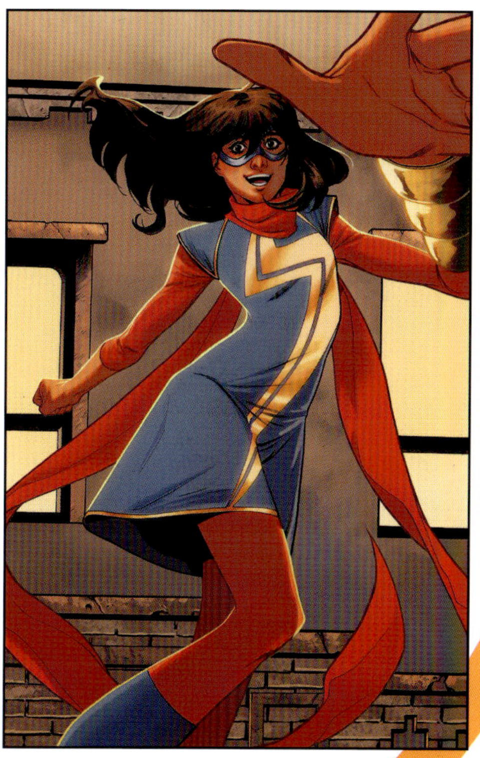

Ms. Marvel: The New Mutant (2023) 1
Variant-Cover von **ELENA CASAGRANDE**

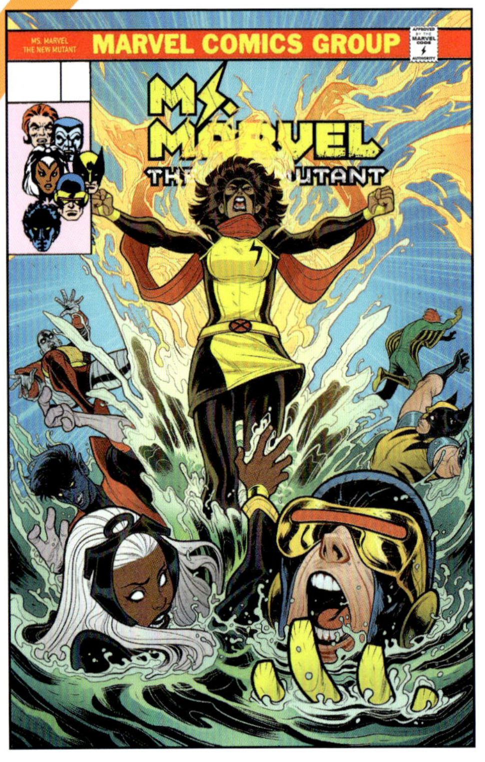

Ms. Marvel: The New Mutant (2023) 1
Variant-Cover von **ELIZABETH TORQUE**

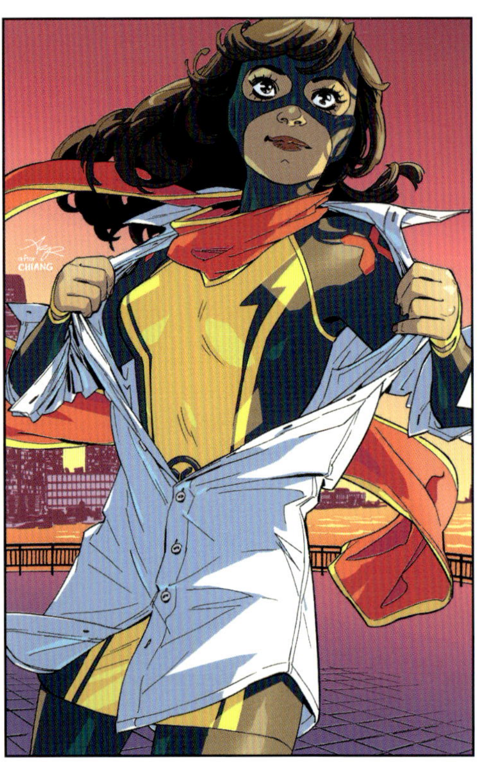

Ms. Marvel: The New Mutant (2023) 2
Variant-Cover von **AMY REEDER**

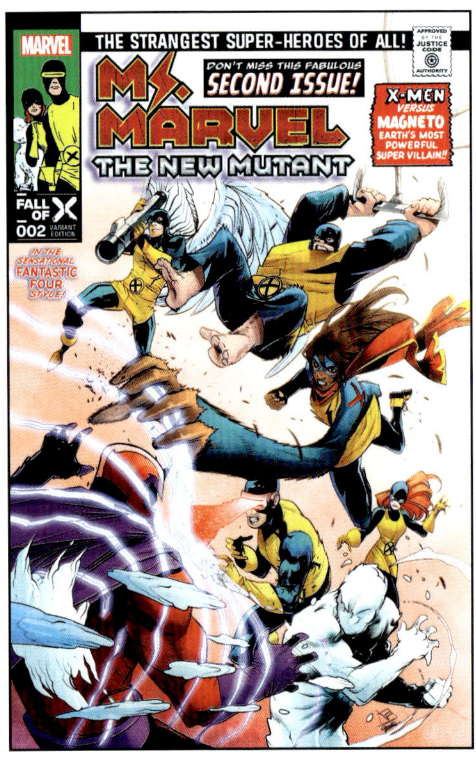

Ms. Marvel: The New Mutant (2023) 2
Variant-Cover von **FEDERICO VICENTINI**

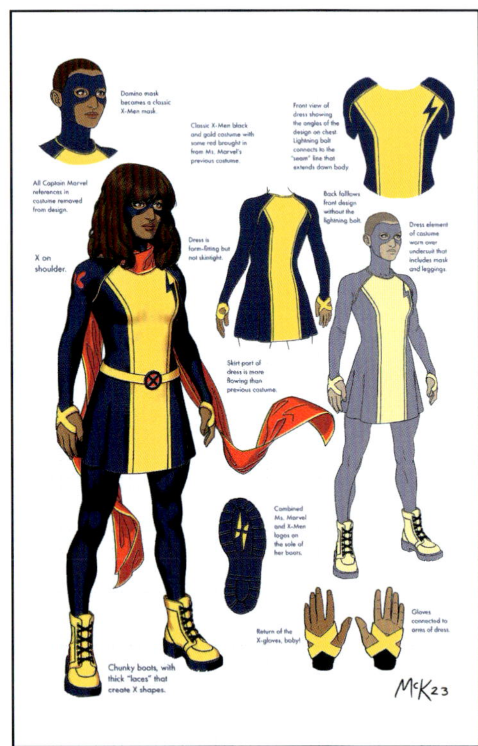

Ms. Marvel: The New Mutant (2023) 2
Variant-Cover von **JAMIE McKELVIE**

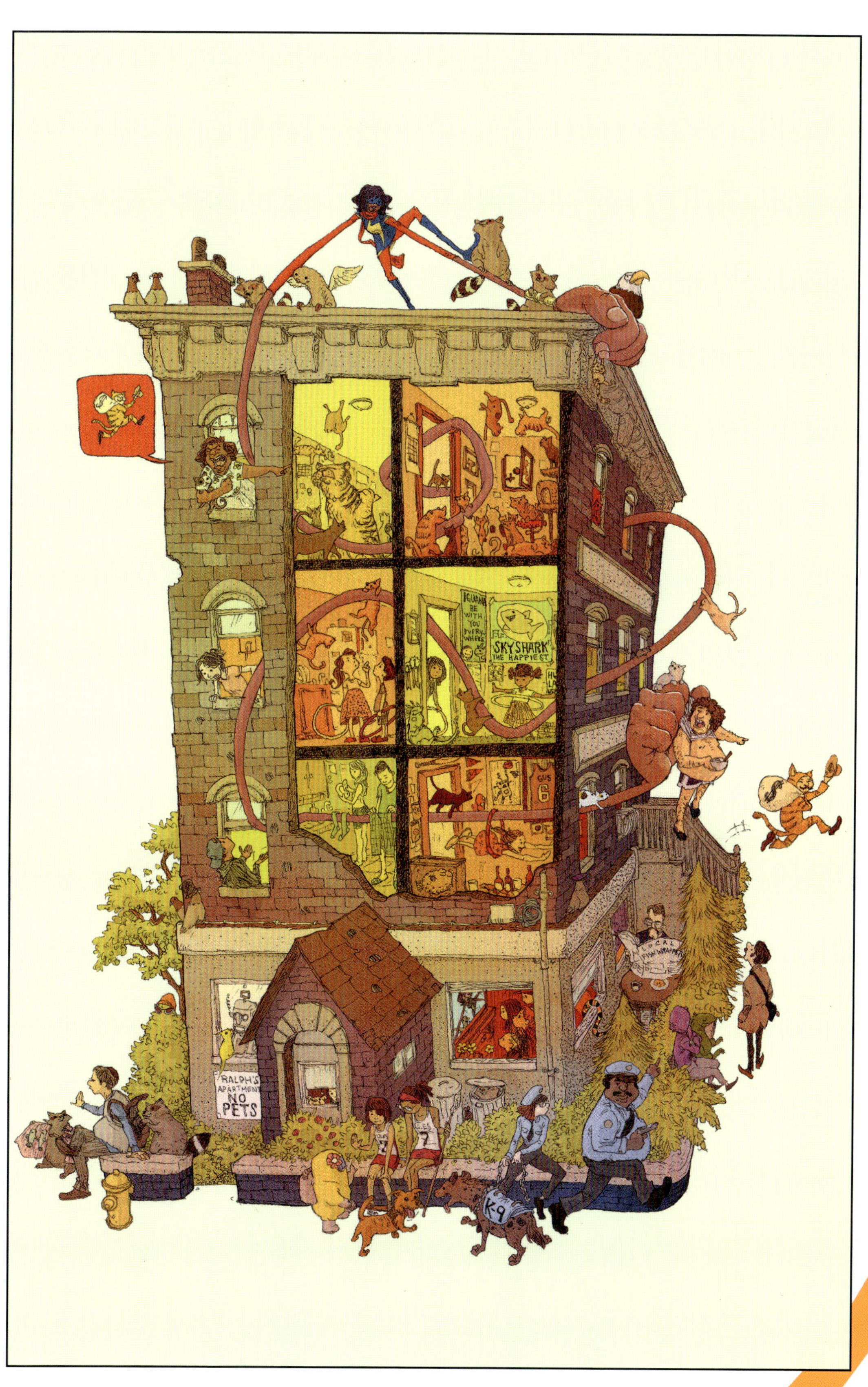

Ms. Marvel: The New Mutant (2023) 2
Variant-Cover von **ADRIAN ALPHONA**

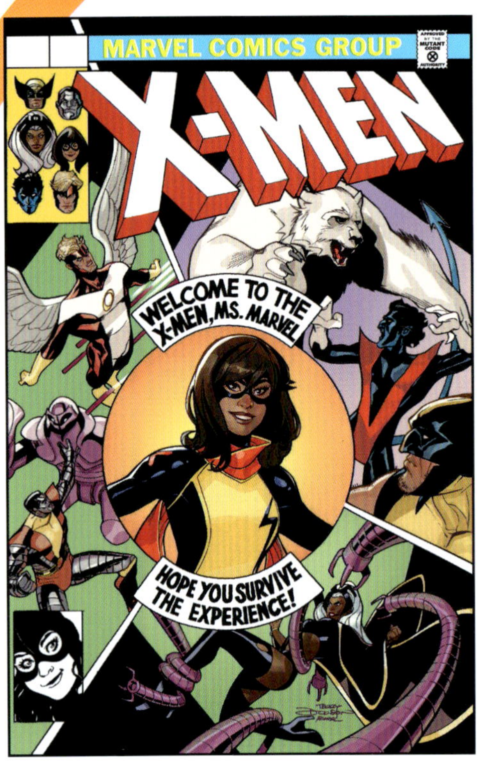

Ms. Marvel: The New Mutant (2023) 3
Variant-Cover von **TERRY DODSON**

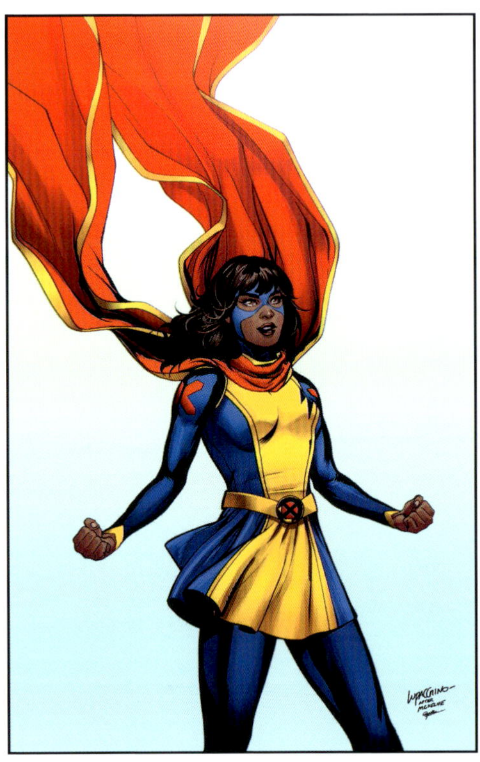

Ms. Marvel: The New Mutant (2023) 3
Variant-Cover von **EMA LUPACCHINO**

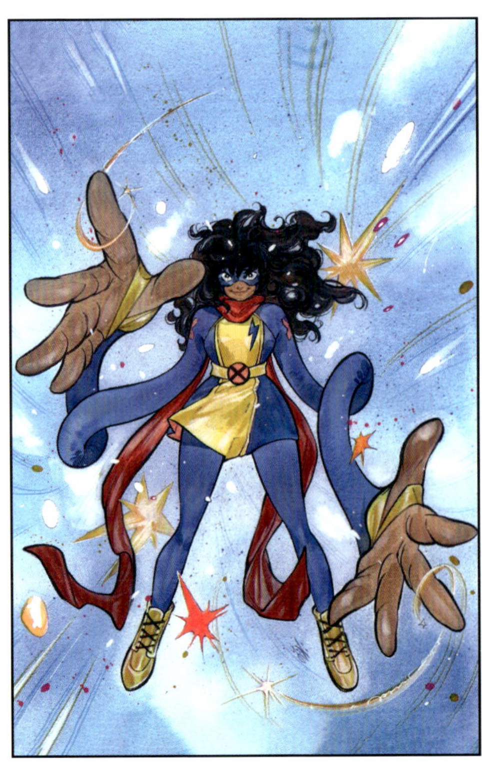

Ms. Marvel: The New Mutant (2023) 3
Variant-Cover von **PEACH MOMOKO**

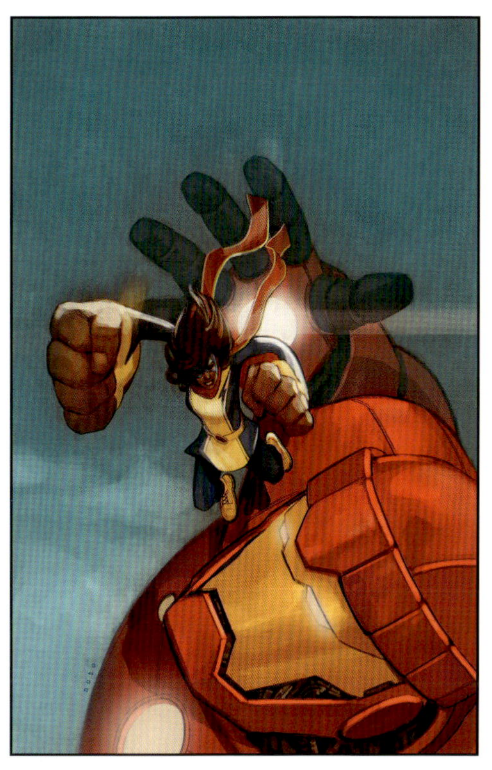

Ms. Marvel: The New Mutant (2023) 4
Variant-Cover von **PHIL NOTO**

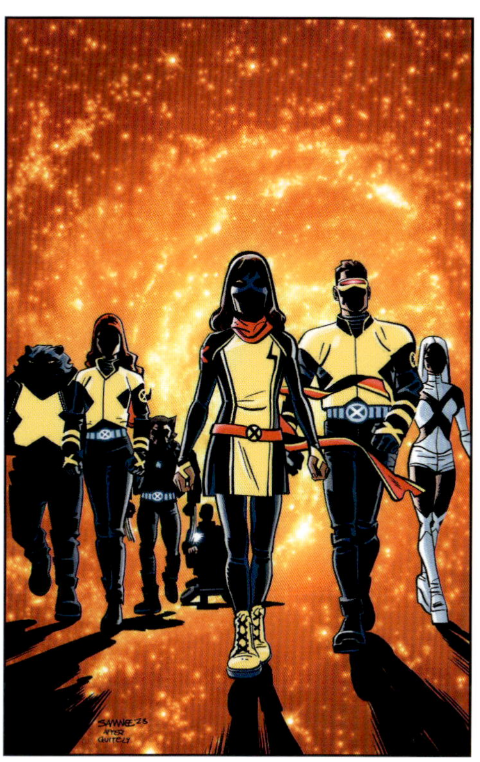

Ms. Marvel: The New Mutant (2023) 4
Variant-Cover von **CHRIS SAMNEE**

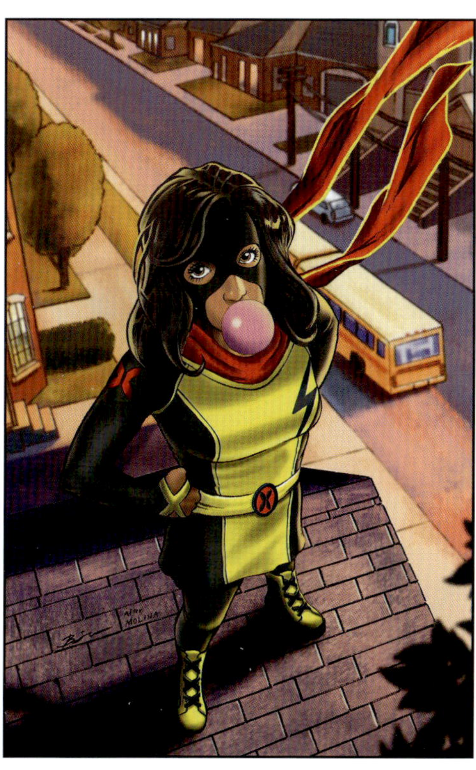

Ms. Marvel: The New Mutant (2023) 4
Variant-Cover von **BENJAMIN SU**

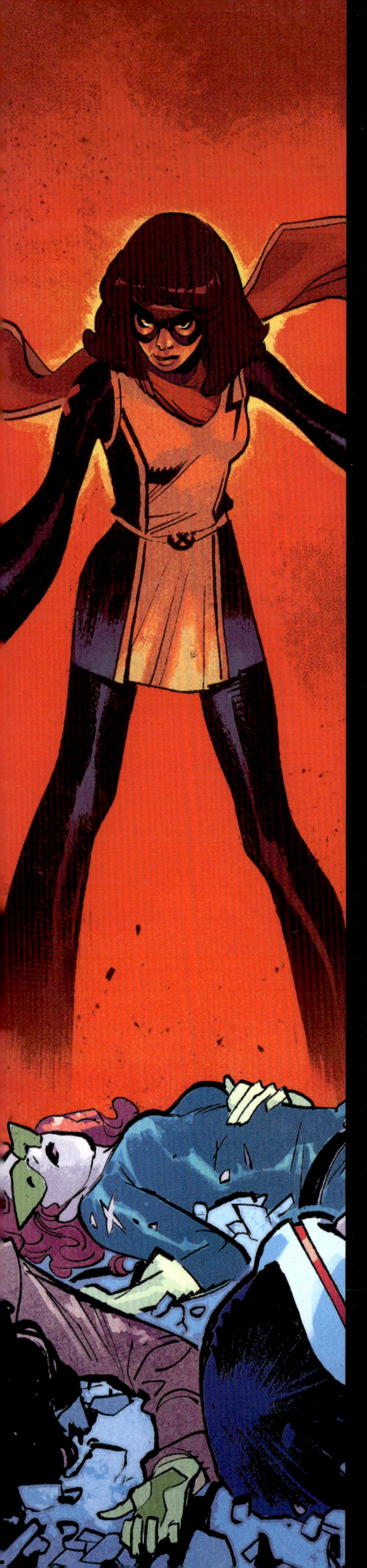

DAS KREATIV-TEAM

IMAN VELLANI ist eine pakistanisch-kanadische Schauspielerin, die 2002 als Tochter muslimischer Pakistaner in Karatschi zur Welt kam. Als sie ein Jahr alt war, ließ sich die Familie im kanadischen Markham, Ontario nieder. Vellani besuchte die Unionville High School und konnte dort bei Theaterprojekten als Spielleiterin und Darstellerin Erfahrung sammeln. Immer wieder wandte sie sich mit Ideen und Vorschlägen an Kevin Feige, den Produzenten des Marvel Cinematic Universe. So ergatterte sie die Titelrolle der Serie *Ms. Marvel*, die im Juni 2022 beim Streamingdienst Disney+ ihre Premiere feierte. 2023 verkörperte sie die Heldin erneut im Kinofilm *The Marvels*.

SABIR PIRZADA, geboren in London als Sohn pakistanischer Eltern, ist Supervising Producer und Autor der Streaming-Serie *Ms. Marvel* und außerdem Co-Autor zweier Folgen der Streaming-Actionserie *Moon Knight* mit Oscar Isaac in der Hauptrolle. Für Marvel hat er bereits den Band *Das Erbe von Carnage: Misery* verfasst.

CARLOS GÓMEZ kam 1985 in Spanien zur Welt. Zu Beginn seiner Karriere arbeitete er als Zeichner für Ferric Press, Evolving Creations und Razor Wolf Entertainment, bevor er von Marvel UK engagiert wurde. Später nahm ihn Dynamite Entertainment unter Vertrag. Er war an einigen Serien beteiligt, wie zum Beispiel *Spectacular Spider-Man*, *Amazing Mary Jane*, *X-Factor*, *America Chavez: Made in the USA* sowie an *Giant-Size Amazing Spider-Man: Chameleon Conspiracy*. 2022 gestaltete er das *Captain Marvel Annual*, den Digitalcomic *Who Is... America Chavez* und tat sich für *X-Terminators* mit Leah Williams zusammen.

ADAM GORHAM lebt und arbeitet in Mississauga, Ontario. 2008 begann er, Comics zu zeichnen und steuerte Artwork für z. B. *Rocket: Der Coup* und *New Mutants: Die toten Seelen* bei. Inzwischen sind Ms. Marvel und Darth Vader seine Domäne und er hat mit Valiant Entertainment, IDW Publishing und Archie Comics viele Arbeitgeber hinzugewonnen.